초등 1학년 2학기 교육과정 교실을 위한

덧셈 뺄셈

이 책의 목적

1. 1학년 수학은 우리가 생각하는 것보다 중요하다

많은 사람들이 초등학교 수학을 쉽게 여긴다. 초등학교 수학보다는 진학이나 입시와 관련된 중고등학교 수학이 중요하다고 생각한다. 초등학교 안에서도 1학년 수학을 아주 쉽게 생각한다. 그러나 사실은 그렇지 않다. 연구에 의하면 입학 초기 아이들이 가지고 있는 수 지식의 차이는 이후 아이들의 수학 성취를 결정했으며, 1~2학년에서 배우는 기초연산은 이후 수학 성취를 60~70%까지 설명했다. 배움찬찬이연구회에서는 수학이 어려운 아이들을 10여 년 가까이 관찰하고, 가르쳐 왔다. 그러면서 생각보다 많은 아이들이 기초연산basic facts에서부터 문제가 있다는 것을 알게 되었다. 수학을 잘하는 방법은 의외로 단순하다. **바로 기초연산에서 시작하면 된다.**

2. 반복적인 문제풀이는 결국 아이들을 수학에서 멀어지게 한다

기초 연산을 잘하기 위해서 지금까지의 많은 교재들은 계열화된 필산 중심의 문제풀이로 구성되어 있었다. 어떤 교재는 시간까지 측정하면서, 아이들이 빠르고 정확하게 많은 문제를 반복적으로 풀이하도록 한다. 물론 연산 유창성은 중요하다. 하지만 반복적인 문제풀이가 아이들의 연산유창성을 보장하지는 못했다. 그 당시는 바로 아는 것 같지만 시간이 지나면 곧 잊어버린다. 무엇보다 반복적인 문제풀이는 수학에 흥미를 떨어뜨리며, 아이들을 수학에서 점점 멀어지게 한다.

3. 기초 연산을 잘할 수 있는 방법

모든 수학이 그렇지만 기초연산은 더욱 수감각에 기반을 두어야 한다. 수학의 발달경로learning trajectories이론은 수감각을 기르는 좋은 방법 중 하나로 즉시 세기subitizing방법을 강조한다. 즉시 세기를 잘하게 되면, 수를 작은 묶음으로 인식하게 되어 각각을 하나씩 세는 것보다 시간을 절약하게 된다. 1학년이 작은 개수에 대한 즉각적인 인지를 하게 되면 아이들은 가르기 모으기를 잘하게 된다. 그리고 이것은 받아올림과 받아내림 계산을 잘하게 한다. 이 교재는 즉시 세기 방법을 각 차시에 지속적으로 제시하여 학생들이 충분히 경험하도록 했다. 기초연산에 많은 문제 풀이보다 다양한 방법의 수세기와 수감각을 매우 강조한다.

4. 구체물-반구체물-추상화의 순서로 구성

교재의 각 차시의 접근 방법은 먼저 구체물로 직접 수를 조작하게 한다. 이어서 그림을 통해 수를 인식하게 한다. 마지막으로 숫자로 이루어진 문제를 해결할 수 있도록 구성되었다. 예를 들어 학생이 어려워하는 7이라는 수를 배운다면, 먼저 레켄렉으로 7개의 구슬을 직접 옮겨 보며 수량과 수사이의 관계를 이해하게 한다. 이후

7개의 점의 패턴과 10칸 상자10frame를 활용하여 가르기 모으기 방법을 익힌다. 마지막으로 숫자와 기호로만 이루어진 문제를 충분히 연습한다.

5 모든 아이들에게서 높은 효과성을 보였다

이 교재를 개발하는 데 예상보다 많은 시간이 소요되었다. 처음 우리는 몇 개월이면 금방 마무리될 것으로 생각했다. 하지만 생각보다 간단하지 않았다. 때로는 1년 이상 어렵게 만든 실험용 교재를 적용해 보니 효과가 좋지 못했다. 그래서 모두 다시 수정하고, 적용하고 그렇게 몇 년이 걸렸다. 드디어 2020년 여름 즈음, 우리는 이 교재의 효과성이 좋다는 것을 알게 되었다. 특히, 코로나 19 대응 기초학력 사업으로 초록우산재단의 후원과 교육청 단위에서 기초연산 프로젝트로 약 40일 동안 200개 이상의 학급에 적용하여 효과성을 검증했다. 사전·사후 및 비교집단 검증에서도 상중하 모든 집단에서 뚜렷한 효과성을 보였다. 특히, 중하위권의 향상이 두드러졌다. 매우 보람되고 기뻤다. 학습이 어려운 아이들에게 적용되는 기초학력 프로그램은 증거기반의 접근이 필요하다.

6 초등학교를 준비하는 7세, 초등학교 1학년, 수학이 어려운 학생에게

이 교재는 초등학교 1학년이 학교에서 수학을 배우며 함께 풀 수 있는 자료로도 좋지만, 초등학교를 준비하는 7세에게도 적극 추천하고 싶다. 선진국을 중심으로 조기 수학early mathematics을 강조하는 사례가 증가하는 이유는 취학 전 아동의 수감각이 이후 수학 성취를 결정하기 때문이다. 또한 작은 수의 덧셈과 뺄셈을 할 수는 있지만 문제 풀이 속도가 매우 느려서 수학에 자신감이 부족한 학생에게도 추천한다. **직접 수를 옮기며 눈으로 수를 경험하는 활동을 하다보면 어느새 실력이 늘어 있는 수학에 자신감을 가질 것이다.**

지금 자라고 있는 세대는 기성세대와는 다른 시대에 살게 될 것이다. 그리고 그 시대는 지금보다 더 깊고 넓은 수준의 수학적 사고를 요구하게 될 것이다. 이 교재가 수학을 보다 쉽고 재미있게 배우는 데 도움이 되길 바란다.

"모든 아동들은 수학을 학습할 수 있으며, 그렇게 하도록 해야 한다"_Reys

김중훈·이희천·김유원
배움찬찬이연구회

교재의 구성

이 교재는 초등학교 저학년 수학 교과 학습에 효과적인 구체물, 반구체물, 추상화로 연결하는 CSA$^{\text{concrete, semi-concrete,}}$ ^{abstract} 전략을 활용합니다. 또한 구체물과 수모형을 사용하여 아동의 수 감각과 수세기 기술을 발전시키고, 자릿값도 배웁니다. 이러한 활동과 경험은 아동이 자연스럽게 덧셈과 뺄셈의 의미와 원리를 정확하게 학습하도록 합니다. 특별히 고급 연산 전략을 활용하여 기초연산을 유창하게 할 수 있도록 구성했습니다.

1 100까지의 수

구체물과 수모형을 활용하여 묶어 세기와 자릿값도 쉽게 배웁니다. 추가적으로 수의 순서와 수의 크기 비교를 통해 수 감각 능력을 더 강화합니다.

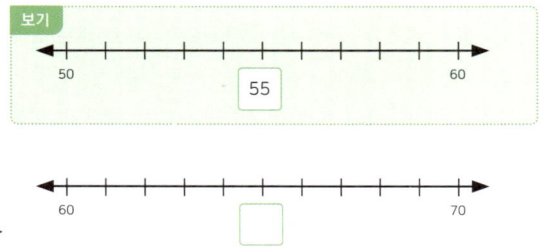

2 덧셈과 뺄셈

효과적인 수학 교구를 활용하여 받아올림 덧셈과 받아내림 뺄셈의 의미와 원리를 쉽고 정확하게 이해합니다. 또한 다양하고 효과적인 연산 방법을 융통성 있게 활용하도록 고급 연산 전략도 익히도록 구성되어 있습니다.

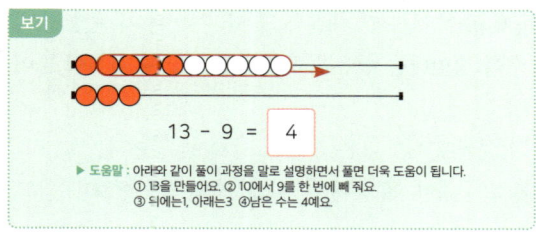

3 연산 유창성

연산 유창성은 수의 체계와 연산의 의미를 이해하는 것을 바탕으로 연산을 효율적이고, 정확하게 하는 방법(NCTM, 2000)입니다. 이를 통해 수학 교과 성취와 높은 수준의 수학적 문제 해결에 근간이 되도록 했습니다.

교재의 활용법

❶ 수학 교구인 레켄렉과 함께 활용하면 효과적

레켄렉을 통해 덧셈과 뺄셈의 의미와 계산의 원리 그리고 고급 연산 전략을 쉽게 학습할 수 있습니다.

❷ 사전·사후 검사 도구와 도달 기준이 제시

교재를 학습하기 전에 사전 검사를 통해 학습자의 수준을 점검합니다. 이후 교재를 마치고 얼마나 성장했는지 사후 검사를 통해 다시 확인할 수 있습니다. 해당 학년에 맞는 학기별 권장 기준과 최소 기준이 제시되어 있습니다.

❸ 기초학력 보충교재로 활용

1~2학년에서 배우는 덧셈과 뺄셈은 이후 수학 교과 학습의 성취와 높은 상관성을 가지고 있습니다. 이것은 중고학년에서 수학 부진의 다수는 덧셈과 뺄셈과 같은 기초연산에서 결손이 있다는 것을 의미합니다. 이 교재는 구체적인 지도방법에 대한 설명이 제시되어 있으며, 검사 도구도 제공합니다.

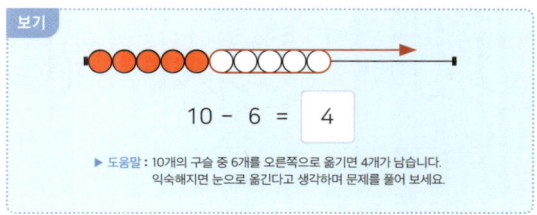

보기

$10 - 6 = 4$

▶ 도움말 : 10개의 구슬 중 6개를 오른쪽으로 옮기면 4개가 남습니다.
익숙해지면 눈으로 옮긴다고 생각하며 문제를 풀어 보세요.

점검하기

공부를 다 했다면 "**다 했어요**"에 표시를 하고, 날짜를 쓰세요!

DAY 1	DAY 2	DAY 3	DAY 4	DAY 5

다 했어요	다 했어요	다 했어요	다 했어요	다 했어요
월 일	월 일	월 일	월 일	월 일

DAY 6	DAY 7	DAY 8	DAY 9	DAY 10

다 했어요	다 했어요	다 했어요	다 했어요	다 했어요
월 일	월 일	월 일	월 일	월 일

DAY 11	DAY 12	DAY 13	DAY 14	DAY 15

다 했어요	다 했어요	다 했어요	다 했어요	다 했어요
월 일	월 일	월 일	월 일	월 일

DAY 16	DAY 17	DAY 18	DAY 19	DAY 20

다 했어요	다 했어요	다 했어요	다 했어요	다 했어요
월 일	월 일	월 일	월 일	월 일

벌써 반이나 왔어요!

DAY 21
다 했어요
월   일

DAY 22
다 했어요
월   일

DAY 23
다 했어요
월   일

DAY 24
다 했어요
월   일

DAY 25
다 했어요
월   일

DAY 26
다 했어요
월   일

DAY 27
다 했어요
월   일

DAY 28
다 했어요
월   일

DAY 29
다 했어요
월   일

DAY 30
다 했어요
월   일

DAY 31
다 했어요
월   일

DAY 32
다 했어요
월   일

DAY 33
다 했어요
월   일

DAY 34
다 했어요
월   일

DAY 35
다 했어요
월   일

DAY 36
다 했어요
월   일

DAY 37
다 했어요
월   일

DAY 38
다 했어요
월   일

DAY 39
다 했어요
월   일

DAY 40
다 했어요
월   일

도착!

미션 성공!

목차

1단원 100까지의 수

배움 01	10씩 묶어 세기 (1)	12
배움 02	10씩 묶어 세기 (2)	16
배움 03	10씩 묶어 세기 (3)	20
배움 04	10씩 묶어 세기 (4)	24
배움 05	10씩 묶어 세기 (5)	28
배움 06	10씩 묶어 세기 (6)	32
배움 07	수의 순서 (1)	36
배움 08	수의 순서 (2)	40
배움 09	수의 크기 비교 (1)	44
배움 10	수의 크기 비교 (2)	48

2단원 받아올림 덧셈

배움 11	10이 되는 수	54
배움 12	큰 수 먼저 10 만들고 더하기 (9+몇)	58
배움 13	큰 수 먼저 10 만들고 더하기 (몇+9)	62
배움 14	큰 수 먼저 10 만들고 더하기 (8+몇)	66
배움 15	큰 수 먼저 10 만들고 더하기 (몇+8)	70
배움 16	큰 수 먼저 10 만들고 더하기 (7+몇), (6+몇)	74
배움 17	큰 수 먼저 10 만들고 더하기 (몇+7), (몇+6)	78
배움 18	같은 수의 덧셈 (1)	82
배움 19	같은 수의 덧셈 (2)	86
배움 20	계산의 달인 (1)	90
배움 21	계산의 달인 (2)	94
배움 22	내 실력 알아보기 / 1분 덧셈	98

3단원 받아내림 뺄셈

배움 23	10에서 빼고 더하기 (십몇-9)	102
배움 24	10에서 빼고 더하기 (십몇-8)	108
배움 25	10에서 빼고 더하기 (십몇-7)	114
배움 26	10에서 빼고 더하기 (십몇-6), (십몇-5)	120
배움 27	10에서 빼고 더하기 (십몇-4), (십몇-3), (십몇-2)	130

배움 28	계산의 달인 (1)	140
배움 29	10까지 빼고, 또 빼기 (11-몇)	144
배움 30	10까지 빼고, 또 빼기 (12-몇)	150
배움 31	10까지 빼고, 또 빼기 (13-몇)	156
배움 32	10까지 빼고, 또 빼기 (14-몇), (15-몇)	162
배움 33	10까지 빼고, 또 빼기 (16-몇), (17-몇), (18-몇)	172
배움 34	계산의 달인 (2)	182
배움 35	내 실력 알아보기 (1)	186
배움 36	내 실력 알아보기 (2)	187
배움 37	내 실력 알아보기 (3) / 1분 뺄셈	188

4단원 덧셈과 뺄셈의 고수

배움 38	덧셈과 뺄셈 (1)	192
배움 39	덧셈과 뺄셈 (2)	196
배움 40	덧셈과 뺄셈 (3)	200

정확도 및 유창성 연습

계산의 고수 (1)	206
계산의 고수 (2)	207
계산의 고수 (3)	208
덧셈 올림픽 (1)	209
덧셈 올림픽 (2)	210
뺄셈 올림픽 (1)	211
뺄셈 올림픽 (2)	212

덧셈뺄셈 사전-사후 검사

덧셈 사전 검사	214
덧셈 사후 검사	215
뺄셈 사전 검사	216
뺄셈 사후 검사	217

정답

220

1단원

100까지의 수

배움 1   10씩 묶어 세기 (1)
배움 2   10씩 묶어 세기 (2)
배움 3   10씩 묶어 세기 (3)
배움 4   10씩 묶어 세기 (4)
배움 5   10씩 묶어 세기 (5)
배움 6   10씩 묶어 세기 (6)

배움 7   수의 순서 (1)
배움 8   수의 순서 (2)
배움 9   수의 크기 비교 (1)
배움 10   수의 크기 비교 (2)

배움 1 — 10씩 묶어 세기 (1)

월   일

1 빈칸에 알맞은 수를 쓰세요.

51	52	53	54	55	56	57	58	59	60
61	62		64	65	66	67		69	70
71		73	74		76		78		
81	82			85		87		89	90
91		93			96		98		

2 10부터 100까지 가림막을 내리며 세어 보세요.

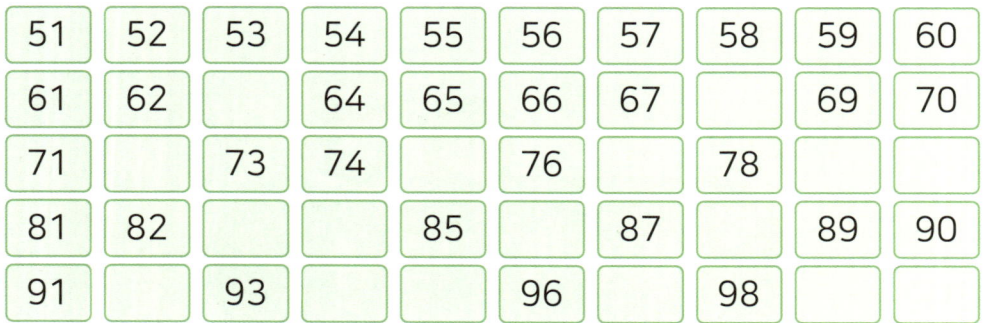

▶ 도움말 : 가림막(종이나 책 등)을 내리면서 수를 말해 보세요.

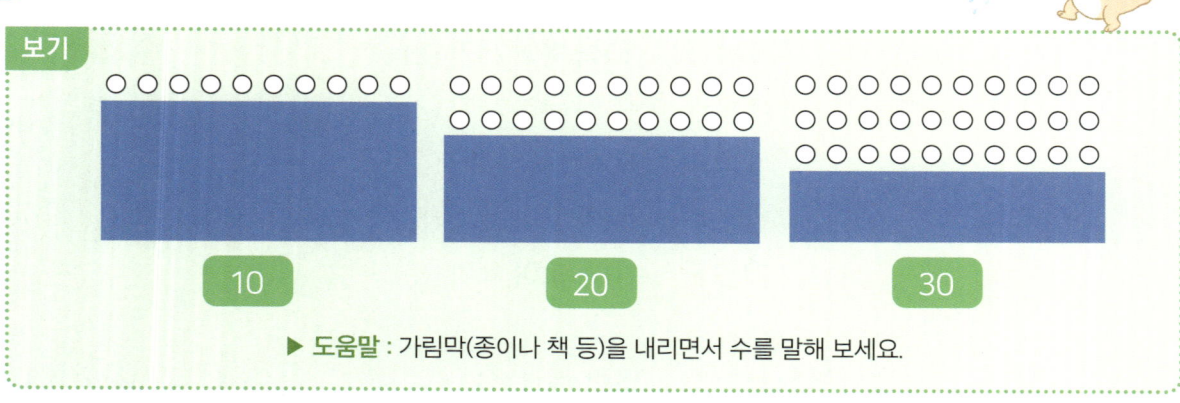

3 동전이 모두 얼마인지 써 보세요.

보기

1)
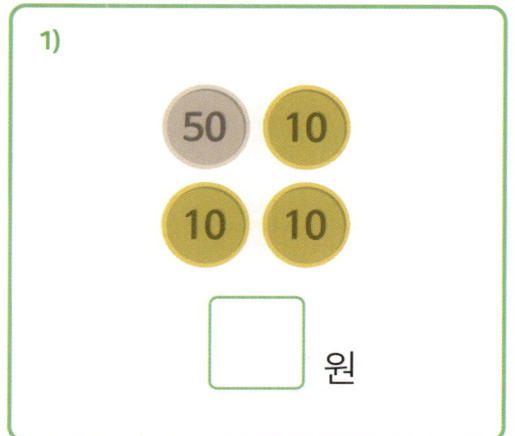

2)
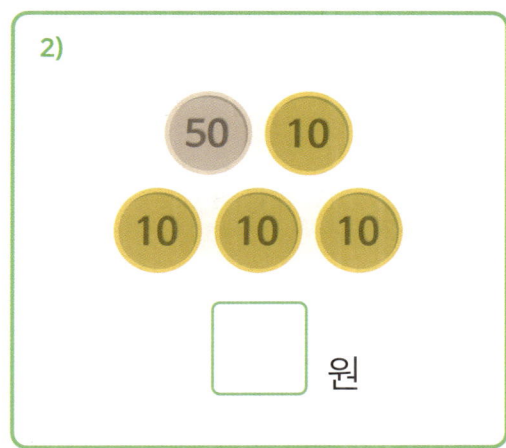

3)
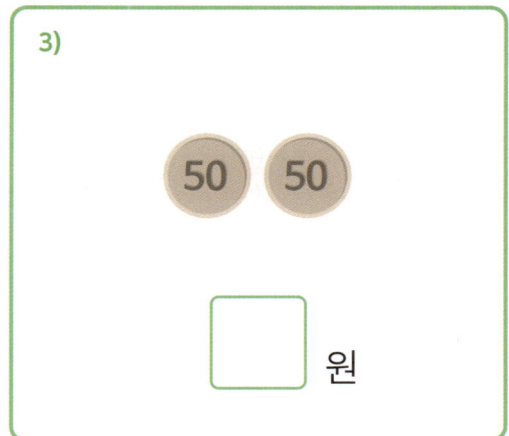

4)
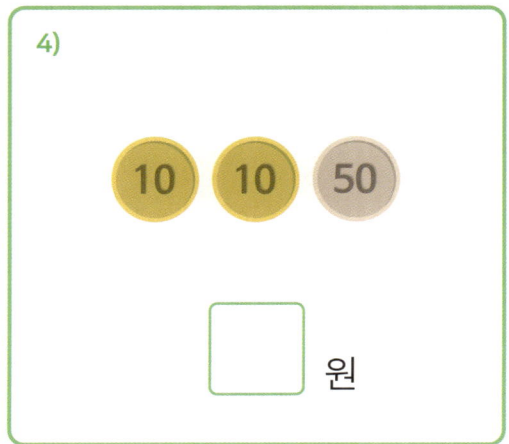

5)
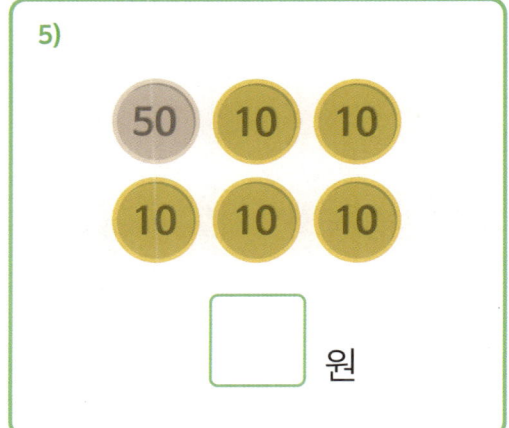

배움 1. 10씩 묶어 세기 (1)

4 다음 계산을 해 보세요.

1) 10 + 20 = ☐
2) 30 + 30 = ☐
3) 20 + 20 = ☐
4) 10 + 80 = ☐
5) 10 + 90 = ☐

6) 30 + 10 = ☐
7) 40 + 40 = ☐
8) 60 + 10 = ☐
9) 30 + 40 = ☐
10) 40 + 60 = ☐

11) 20 + 30 = ☐
12) 70 + 30 = ☐
13) 20 + 40 = ☐
14) 20 + 70 = ☐
15) 50 + 40 = ☐

5 다음 계산을 해 보세요.

1) 20 − 10 = ☐
2) 50 − 20 = ☐
3) 60 − 20 = ☐
4) 50 − 10 = ☐
5) 100 − 20 = ☐

6) 80 − 10 = ☐
7) 40 − 30 = ☐
8) 60 − 10 = ☐
9) 90 − 20 = ☐
10) 70 − 30 = ☐

11) 60 − 30 = ☐
12) 80 − 40 = ☐
13) 100 − 60 = ☐
14) 70 − 50 = ☐
15) 100 − 40 = ☐

배움 2 — 10씩 묶어 세기 (2)

 월 일

1 빈칸에 알맞은 숫자를 써 보세요.

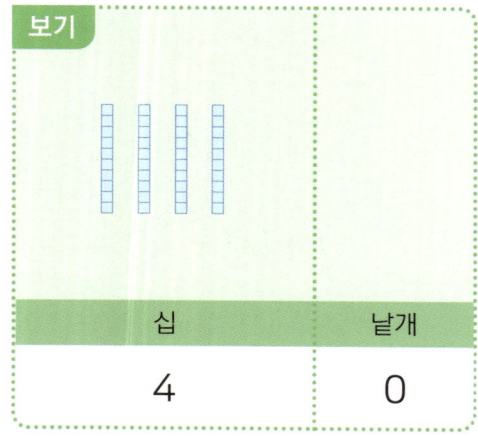

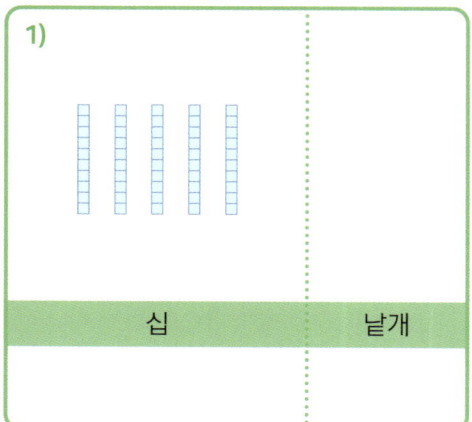

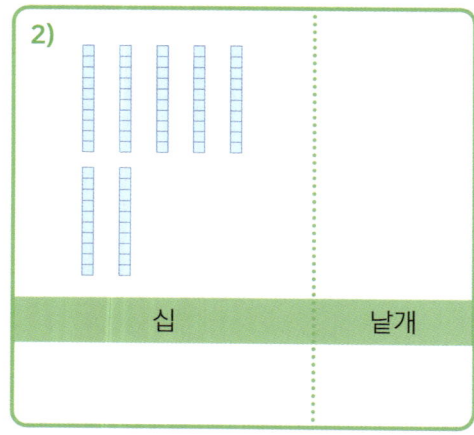

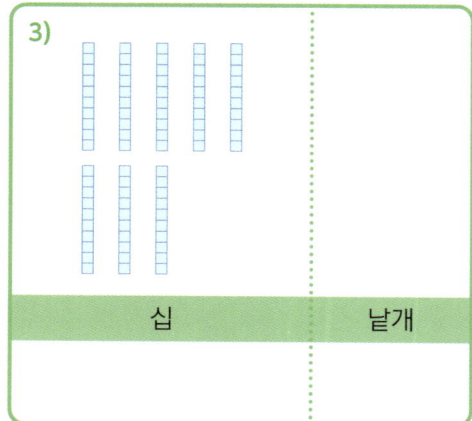

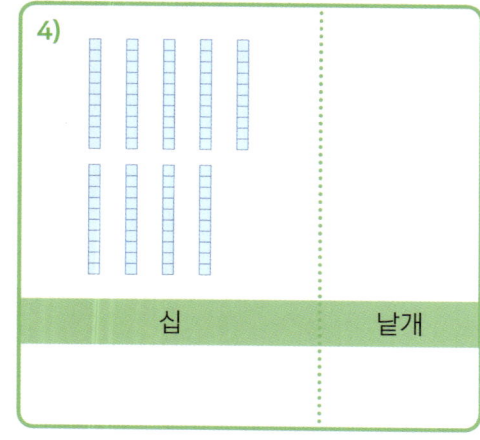

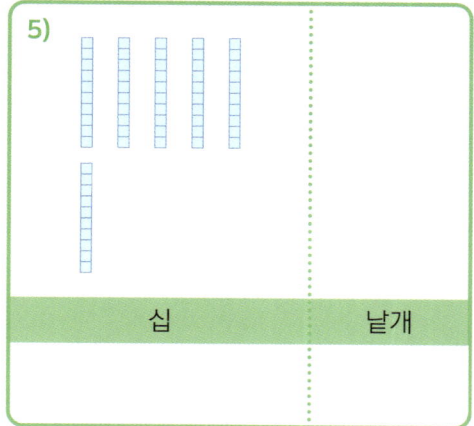

2 10묶음을 생각하며 점의 개수를 빈칸에 써 보세요.

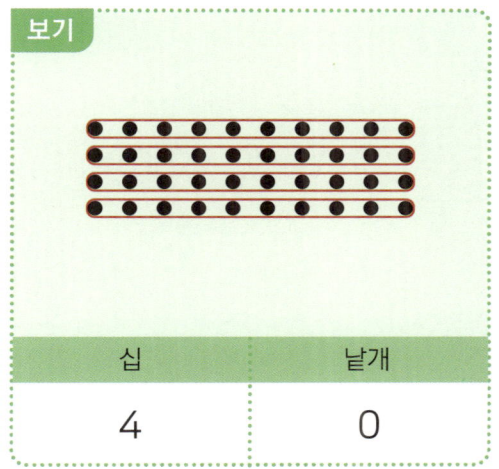

보기

십	낱개
4	0

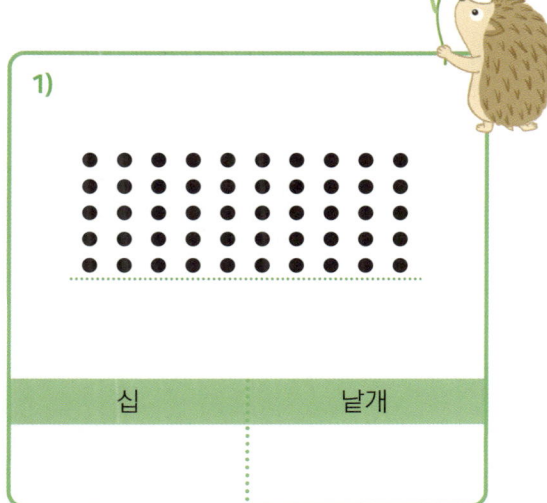

1)

십	낱개

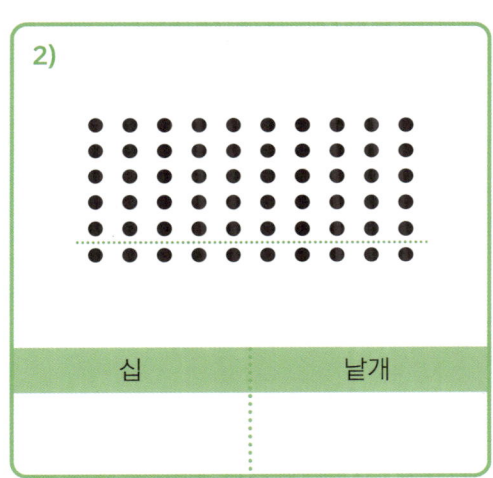

2)

십	낱개

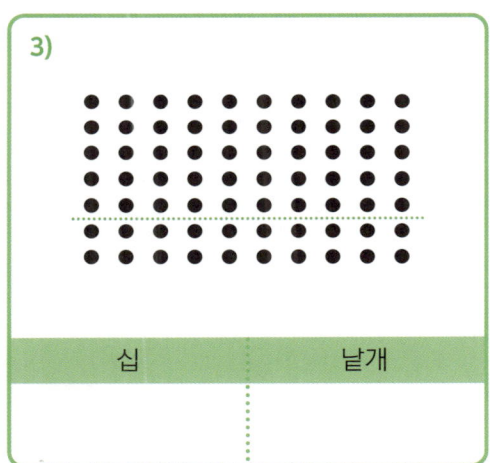

3)

십	낱개

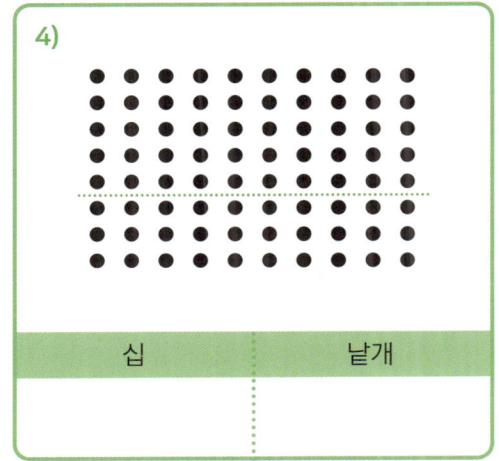

4)

십	낱개

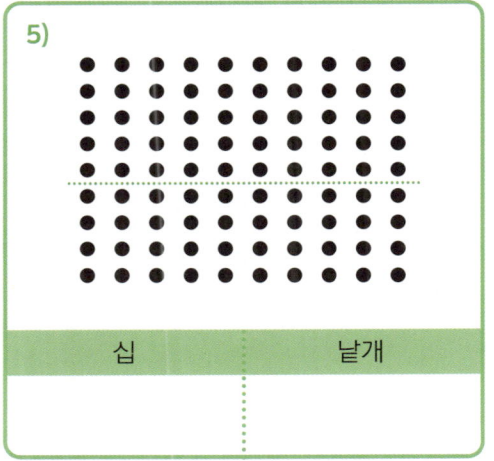

5)

십	낱개

배움 2. 10씩 묶어 세기 (2)

3 다음 계산을 해 보세요.

1) 40 + 60 = ☐

2) 10 + 70 = ☐

3) 40 + 20 = ☐

4) 10 + 40 = ☐

5) 50 + 10 = ☐

6) 70 + 10 = ☐

7) 60 + 40 = ☐

8) 80 + 20 = ☐

9) 10 + 50 = ☐

10) 70 + 20 = ☐

11) 30 + 50 = ☐

12) 40 + 30 = ☐

13) 20 + 50 = ☐

14) 70 + 30 = ☐

15) 40 + 50 = ☐

4 다음 계산을 해 보세요.

1) 100 − 10 = ☐
2) 70 − 20 = ☐
3) 90 − 10 = ☐
4) 50 − 20 = ☐
5) 40 − 10 = ☐

6) 70 − 10 = ☐
7) 70 − 30 = ☐
8) 90 − 40 = ☐
9) 90 − 80 = ☐
10) 90 − 40 = ☐

11) 90 − 60 = ☐
12) 60 − 50 = ☐
13) 70 − 60 = ☐
14) 100 − 50 = ☐
15) 90 − 50 = ☐

배움 3 — 10씩 묶어 세기 (3)

월 일

1 빈칸에 알맞은 숫자를 써 보세요.

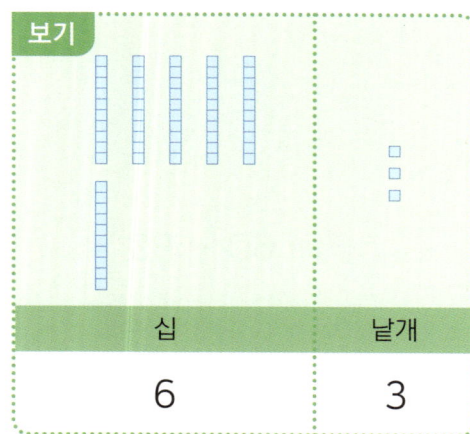

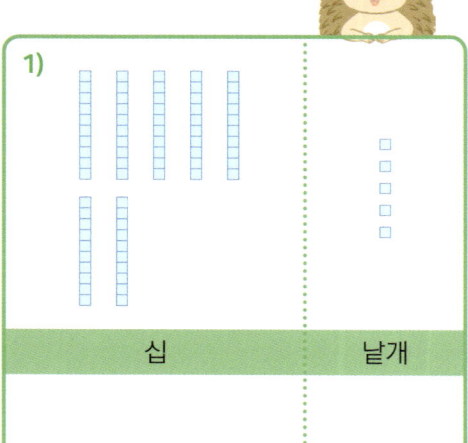

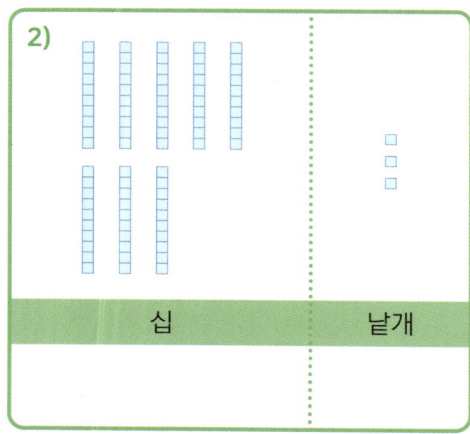

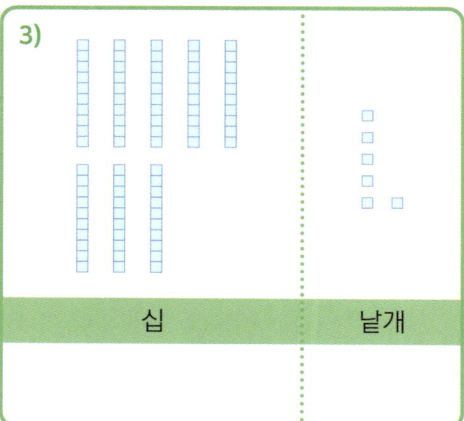

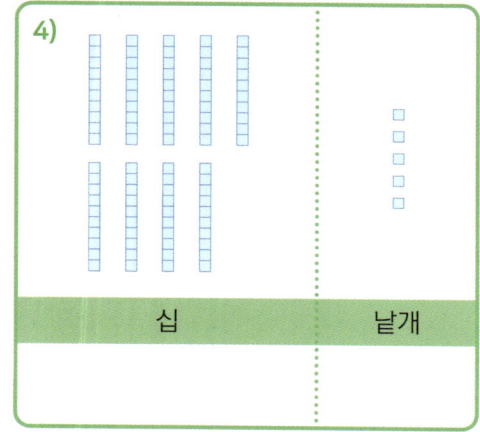

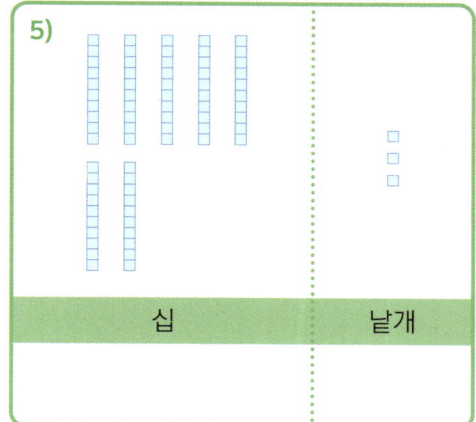

2 점의 개수를 빈칸에 써 보세요.

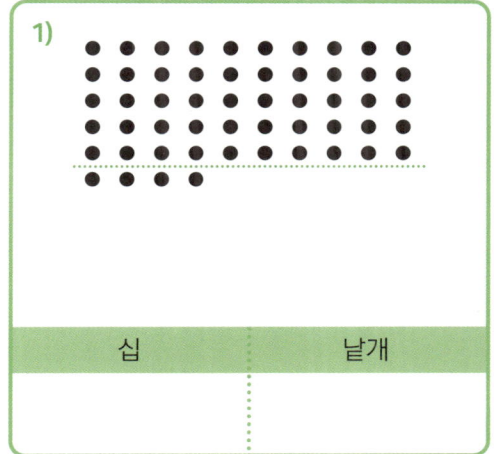

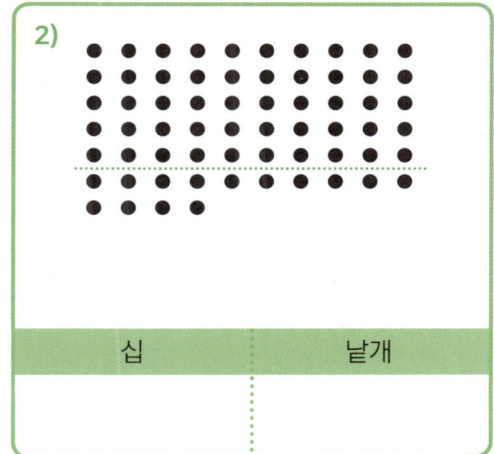

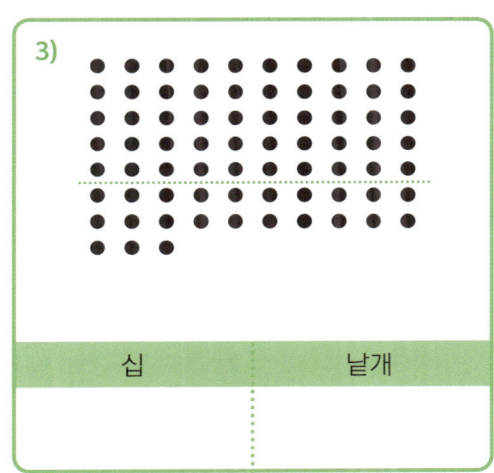

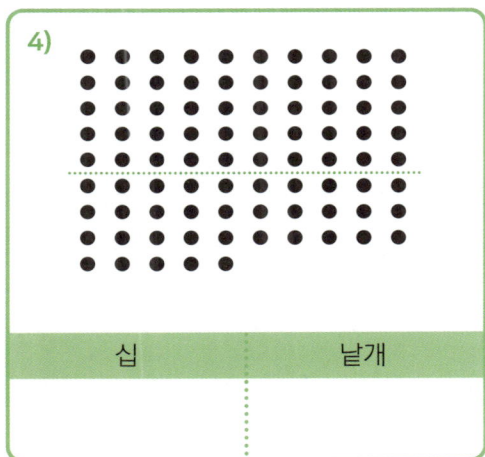

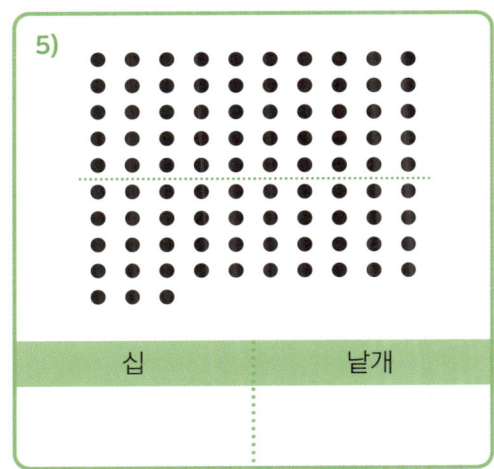

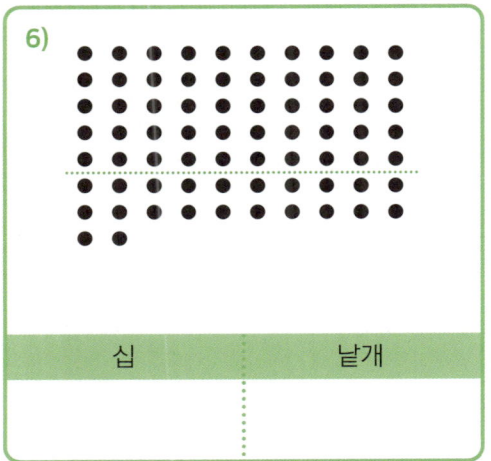

3 다음 계산을 해 보세요.

1) 21 + 8 = ☐

2) 11 + 3 = ☐

3) 43 + 1 = ☐

4) 17 + 2 = ☐

5) 43 + 6 = ☐

6) 34 + 2 = ☐

7) 13 + 6 = ☐

8) 72 + 1 = ☐

9) 66 + 2 = ☐

10) 80 + 1 = ☐

11) 22 + 7 = ☐

12) 52 + 4 = ☐

13) 52 + 5 = ☐

14) 46 + 3 = ☐

15) 25 + 3 = ☐

4 다음 계산을 해 보세요.

1) 50 − 1 = ☐

2) 80 − 2 = ☐

3) 30 − 1 = ☐

4) 70 − 2 = ☐

5) 90 − 1 = ☐

6) 30 − 2 = ☐

7) 50 − 3 = ☐

8) 70 − 1 = ☐

9) 80 − 3 = ☐

10) 100 − 2 = ☐

11) 70 − 3 = ☐

12) 60 − 3 = ☐

13) 90 − 3 = ☐

14) 60 − 2 = ☐

15) 70 − 3 = ☐

10씩 묶어 세기 (4)

1 빈칸에 알맞은 숫자를 써 보세요.

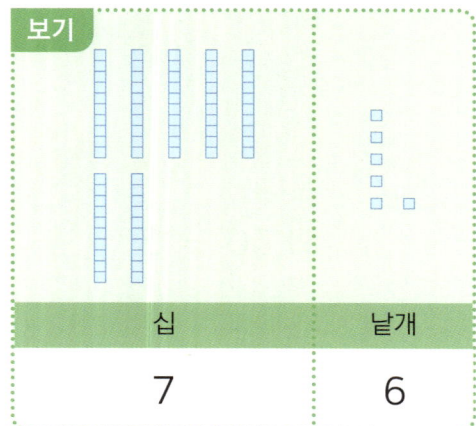

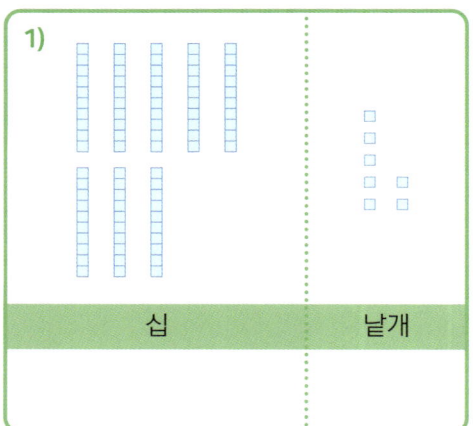

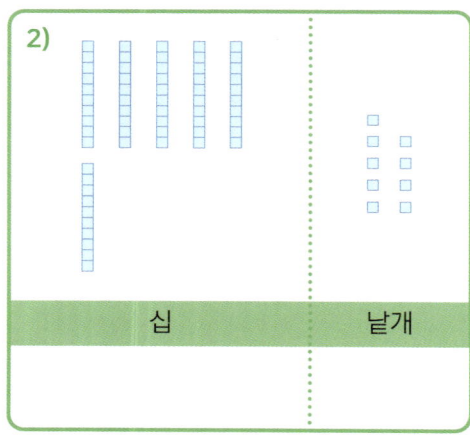

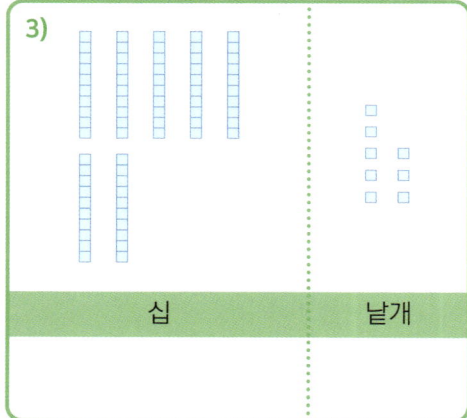

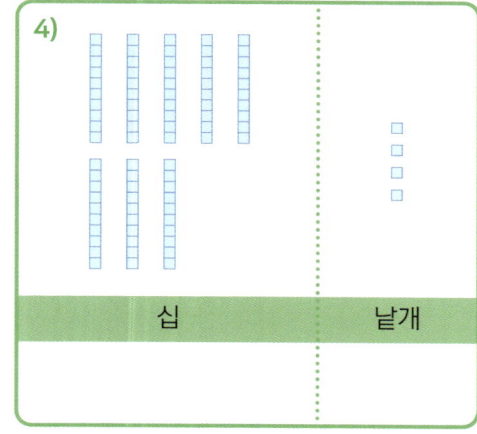

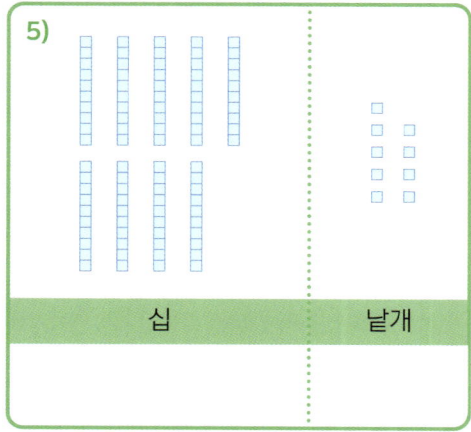

2 빈칸에 알맞은 숫자를 써 보세요.

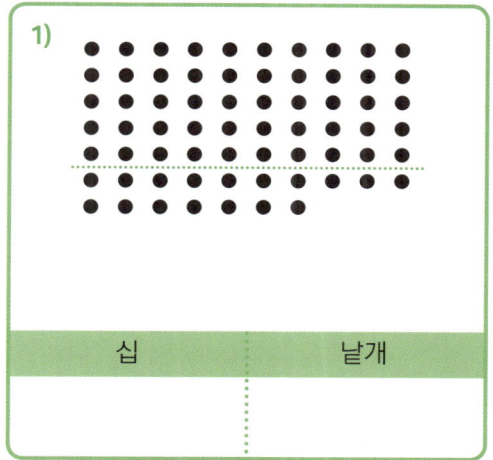

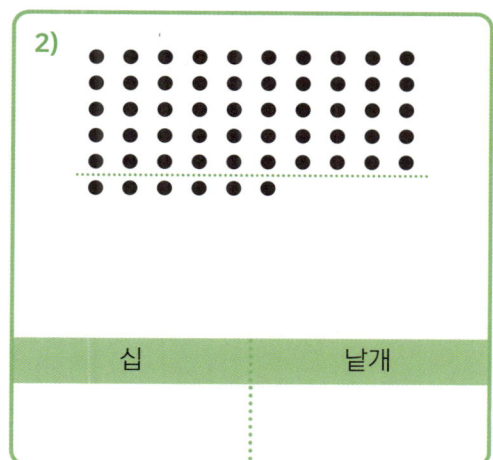

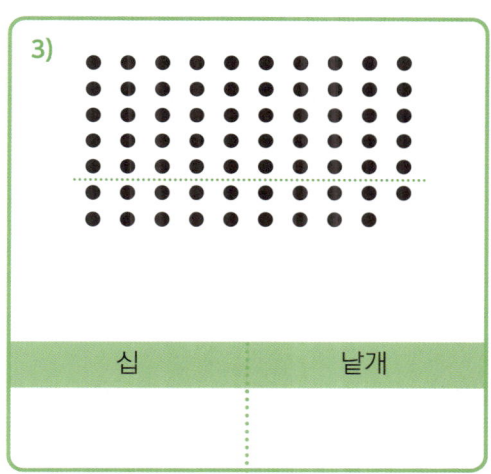

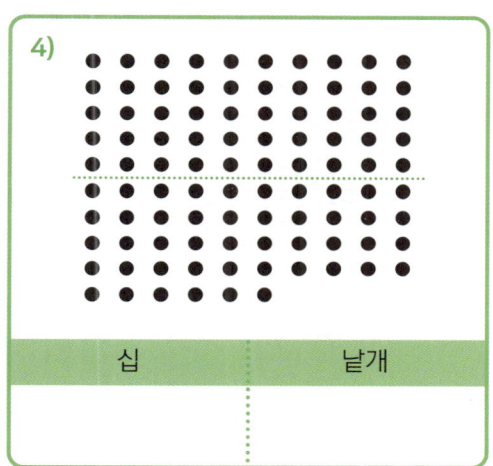

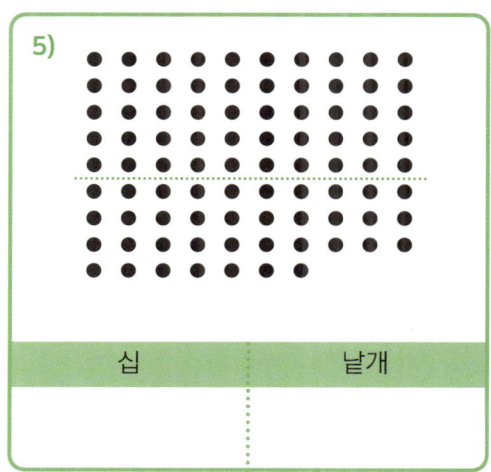

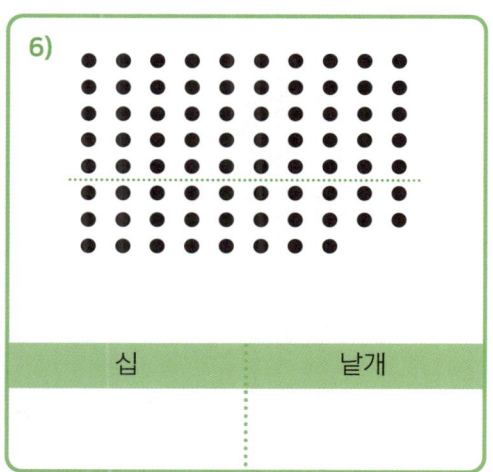

배움 4. 10씩 묶어 세기 (4)

3 다음 계산을 해 보세요.

1) 22 + 5 = ☐
2) 31 + 4 = ☐
3) 44 + 3 = ☐
4) 44 + 2 = ☐
5) 31 + 7 = ☐

6) 45 + 4 = ☐
7) 46 + 3 = ☐
8) 18 + 1 = ☐
9) 37 + 2 = ☐
10) 45 + 4 = ☐

11) 52 + 4 = ☐
12) 57 + 2 = ☐
13) 31 + 7 = ☐
14) 36 + 3 = ☐
15) 44 + 5 = ☐

4 다음 계산을 해 보세요.

1) 54 − 3 = ☐

2) 34 − 2 = ☐

3) 25 − 4 = ☐

4) 55 − 4 = ☐

5) 44 − 3 = ☐

6) 14 − 2 = ☐

7) 15 − 2 = ☐

8) 24 − 3 = ☐

9) 14 − 3 = ☐

10) 34 − 3 = ☐

11) 35 − 3 = ☐

12) 44 − 4 = ☐

13) 45 − 4 = ☐

14) 35 − 4 = ☐

15) 24 − 4 = ☐

10씩 묶어 세기 (5)

1 빈칸에 알맞은 숫자를 써 보세요.

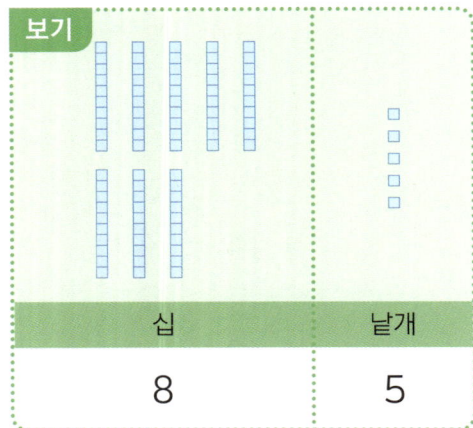

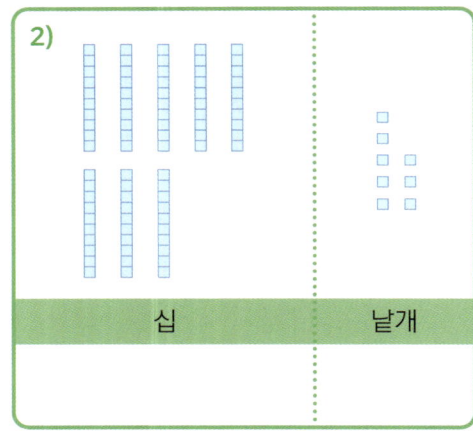
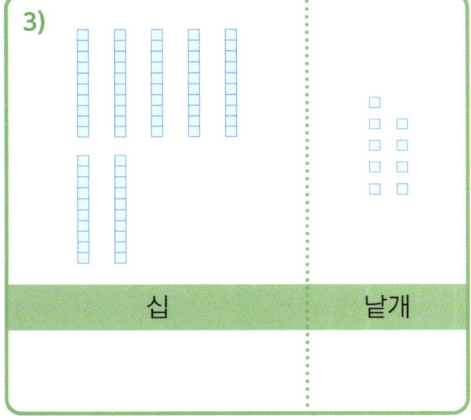

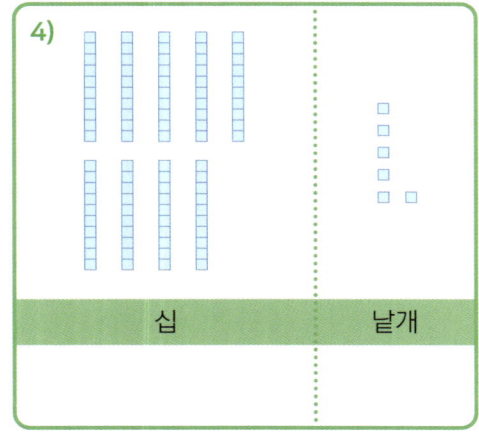
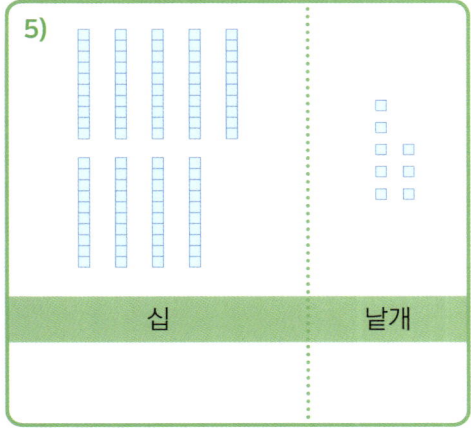

2 빈칸에 알맞은 숫자를 써 보세요.

	10 큰 수
64	74
56	
73	
65	
67	
84	
68	
78	
54	
85	
75	
58	
61	

	10 작은 수
99	89
86	
94	
76	
89	
78	
81	
75	
68	
56	
87	
98	
75	

배움 5. 10씩 묶어 세기 (5)

3 다음 계산을 해 보세요.

1) 52 + 10 =

2) 43 + 40 =

3) 16 + 10 =

4) 22 + 10 =

5) 61 + 30 =

6) 11 + 20 =

7) 36 + 20 =

8) 54 + 30 =

9) 81 + 10 =

10) 27 + 20 =

11) 16 + 20 =

12) 12 + 80 =

13) 35 + 10 =

14) 56 + 10 =

15) 15 + 20 =

4 다음 계산을 해 보세요.

1) 46 − 20 = ☐

2) 67 − 20 = ☐

3) 77 − 10 = ☐

4) 45 − 10 = ☐

5) 93 − 20 = ☐

6) 86 − 30 = ☐

7) 68 − 40 = ☐

8) 77 − 30 = ☐

9) 66 − 50 = ☐

10) 77 − 60 = ☐

11) 66 − 40 = ☐

12) 38 − 20 = ☐

13) 56 − 50 = ☐

14) 48 − 40 = ☐

15) 99 − 50 = ☐

배움 6 — 10씩 묶어 세기 (6)

1 보기와 같이 묶음을 생각하며 점의 개수를 빈칸에 써 보세요.

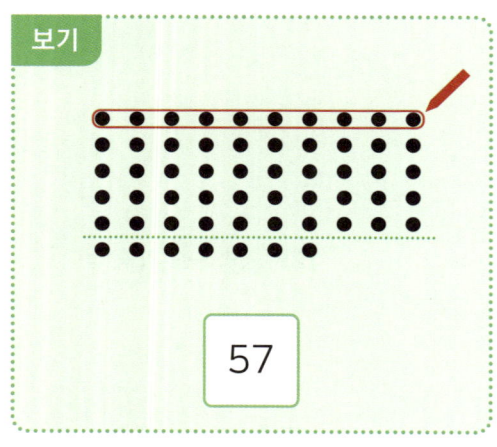

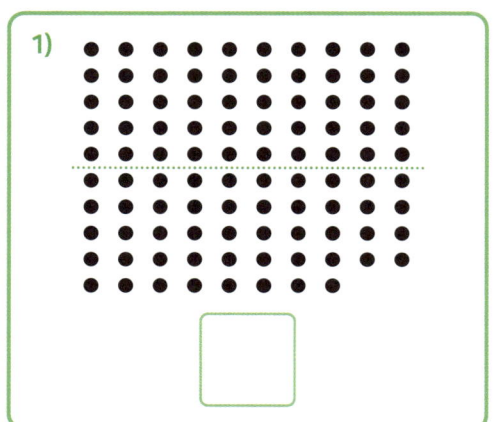

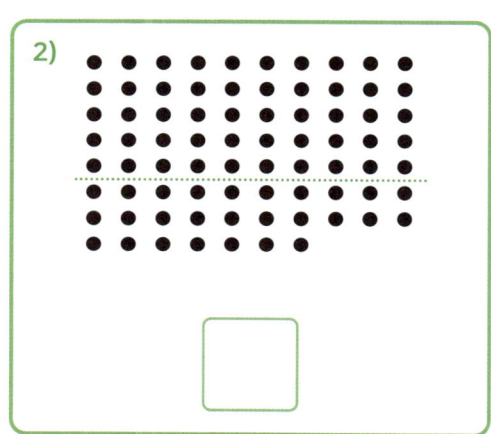

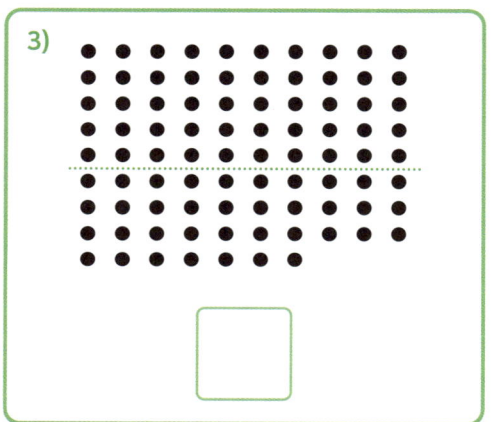

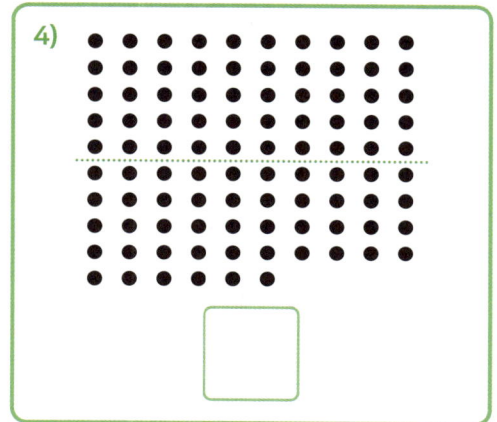

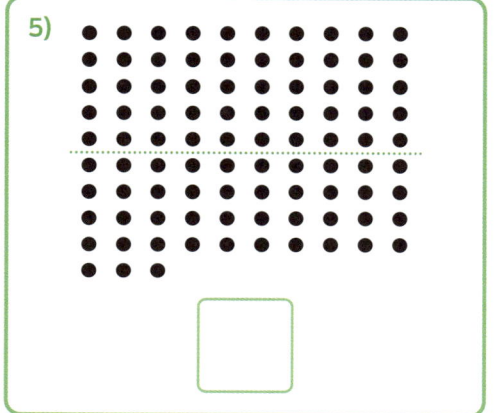

2. 빈칸에 알맞은 숫자를 써 보세요.

	10 큰 수
24	34
36	
43	
55	
67	
74	
68	
78	
84	
88	
77	
68	
57	

	10 작은 수
99	89
86	
74	
66	
59	
48	
31	
25	
18	
76	
83	
98	
67	

3 다음 계산을 해 보세요.

1) 52 + 10 = ☐
2) 43 + 40 = ☐
3) 86 + 10 = ☐
4) 62 + 10 = ☐
5) 45 + 40 = ☐

6) 70 + 15 = ☐
7) 80 + 11 = ☐
8) 50 + 34 = ☐
9) 70 + 11 = ☐
10) 40 + 22 = ☐

11) 26 + 13 = ☐
12) 14 + 81 = ☐
13) 44 + 13 = ☐
14) 16 + 53 = ☐
15) 14 + 64 = ☐

4 다음 계산을 해 보세요.

1) 30 − 3 = ☐
2) 60 − 3 = ☐
3) 70 − 3 = ☐
4) 40 − 3 = ☐
5) 90 − 3 = ☐

6) 80 − 1 = ☐
7) 60 − 1 = ☐
8) 70 − 2 = ☐
9) 50 − 3 = ☐
10) 70 − 1 = ☐

11) 60 − 2 = ☐
12) 30 − 2 = ☐
13) 50 − 2 = ☐
14) 40 − 3 = ☐
15) 90 − 2 = ☐

배움 6. 10씩 묶어 세기 (6)

수의 순서 (1)

1 빈칸에 알맞은 숫자를 써 보세요.

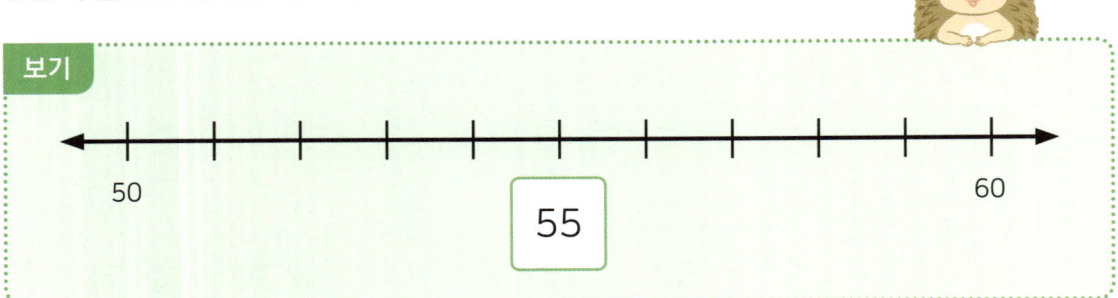

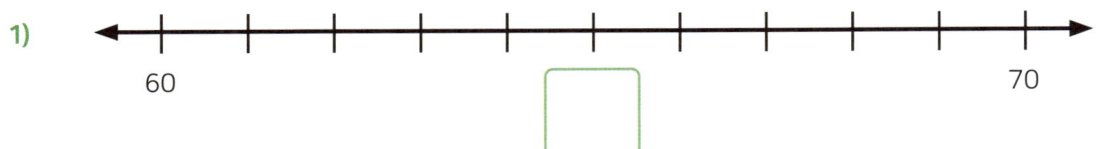

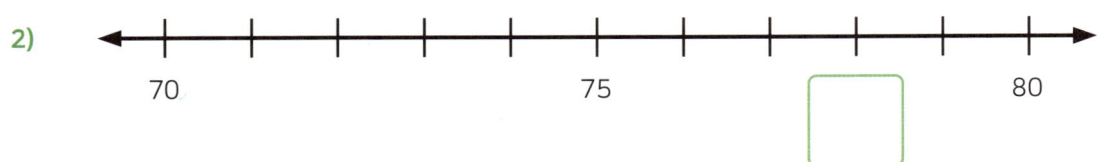

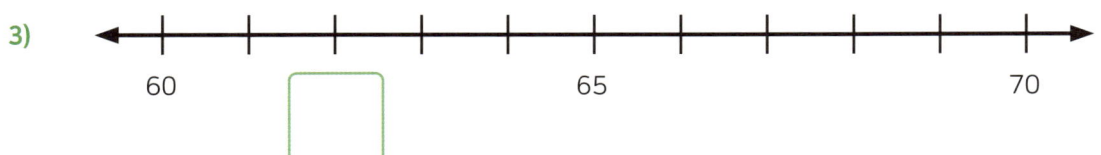

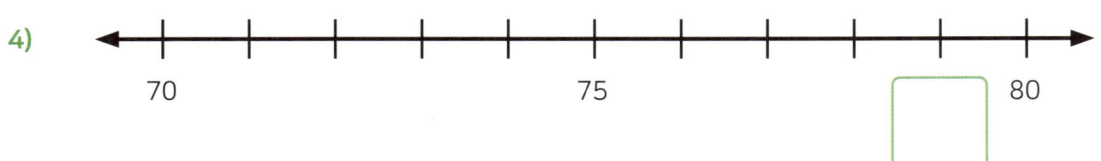

2 빈칸에 알맞은 숫자를 써 보세요.

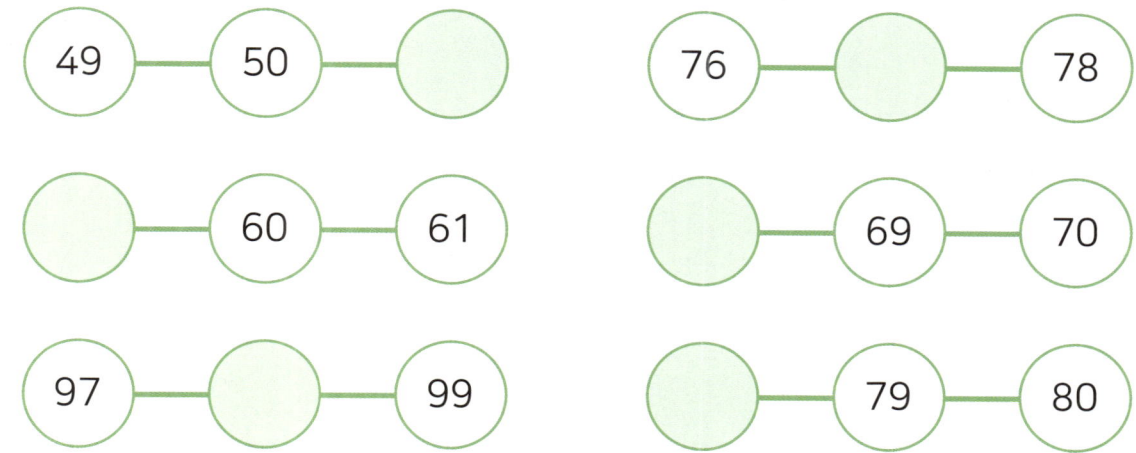

3 60과 더 가까운 수에 ○표 하세요.

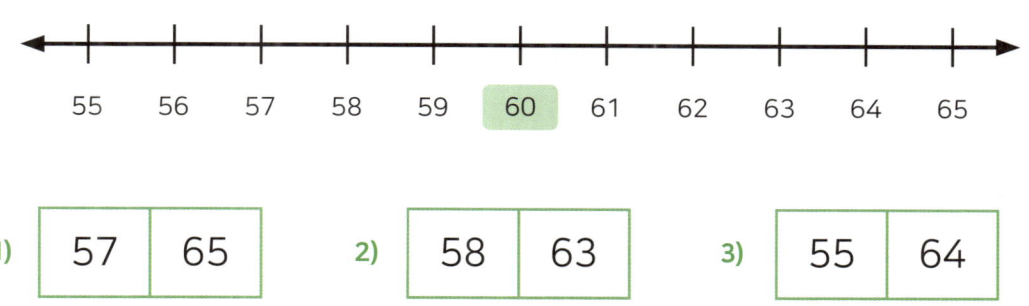

4 작은 수부터 순서대로 써 보세요.

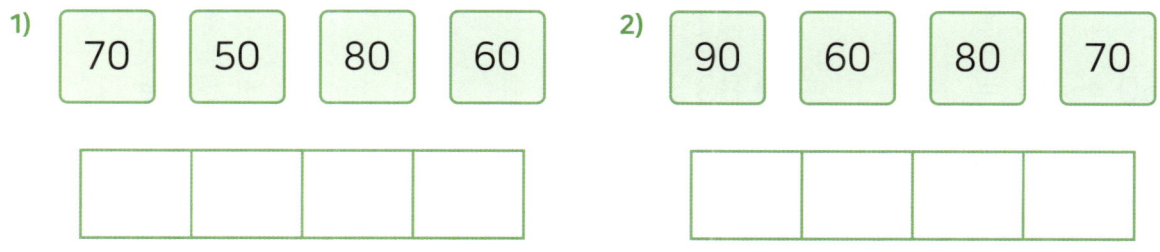

5 다음 계산을 해 보세요.

1) 50 + 20 = ☐
2) 40 + 20 = ☐
3) 80 + 20 = ☐
4) 70 + 20 = ☐
5) 60 + 20 = ☐

6) 20 + 15 = ☐
7) 30 + 15 = ☐
8) 40 + 25 = ☐
9) 60 + 25 = ☐
10) 80 + 15 = ☐

11) 46 + 30 = ☐
12) 54 + 30 = ☐
13) 34 + 30 = ☐
14) 66 + 20 = ☐
15) 44 + 30 = ☐

6 다음 계산을 해 보세요.

1) 32 − 2 = ☐

2) 52 − 2 = ☐

3) 82 − 2 = ☐

4) 92 − 2 = ☐

5) 72 − 2 = ☐

6) 60 − 4 = ☐

7) 60 − 3 = ☐

8) 90 − 3 = ☐

9) 50 − 3 = ☐

10) 40 − 3 = ☐

11) 70 − 3 = ☐

12) 50 − 2 = ☐

13) 60 − 2 = ☐

14) 80 − 3 = ☐

15) 30 − 3 = ☐

수의 순서 (2)

1 빈칸에 알맞은 숫자를 써 보세요.

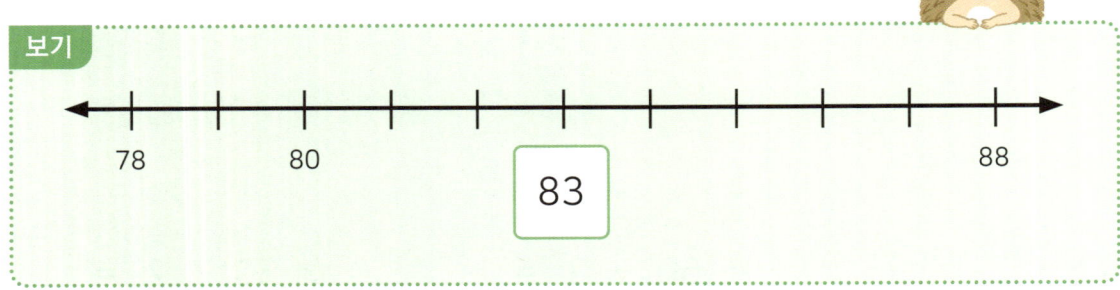

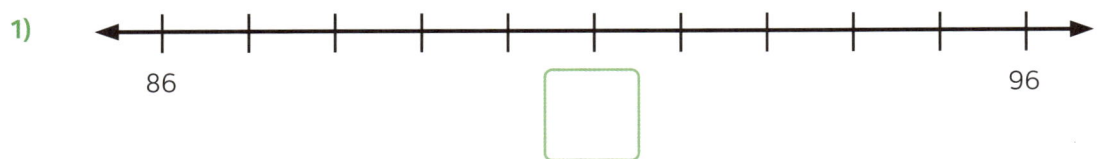

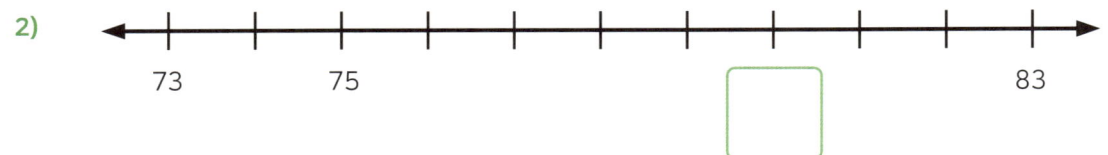

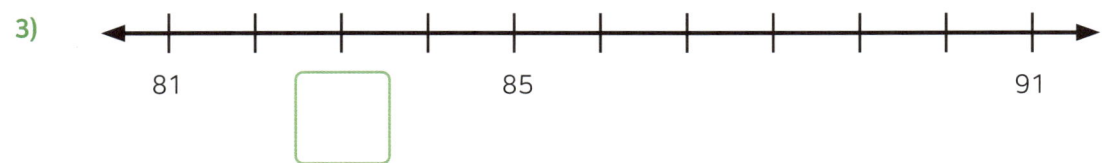

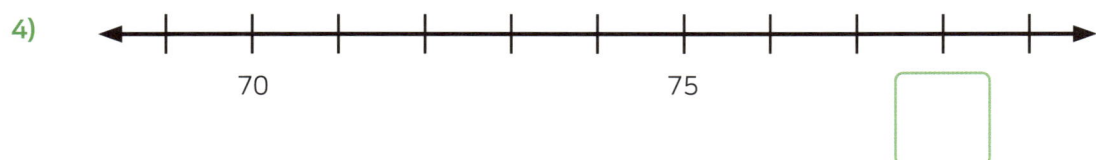

2 빈칸에 알맞은 숫자를 써 보세요.

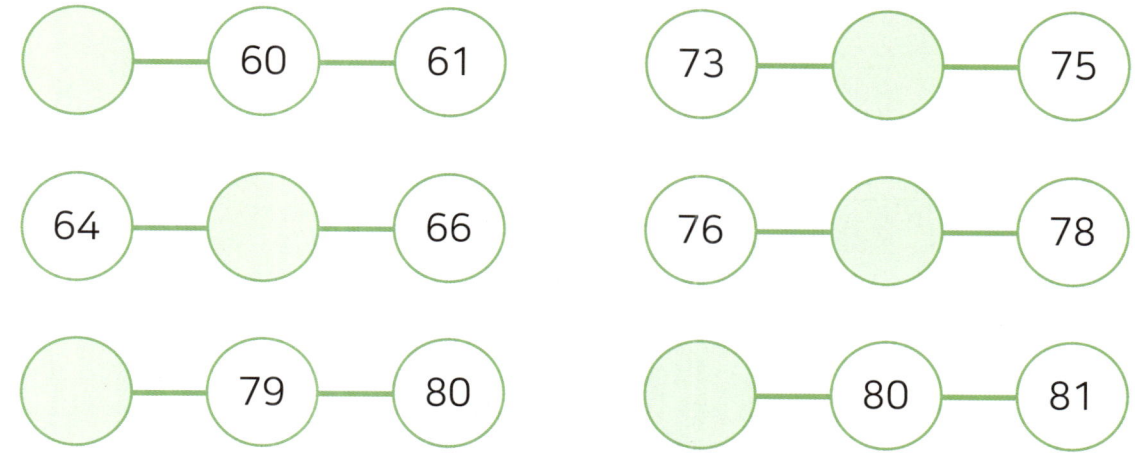

3 81과 더 가까운 수에 ◯표 하세요.

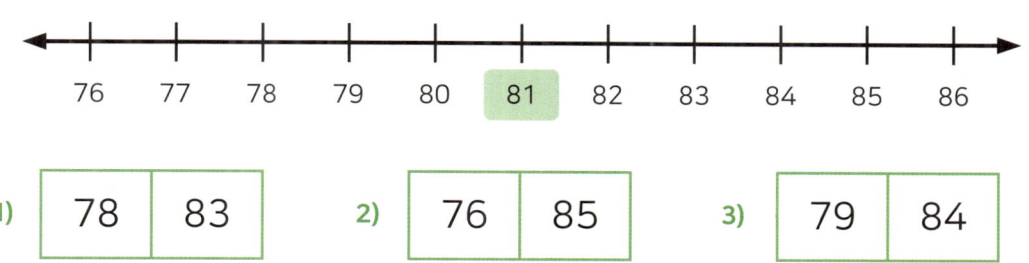

1) | 78 | 83 | 2) | 76 | 85 | 3) | 79 | 84 |

4 작은 수부터 순서대로 써 보세요.

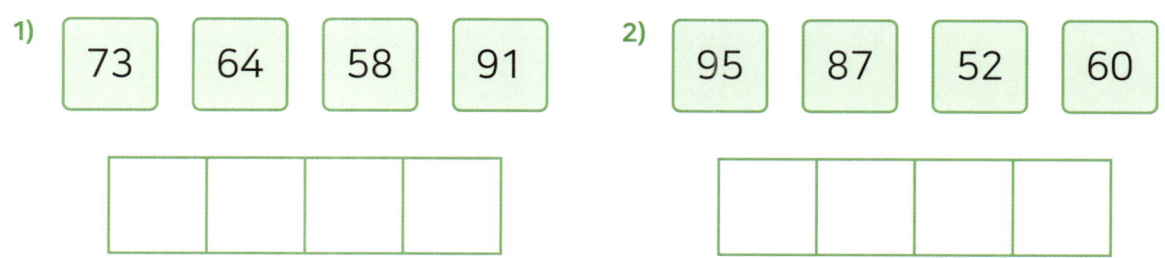

5 다음 계산을 해 보세요.

1) 40 + 40 = ☐

2) 20 + 40 = ☐

3) 30 + 40 = ☐

4) 50 + 40 = ☐

5) 60 + 40 = ☐

6) 10 + 45 = ☐

7) 30 + 45 = ☐

8) 50 + 45 = ☐

9) 40 + 45 = ☐

10) 30 + 25 = ☐

11) 10 + 15 = ☐

12) 20 + 25 = ☐

13) 30 + 35 = ☐

14) 40 + 45 = ☐

15) 60 + 35 = ☐

6 다음 계산을 해 보세요.

1) 30 − 1 = ☐

2) 50 − 2 = ☐

3) 80 − 2 = ☐

4) 90 − 1 = ☐

5) 70 − 2 = ☐

6) 50 − 3 = ☐

7) 60 − 3 = ☐

8) 90 − 3 = ☐

9) 70 − 3 = ☐

10) 80 − 3 = ☐

11) 70 − 1 = ☐

12) 50 − 1 = ☐

13) 60 − 2 = ☐

14) 80 − 1 = ☐

15) 90 − 2 = ☐

배움 8. 수의 순서 (2)

수의 크기 비교 (1)

배움 9

월 일

1 빈칸에 알맞은 숫자를 쓰고 가장 큰 수에 ○표 해 보세요.

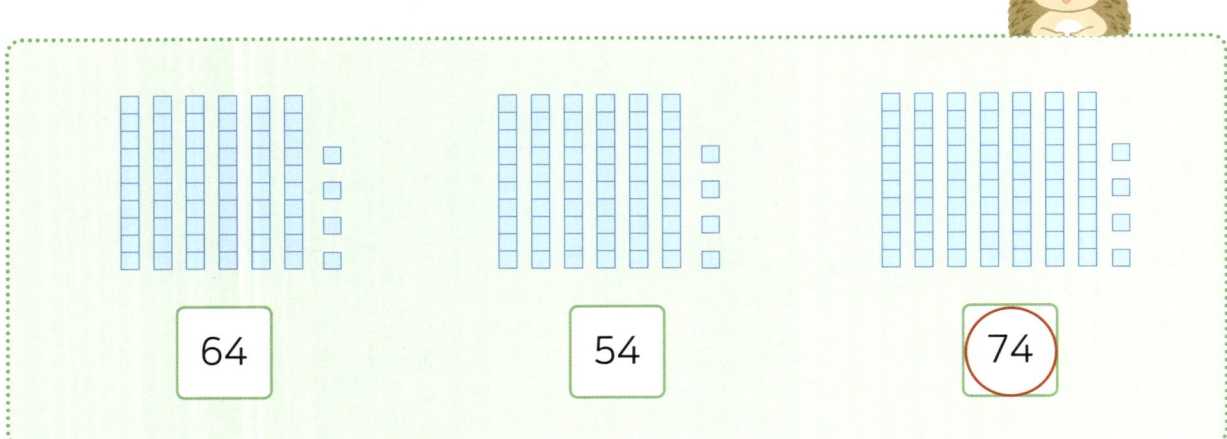

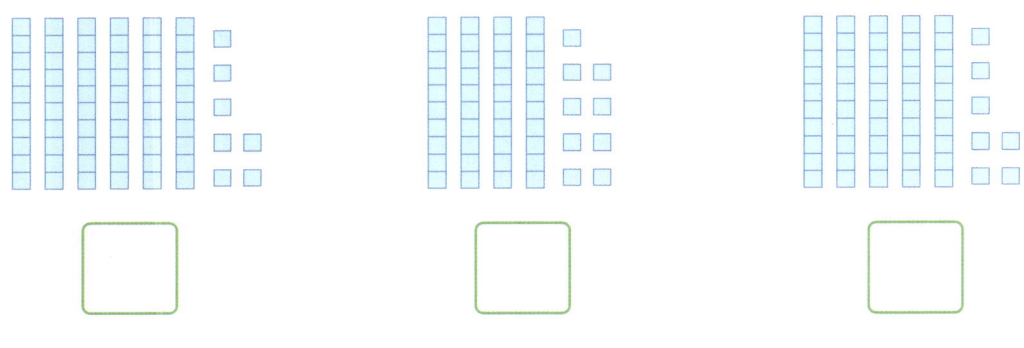

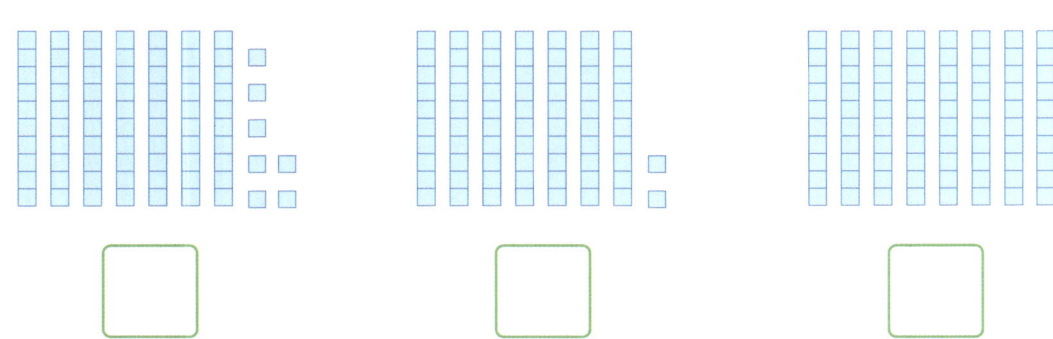

2 빈칸에 알맞은 숫자를 쓰고 가장 큰 수에 ○표 해 보세요.

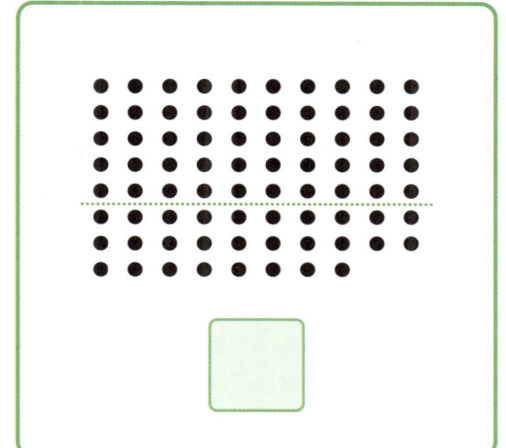

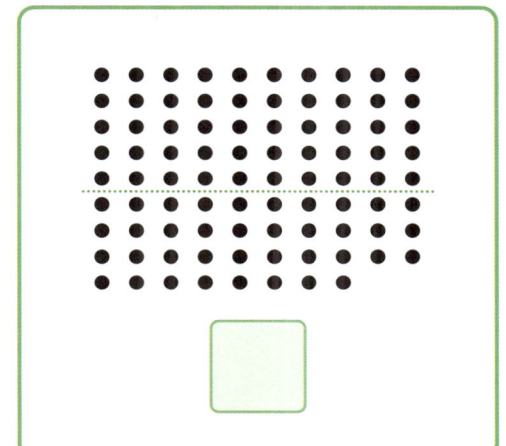

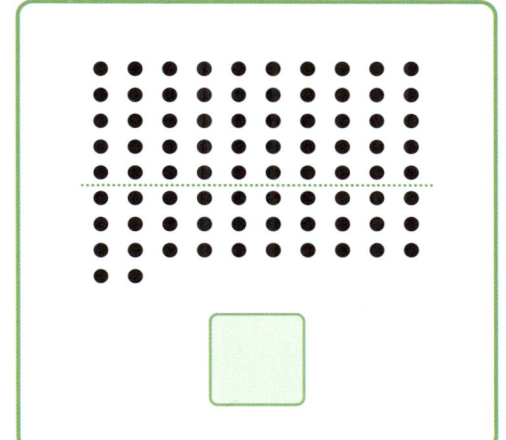

3 가장 큰 수에 ○표 해 보세요.

1) 75   78   81

2) 89   98   91

3) 79   91   88

4) 91   70   93

5) 80   78   69

6) 97   77   90

4 다음 계산을 해 보세요.

1) 42 + 42 = ☐
2) 33 + 33 = ☐
3) 44 + 44 = ☐
4) 45 + 45 = ☐
5) 25 + 25 = ☐

6) 31 + 31 = ☐
7) 41 + 41 = ☐
8) 42 + 42 = ☐
9) 43 + 43 = ☐
10) 50 + 50 = ☐

11) 78 + 11 = ☐
12) 67 + 22 = ☐
13) 77 + 21 = ☐
14) 61 + 35 = ☐
15) 58 + 41 = ☐

5 다음 계산을 해 보세요.

1) 76 − 75 = ☐

2) 88 − 87 = ☐

3) 77 − 75 = ☐

4) 68 − 65 = ☐

5) 78 − 75 = ☐

6) 50 − 5 = ☐

7) 60 − 5 = ☐

8) 70 − 5 = ☐

9) 80 − 5 = ☐

10) 90 − 5 = ☐

11) 76 − 66 = ☐

12) 67 − 57 = ☐

13) 97 − 77 = ☐

14) 84 − 64 = ☐

15) 68 − 58 = ☐

수의 크기 비교 (2)

1 빈칸에 알맞은 숫자를 쓰고 가장 큰 수에 ○표 해 보세요.

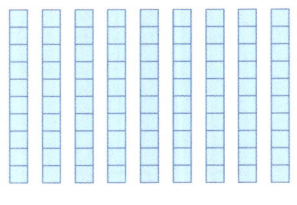 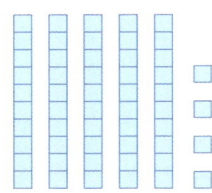 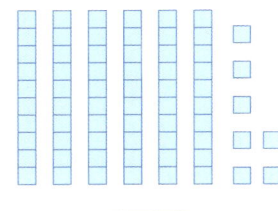

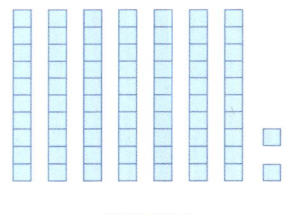 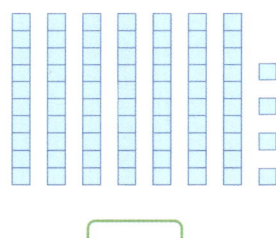 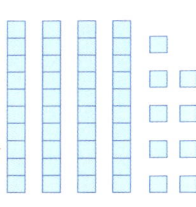

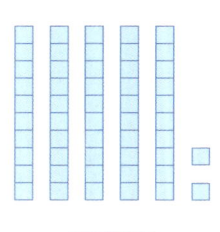 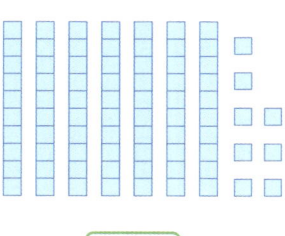 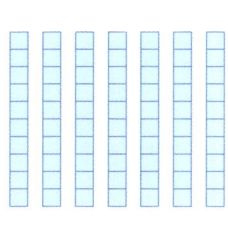

2 빈칸에 알맞은 숫자를 쓰고 가장 큰 수에 ○표 해 보세요.

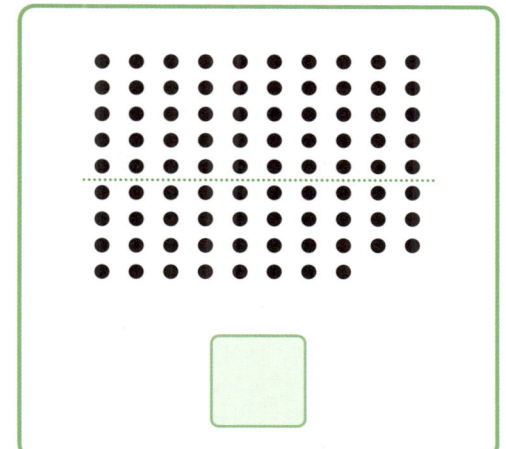

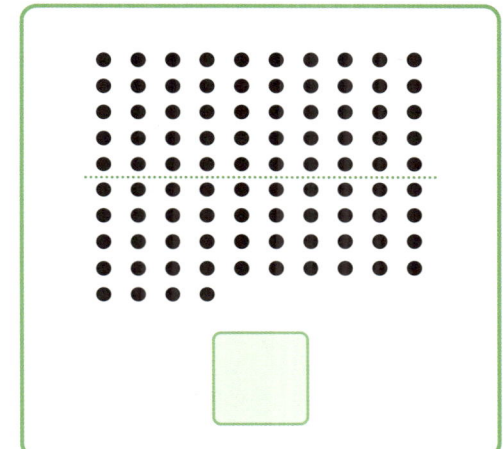

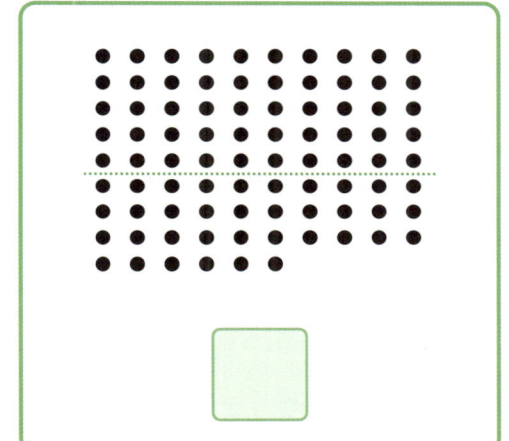

3 가장 큰 수에 ○표 해 보세요.

1) 96   90   88

2) 70   64   81

3) 78   77   76

4) 91   88   71

5) 91   81   79

6) 99   86   100

4 다음 계산을 해 보세요.

1) 72 + 20 =

2) 62 + 30 =

3) 64 + 30 =

4) 75 + 20 =

5) 75 + 21 =

6) 81 + 18 =

7) 48 + 41 =

8) 47 + 42 =

9) 56 + 43 =

10) 85 + 13 =

11) 78 + 11 =

12) 67 + 22 =

13) 77 + 21 =

14) 61 + 35 =

15) 95 + 5 =

5 다음 계산을 해 보세요.

1) 88 − 66 = ☐
2) 88 − 81 = ☐
3) 67 − 61 = ☐
4) 98 − 95 = ☐
5) 66 − 61 = ☐

6) 80 − 5 = ☐
7) 60 − 5 = ☐
8) 90 − 5 = ☐
9) 70 − 5 = ☐
10) 40 − 5 = ☐

11) 100 − 70 = ☐
12) 100 − 60 = ☐
13) 100 − 50 = ☐
14) 100 − 40 = ☐
15) 100 − 30 = ☐

2단원

받아올림 덧셈

배움 11 10이 되는 수
배움 12 큰 수 먼저 10 만들고 더하기 (9+몇)
배움 13 큰 수 먼저 10 만들고 더하기 (몇+9)
배움 14 큰 수 먼저 10 만들고 더하기 (8+몇)
배움 15 큰 수 먼저 10 만들고 더하기 (몇+8)
배움 16 큰 수 먼저 10 만들고 더하기 (7+몇), (6+몇)
배움 17 큰 수 먼저 10 만들고 더하기 (몇+7), (몇+6)

배움 18 같은 수의 덧셈 (1)
배움 19 같은 수의 덧셈 (2)
배움 20 계산의 달인 (1)
배움 21 계산의 달인 (2)
배움 22 내 실력 알아보기 / 1분 덧셈

10이 되는 수

1 구슬은 모두 10개입니다. 가려진 곳의 구슬의 수를 써 보세요.

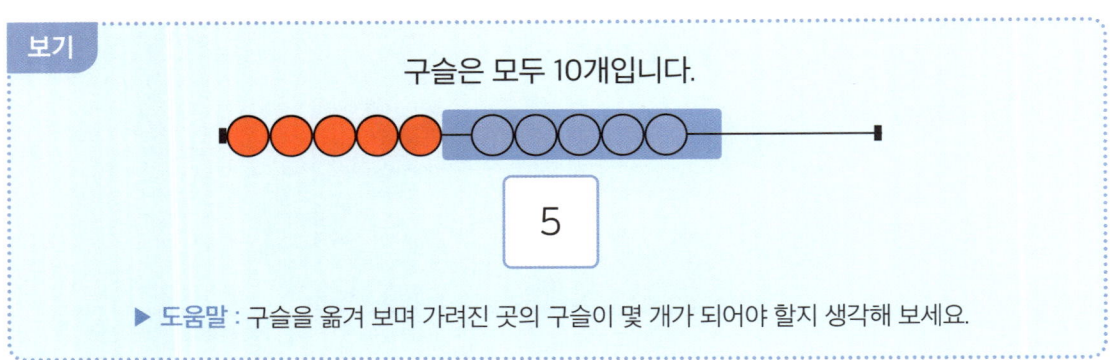

1) 모두 10개

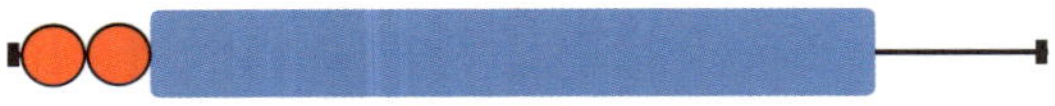

2) 모두 10개

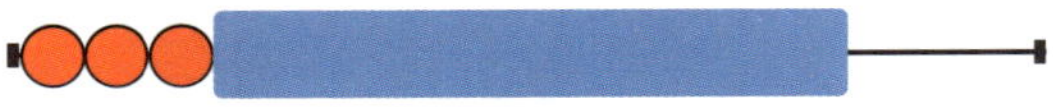

3) 모두 10개

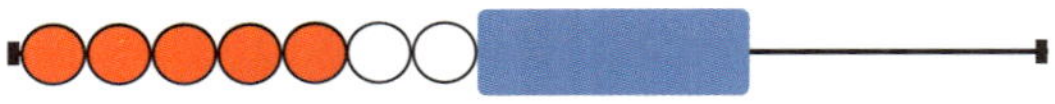

4) 모두 10개

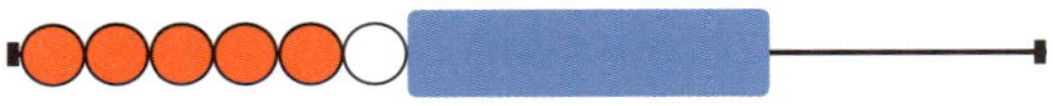

5) 모두 10개

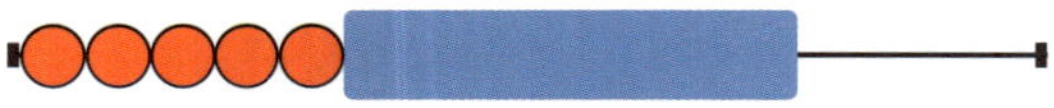

6) 모두 10개

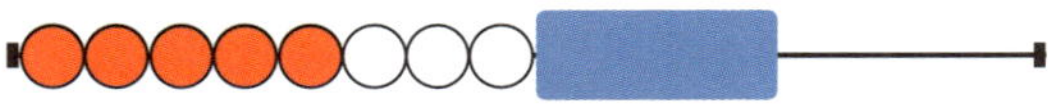

7) 모두 10개

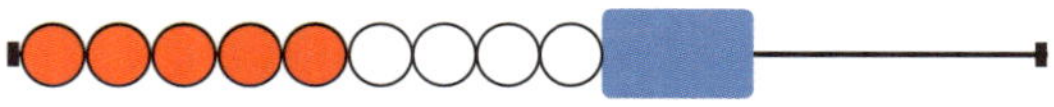

8) 모두 10개

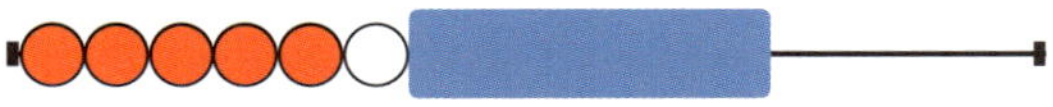

2. 점의 수를 써 보세요.

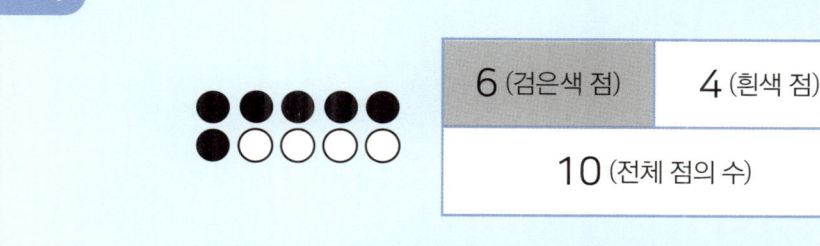

▶ 도움말 : 검은색 점은 색칠된 칸에 수를 적어 주세요.

1) 8 / 10
2) 7 / 10
3) 9 / 10
4) 5 / 10
5) 3 / 10
6) 2 / 10
7) 4 / 10
8) 1 / 10

3 다음 빈칸에 알맞은 수를 써 보세요.

1)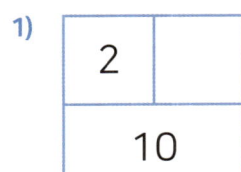

2)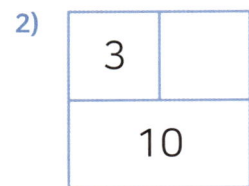

3)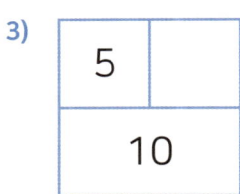

4)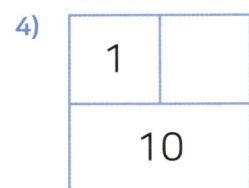

5)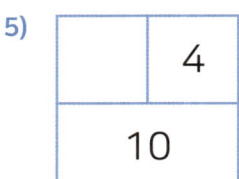

6)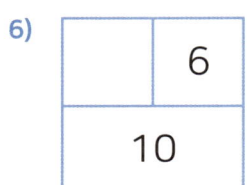

7)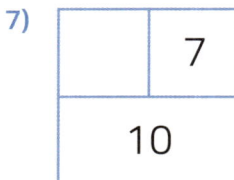

8)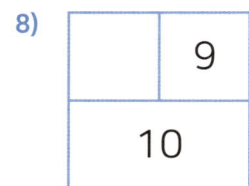

9)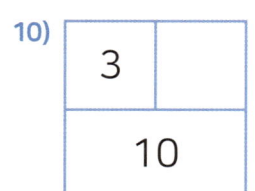

10)

4 보기와 같이 덧셈을 해 보세요.

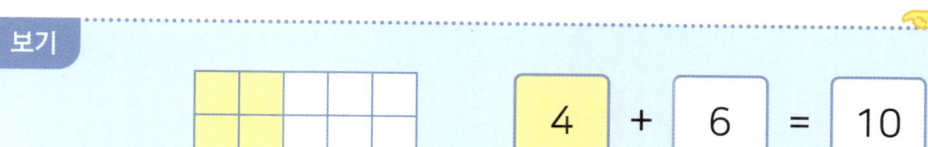

▶ 도움말 : 색칠되어 있는 칸은 색칠된 빈칸에 개수를 적어 주세요.

1)
2)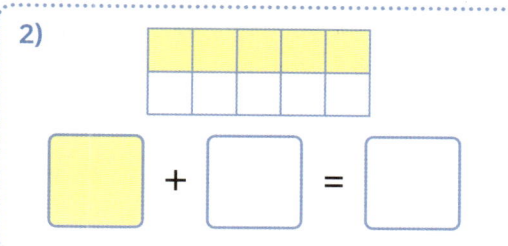

3)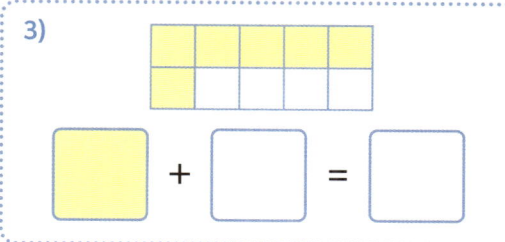
4)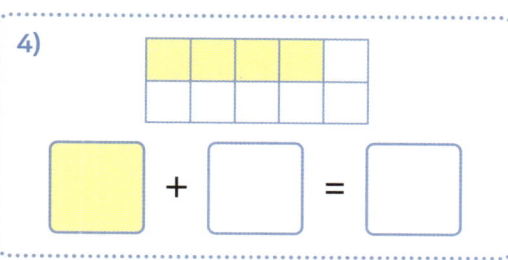

5)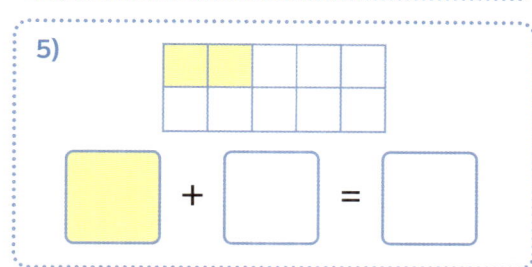
6)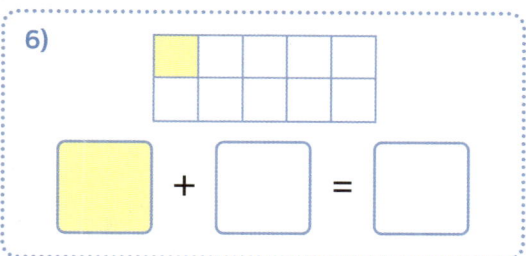

5 다음 덧셈을 해 보세요.

1) 3 + ☐ = 10   2) 5 + ☐ = 10   3) 8 + ☐ = 10

4) 4 + ☐ = 10   5) ☐ + 2 = 10   6) ☐ + 7 = 10

배움 12 — 큰 수 먼저 10 만들고 더하기 (9+몇)

1 보기와 같이 큰 수를 먼저 10으로 만들고, 수를 세어 보세요.

보기: = 13

▶ 도움말 : 10을 만들기 위해 1을 옮긴다고 생각해 보세요. 1개에 ○ 표시를 해도 좋습니다.

1) 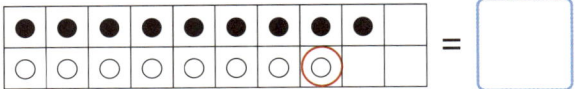 =

2) 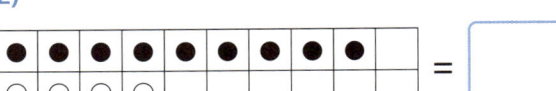 =

3) 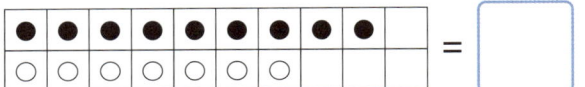 =

4) 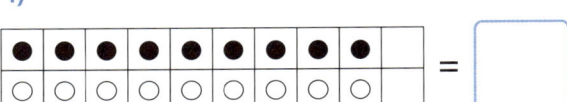 =

5) =

6) 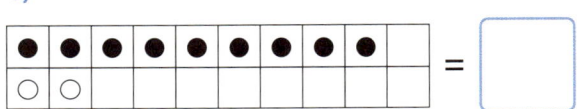 =

7) =

8) 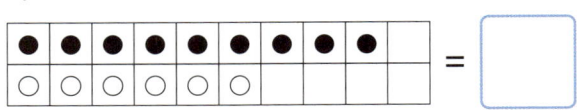 =

9) 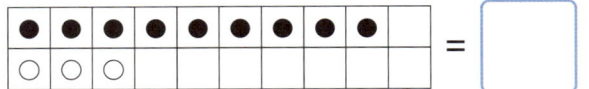 =

10) 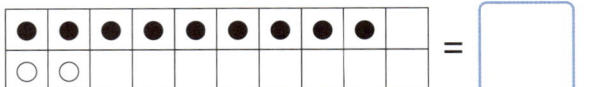 =

2 보기와 같이 큰 수를 먼저 10으로 만들고, 덧셈을 해 보세요.

보기

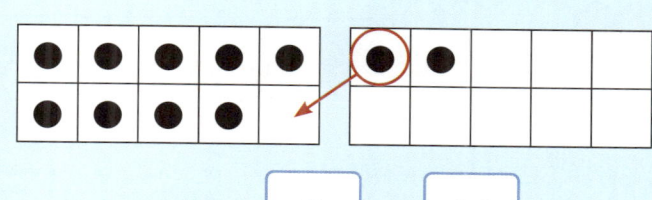

$9 + \boxed{2} = \boxed{11}$

▶ 도움말 : 10을 만들기 위해 1을 옮긴다고 생각해 보세요. 1개에 ◯ 표시를 해도 좋습니다.

1) $9 + \boxed{5} = \boxed{}$

2) $9 + \boxed{} = \boxed{}$

3) $9 + \boxed{} = \boxed{}$

4) $9 + \boxed{} = \boxed{}$

5) $9 + \boxed{} = \boxed{}$

6) $9 + \boxed{} = \boxed{}$

7) $9 + \boxed{} = \boxed{}$

8) $9 + \boxed{} = \boxed{}$

배움 12. 큰 수 먼저 10 만들고 더하기 (9+몇)

3 레켄렉 그림을 보며 다음 덧셈을 해 보세요.

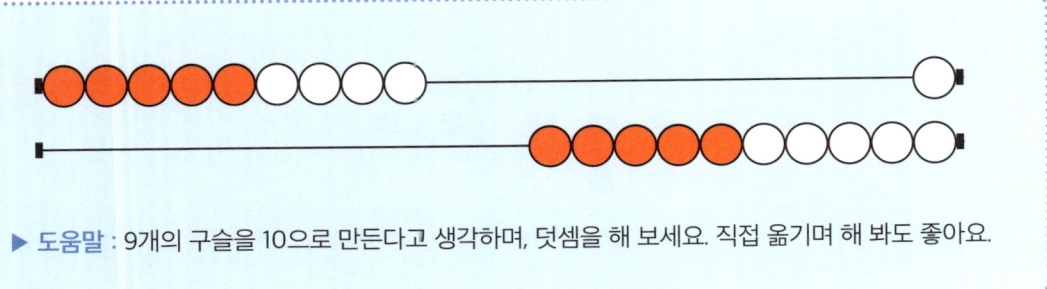

▶ 도움말 : 9개의 구슬을 10으로 만든다고 생각하며, 덧셈을 해 보세요. 직접 옮기며 해 봐도 좋아요.

1) 9 + 2 =

2) 9 + 1 =

3) 9 + 6 =

4) 9 + 8 =

5) 9 + 3 =

6) 9 + 5 =

7) 9 + 7 =

8) 9 + 9 =

9) 9 + 4 =

4 큰 수를 먼저 10으로 만들고, 다음 덧셈을 해 보세요.

1) 9 + 5 = ☐   (1, 4)
2) 9 + 4 = ☐   (1,)
3) 9 + 8 = ☐   (1,)
4) 9 + 3 = ☐   (1,)
5) 9 + 6 = ☐
6) 9 + 7 = ☐

5 다음 계산을 해 보세요.

1) 9 + 3 = ☐
2) 9 + 5 = ☐
3) 9 + 2 = ☐
4) 9 + 4 = ☐
5) 9 + 6 = ☐
6) 9 + 7 = ☐
7) 9 + 8 = ☐
8) 9 + 9 = ☐

배움 12. 큰 수 먼저 10 만들고 더하기 (9+몇)

배움 13 — 큰 수 먼저 10 만들고 더하기 (몇+9)

1 보기와 같이 큰 수를 먼저 10으로 만들고, 수를 세어 보세요.

보기

○○○○○ (빈칸들)
●●●●●●●●● (빈칸)
= 14

▶ 도움말 : 10을 만들기 위해 1을 옮긴다고 생각해 보세요. 1개에 ○ 표시를 해도 좋습니다.

1) 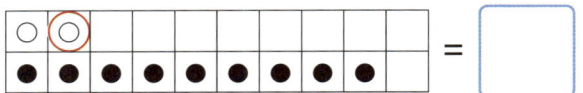 =

2) 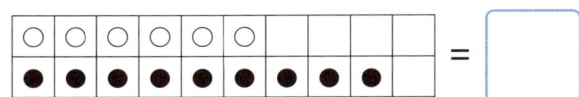 =

3) 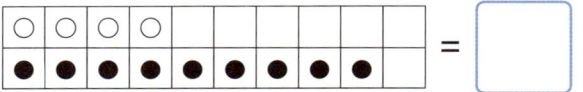 =

4) 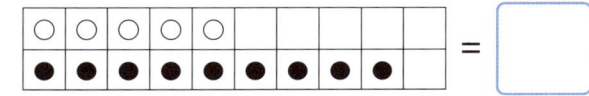 =

5) 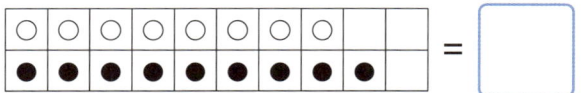 =

6) 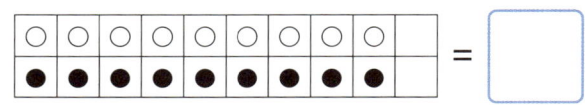 =

7) 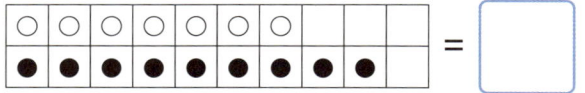 =

8) 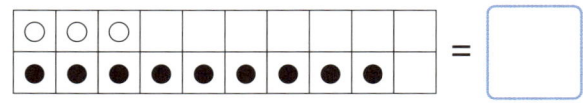 =

9) 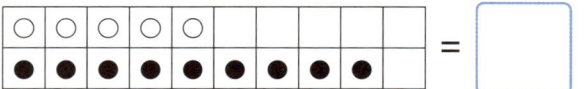 =

10) 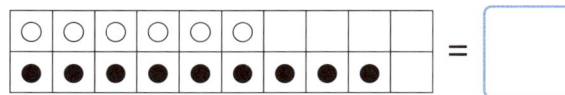 =

2 보기와 같이 큰 수를 먼저 10으로 만들고, 덧셈을 해 보세요.

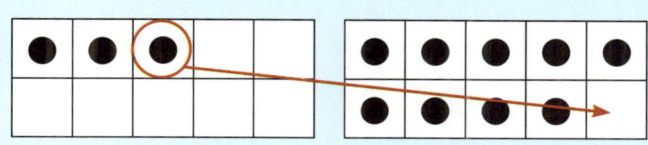

▶ 도움말 : 10을 만들기 위해 1을 눈으로 옮긴다고 생각해 보세요.

1)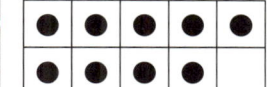

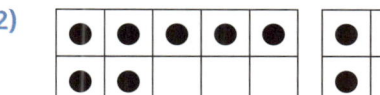

5 + 9 = ☐

2)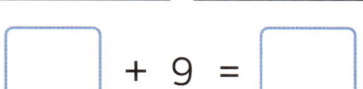

☐ + 9 = ☐

3)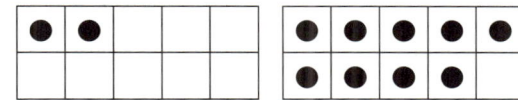

☐ + 9 = ☐

4)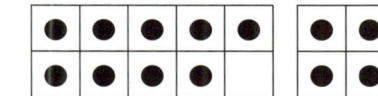

☐ + 9 = ☐

5)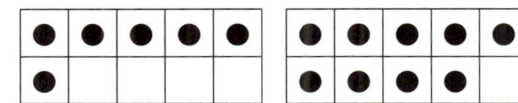

☐ + 9 = ☐

6)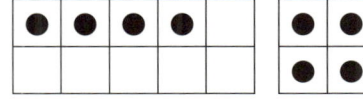

☐ + 9 = ☐

7)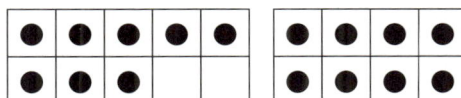

☐ + 9 = ☐

8)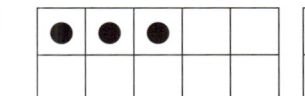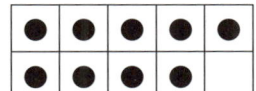

☐ + 9 = ☐

배움 13. 큰 수 먼저 10 만들고 더하기 (몇+9)

3 큰 수를 먼저 10으로 만들고, 다음 덧셈을 해 보세요.

1) 4 + 9 = ☐
   3　1

2) 3 + 9 = ☐
   ☐　1

3) 7 + 9 = ☐

4) 4 + 9 = ☐

5) 8 + 9 = ☐

6) 5 + 9 = ☐

4 큰 수를 먼저 10으로 만들고, 다음 덧셈을 해 보세요.

1) 5 + 9 = ☐

2) 3 + 9 = ☐

3) 6 + 9 = ☐

4) 4 + 9 = ☐

5) 8 + 9 = ☐

6) 2 + 9 = ☐

7) 7 + 9 = ☐

8) 9 + 9 = ☐

5 큰 수를 먼저 10으로 만들고, 다음 덧셈을 해 보세요.

1) 3 + 9 = ☐   2) 7 + 9 = ☐

3) 9 + 3 = ☐   4) 9 + 8 = ☐

5) 4 + 9 = ☐   6) 6 + 9 = ☐

7) 9 + 5 = ☐   8) 9 + 9 = ☐

9) 5 + 9 = ☐   10) 8 + 9 = ☐

11) 9 + 7 = ☐   12) 9 + 6 = ☐

13) 2 + 9 = ☐   14) 9 + 9 = ☐

15) 9 + 4 = ☐   16) 9 + 2 = ☐

배움 13. 큰 수 먼저 10 만들고 더하기 (몇+9)

배움 14 · 큰 수 먼저 10 만들고 더하기 (8+몇)

1 레켄렉 그림을 보며 다음 덧셈을 해 보세요.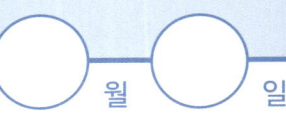

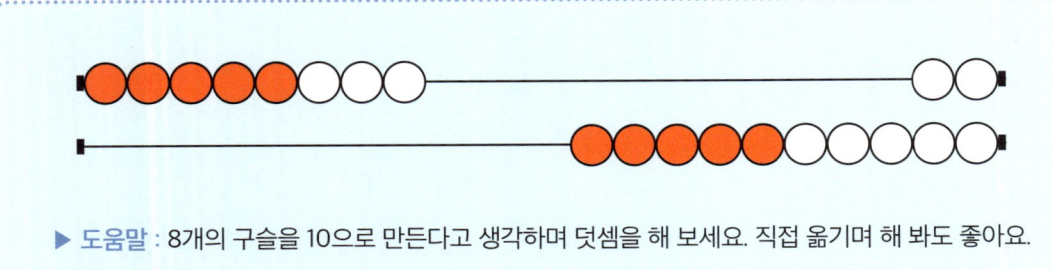

▶ 도움말 : 8개의 구슬을 10으로 만든다고 생각하며 덧셈을 해 보세요. 직접 옮기며 해 봐도 좋아요.

1) 8 + 5 =

2) 8 + 3 =

3) 8 + 8 =

4) 8 + 4 =

5) 8 + 5 =

6) 8 + 6 =

7) 8 + 4 =

8) 8 + 7 =

9) 8 + 2 =

10) 8 + 3 =

2 보기와 같이 큰 수를 먼저 10으로 만들고, 수를 세어 보세요.

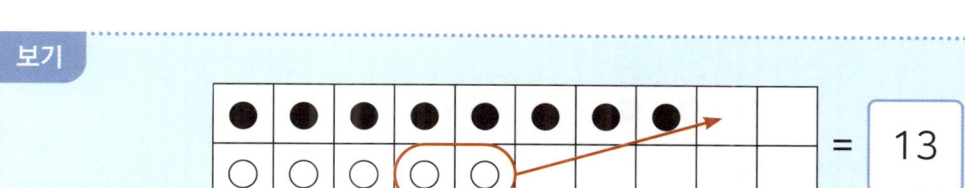

▶ 도움말 : 10을 만들기 위해 2를 옮긴다고 생각해 보세요. 2개에 ○ 표시를 해도 좋습니다.

1)
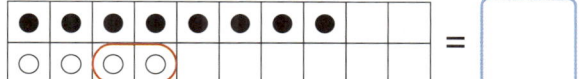

2)
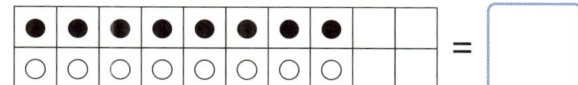

3)
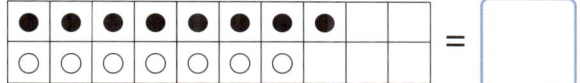

4)
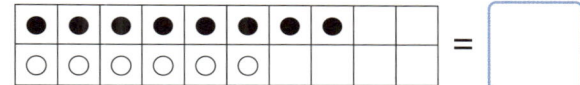

5)
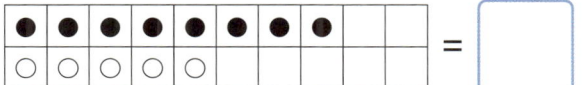

6)
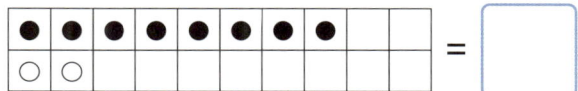

7)
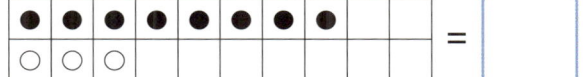

8)
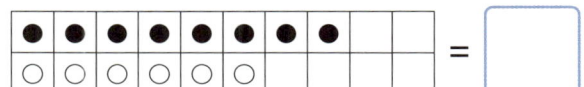

9)
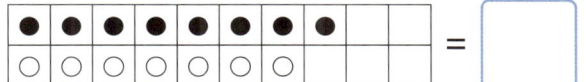

10)

배움 14. 큰 수 먼저 10 만들고 더하기 (8+몇)

3 보기와 같이 큰 수를 먼저 10으로 만들고, 덧셈을 해 보세요.

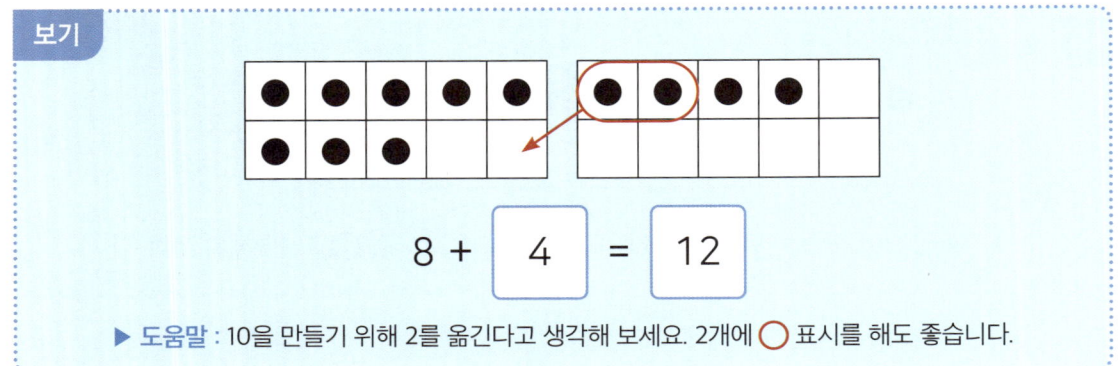

1)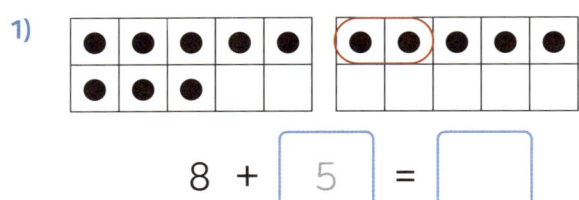

2)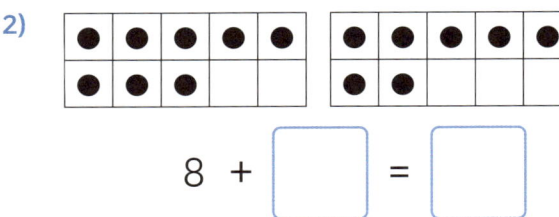

3) 8 + ⬜ = ⬜

4)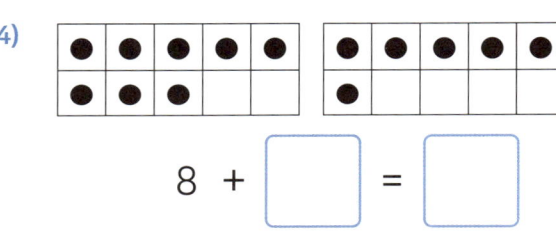

5)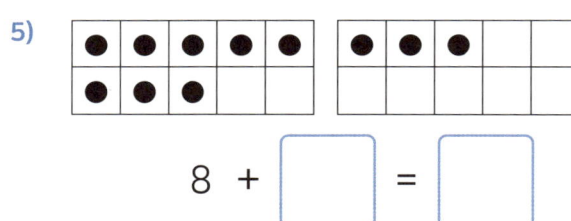

6)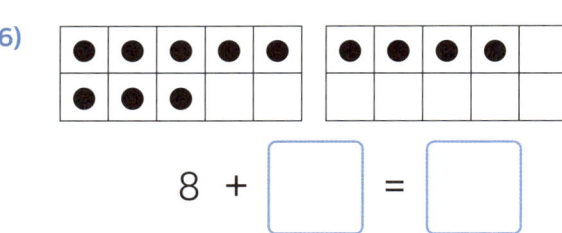

7)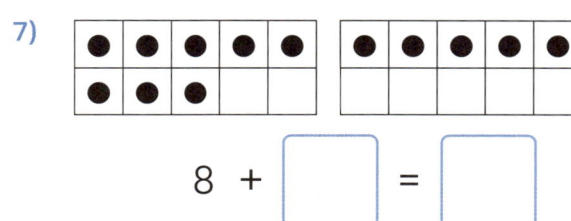

8)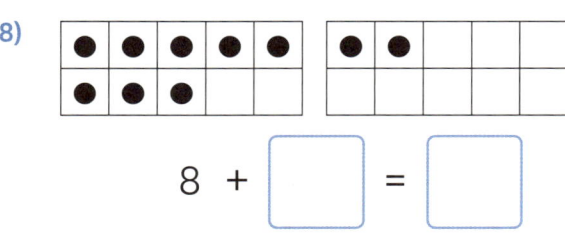

4 큰 수를 먼저 10으로 만들고, 다음 덧셈을 해 보세요.

1) 8 + 6 = ☐

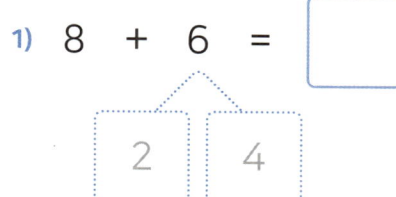

2) 8 + 5 = ☐

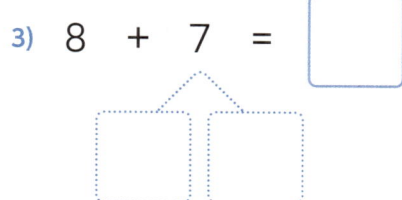

3) 8 + 7 = ☐

4) 8 + 4 = ☐

5) 8 + 8 = ☐

6) 8 + 3 = ☐

5 다음 계산을 해 보세요.

1) 8 + 6 = ☐

2) 8 + 5 = ☐

3) 8 + 2 = ☐

4) 8 + 3 = ☐

5) 8 + 4 = ☐

6) 8 + 7 = ☐

7) 8 + 8 = ☐

8) 8 + 5 = ☐

배움 14. 큰 수 먼저 10 만들고 더하기 (8+몇)

배움 15 — 큰 수 먼저 10 만들고 더하기 (몇+8)

1 보기와 같이 큰 수를 먼저 10으로 만들고, 수를 세어 보세요.

보기

= 13

▶ 도움말 : 10을 만들기 위해 2를 옮긴다고 생각해 보세요. 2개에 ○ 표시를 해도 좋습니다.

1)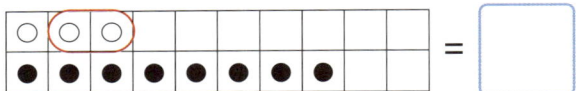

2)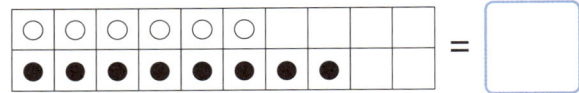

3)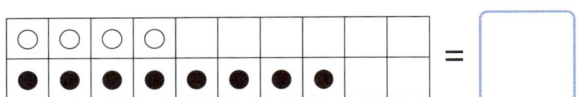

4)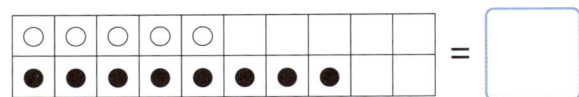

5)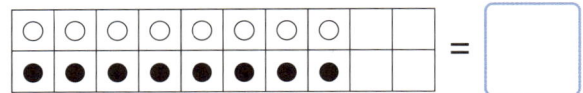

6)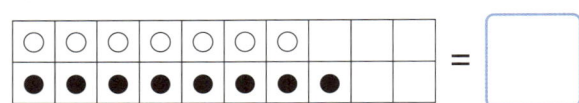

7)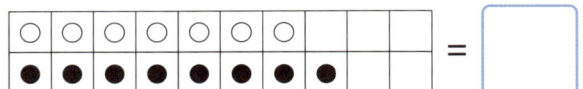

8)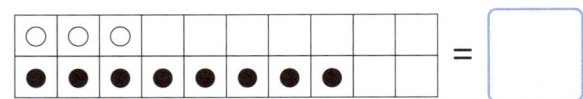

9)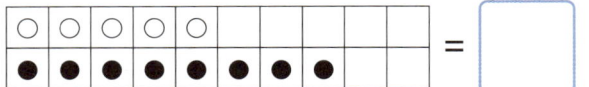

10)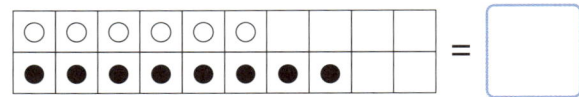

2 보기와 같이 큰 수를 먼저 10으로 만들고, 덧셈을 해 보세요.

보기

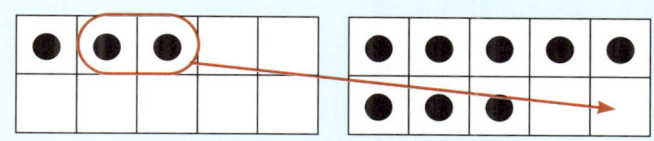

$$3 + 8 = 11$$

▶ 도움말 : 10을 만들기 위해 2를 옮긴다고 생각해 보세요. 2개에 ○ 표시를 해도 좋습니다.

1)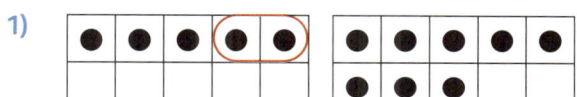

$$5 + 8 = \boxed{}$$

2)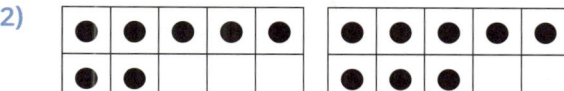

$$\boxed{} + 8 = \boxed{}$$

3)

$$\boxed{} + 8 = \boxed{}$$

4)

$$\boxed{} + 8 = \boxed{}$$

5)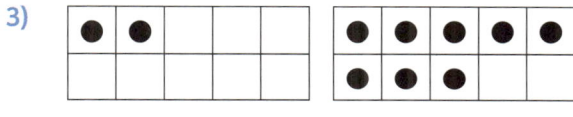

$$\boxed{} + 8 = \boxed{}$$

6)

$$\boxed{} + 8 = \boxed{}$$

7)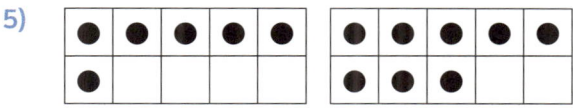

$$\boxed{} + 8 = \boxed{}$$

8)

$$\boxed{} + 8 = \boxed{}$$

배움 15. 큰 수 먼저 10 만들고 더하기 (몇+8)

3 큰 수를 먼저 10으로 만들고, 다음 덧셈을 해 보세요.

1) 4 + 8 = ☐

2) 3 + 8 = ☐

3) 7 + 8 = ☐

4) 6 + 8 = ☐

5) 8 + 8 = ☐

6) 5 + 8 = ☐

4 큰 수를 먼저 10으로 만들고, 다음 덧셈을 해 보세요.

1) 5 + 8 = ☐

2) 3 + 8 = ☐

3) 6 + 8 = ☐

4) 4 + 8 = ☐

5) 8 + 8 = ☐

6) 2 + 8 = ☐

7) 7 + 8 = ☐

8) 5 + 8 = ☐

5 큰 수를 먼저 10으로 만들고, 다음 덧셈을 해 보세요.

1) 3 + 8 = ☐   2) 7 + 8 = ☐

3) 8 + 7 = ☐   4) 8 + 6 = ☐

5) 4 + 8 = ☐   6) 6 + 8 = ☐

7) 8 + 5 = ☐   8) 8 + 3 = ☐

9) 5 + 8 = ☐   10) 8 + 8 = ☐

11) 8 + 9 = ☐   12) 8 + 2 = ☐

13) 2 + 9 = ☐   14) 9 + 8 = ☐

15) 10 + 8 = ☐   16) 9 + 10 = ☐

배움 15. 큰 수 먼저 10 만들고 더하기 (몇+8)

배움 16 — 큰 수 먼저 10 만들고 더하기 (7+몇), (6+몇)

1 레켄렉 그림을 보며 다음 덧셈을 해 보세요.

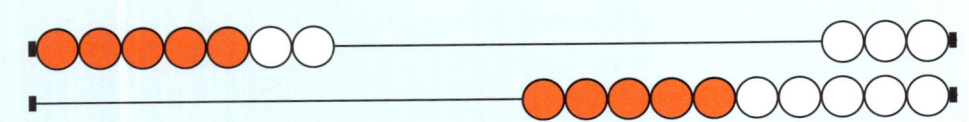

▶ 도움말 : 7개의 구슬을 10으로 만든다고 생각하며 덧셈을 해 보세요. 직접 옮기며 해 봐도 좋아요.

1) 7 + 4 = 　　2) 7 + 3 =
3) 7 + 6 = 　　4) 7 + 7 =
5) 7 + 4 = 　　6) 7 + 5 =

2 레켄렉 그림을 보며 다음 덧셈을 해 보세요.

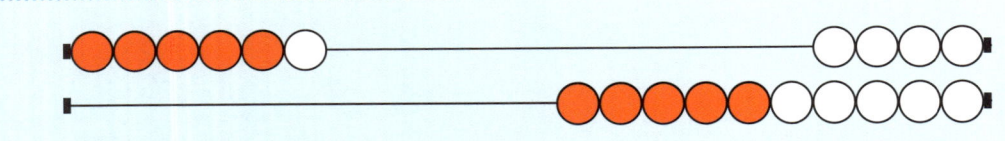

▶ 도움말 : 6개의 구슬을 10으로 만든다고 생각하며 덧셈을 해 보세요. 직접 옮기며 해 봐도 좋아요.

1) 6 + 5 = 　　2) 6 + 6 =
3) 6 + 4 = 　　4) 6 + 5 =
5) 6 + 6 = 　　6) 6 + 4 =

3 보기와 같이 큰 수를 먼저 10으로 만들고, 수를 세어 보세요.

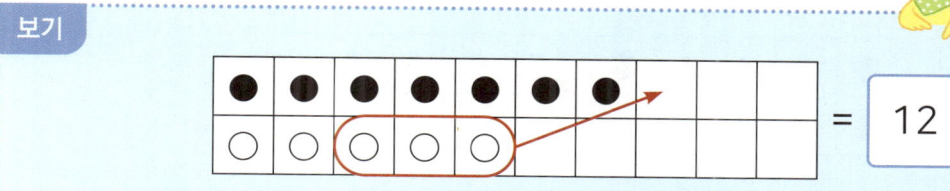

1)
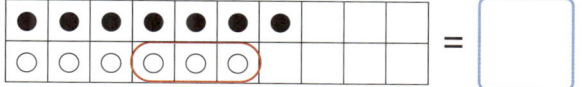

2)
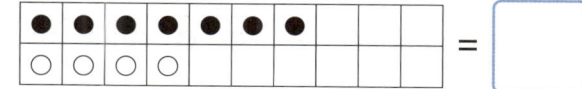

3)
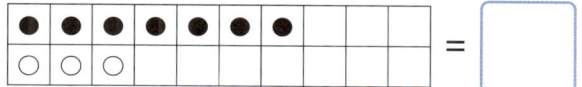

4)
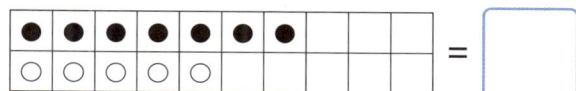

5)
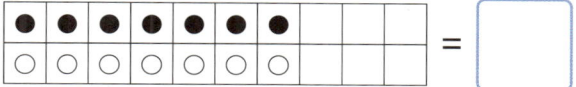

6)
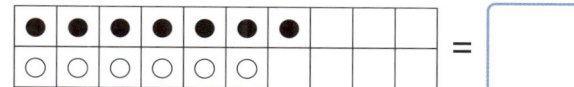

4 큰 수를 먼저 10으로 만들어 수를 세어 보세요.

1)
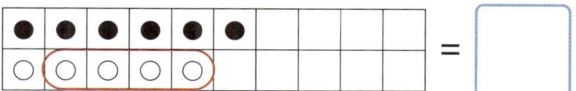

2)
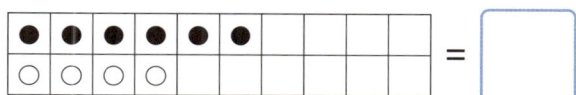

3)
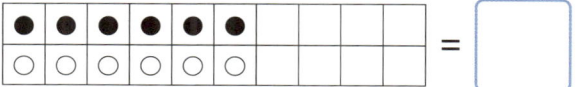

4)
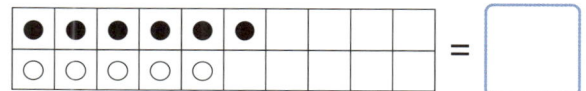

배움 16. 큰 수 먼저 10 만들고 더하기 (7+몇), (6+몇)

5 보기와 같이 큰 수를 먼저 10으로 만들고, 덧셈을 해 보세요.

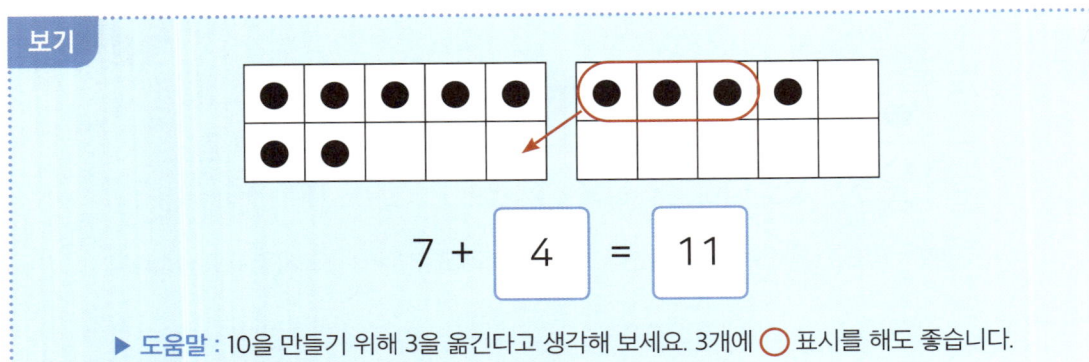

▶ 도움말 : 10을 만들기 위해 3을 옮긴다고 생각해 보세요. 3개에 ○ 표시를 해도 좋습니다.

1)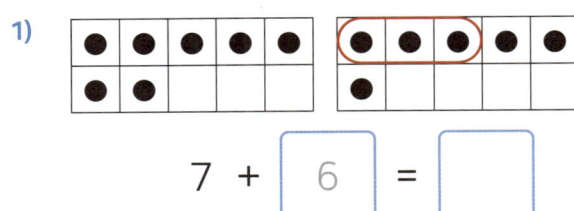

7 + 6 =

2)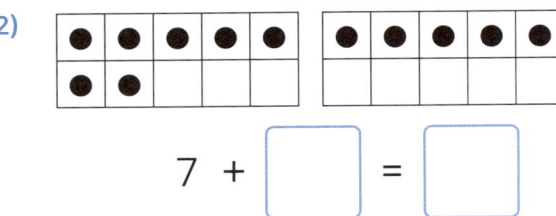

7 + ☐ = ☐

3)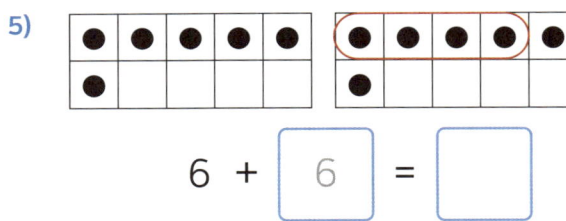

7 + ☐ = ☐

4)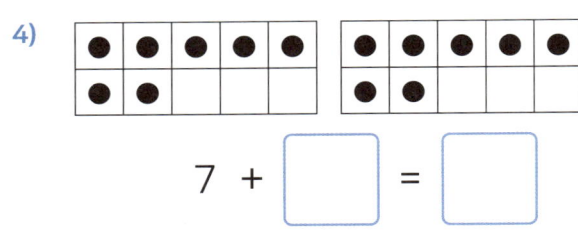

7 + ☐ = ☐

5)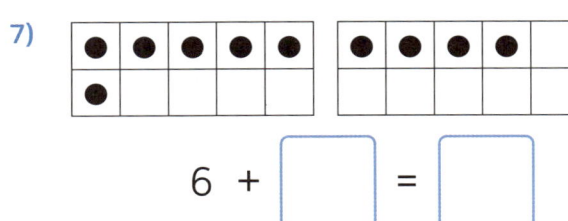

6 + 6 = ☐

6)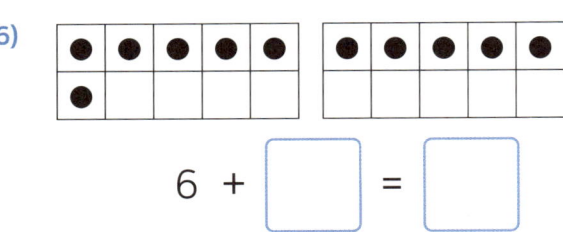

6 + ☐ = ☐

7)

6 + ☐ = ☐

8)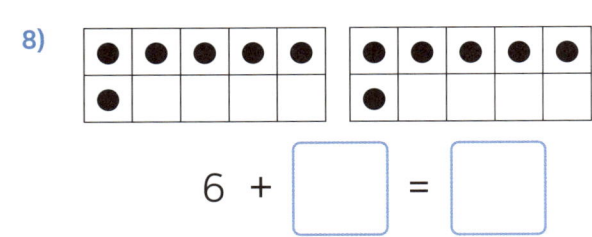

6 + ☐ = ☐

6 큰 수를 먼저 10으로 만들고, 다음 덧셈을 해 보세요.

1) 7 + 6 = ☐   (3, 3)

2) 7 + 5 = ☐   (3,)

3) 7 + 7 = ☐

4) 7 + 4 = ☐

5) 6 + 5 = ☐   (4,)

6) 6 + 6 = ☐   (4,)

7 다음 계산을 해 보세요.

1) 7 + 6 = ☐

2) 7 + 5 = ☐

3) 7 + 3 = ☐

4) 7 + 4 = ☐

5) 7 + 7 = ☐

6) 6 + 5 = ☐

7) 6 + 4 = ☐

8) 6 + 6 = ☐

배움 16. 큰 수 먼저 10 만들고 더하기 (7+몇), (6+몇)

배움 17 | 큰 수 먼저 10 만들고 더하기 (몇+7), (몇+6)

 월 일

1 보기와 같이 큰 수를 먼저 10으로 만들고, 수를 세어 보세요.

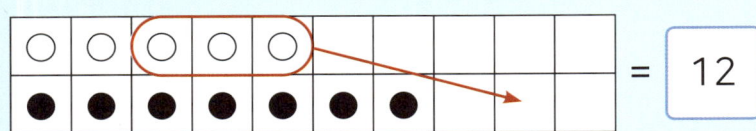

▶ 도움말 : 10을 만들기 위해 3을 옮긴다고 생각해 보세요. 3개에 ○ 표시를 해도 좋습니다.
6을 10으로 만들기 위해서는 4개를 묶어 주세요.

1)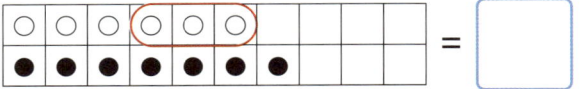

2)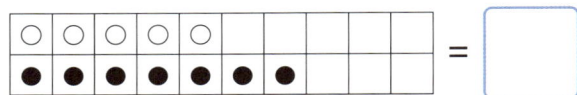

3)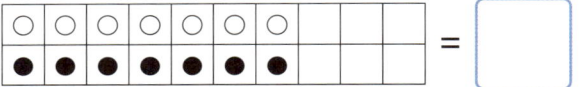

4)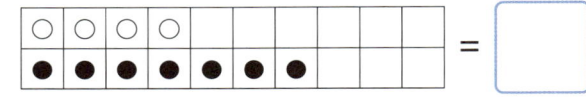

5)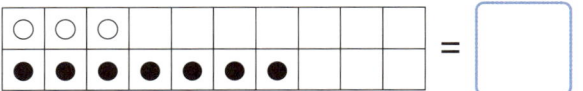

6)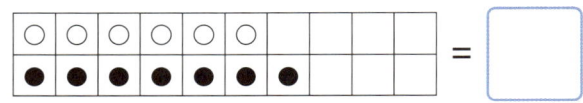

7)

8)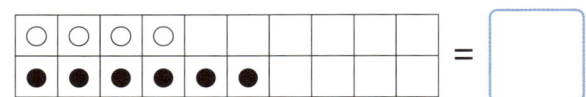

9)

10)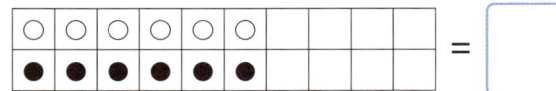

2 보기와 같이 큰 수를 먼저 10으로 만들고, 덧셈을 해 보세요.

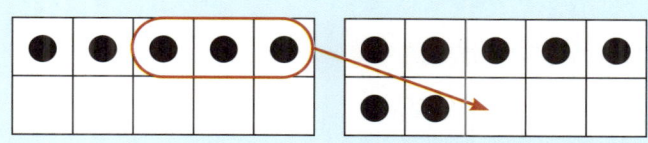

▶ 도움말 : 10을 만들기 위해 3을 옮긴다고 생각해 보세요. 3개에 ◯ 표시를 해도 좋습니다.
6을 10으로 만들기 위해서는 4개를 묶어 주세요.

1)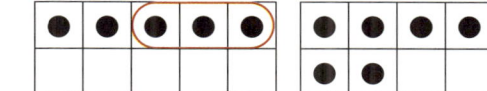

☐ + 7 = ☐

2)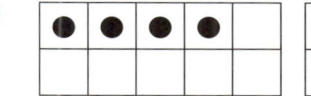

☐ + 7 = ☐

3)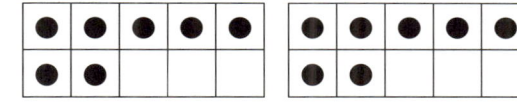

☐ + 7 = ☐

4)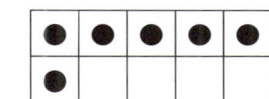

☐ + 7 = ☐

5)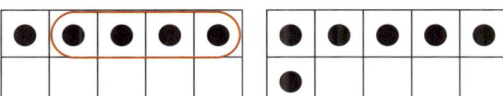

☐ + 6 = ☐

6)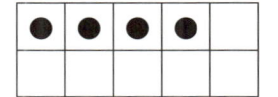

☐ + 6 = ☐

7)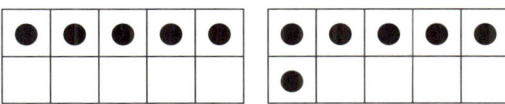

☐ + 6 = ☐

8)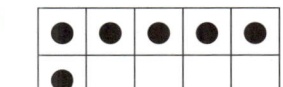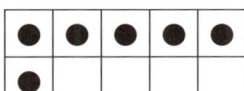

☐ + 6 = ☐

3 큰 수를 먼저 10으로 만들고, 다음 덧셈을 해 보세요.

1) 4 + 7 = ☐   (1, 3)

2) 5 + 7 = ☐   (, 3)

3) 7 + 7 = ☐

4) 6 + 7 = ☐

5) 5 + 6 = ☐

6) 6 + 6 = ☐

4 큰 수를 먼저 10으로 만들고, 다음 덧셈을 해 보세요.

1) 5 + 7 = ☐

2) 3 + 7 = ☐

3) 6 + 7 = ☐

4) 4 + 7 = ☐

5) 7 + 7 = ☐

6) 6 + 6 = ☐

7) 4 + 6 = ☐

8) 5 + 6 = ☐

5 큰 수를 먼저 10으로 만들고, 다음 덧셈을 해 보세요.

1) 3 + 7 = ☐   2) 7 + 4 = ☐

3) 5 + 7 = ☐   4) 6 + 7 = ☐

5) 4 + 7 = ☐   6) 7 + 4 = ☐

7) 7 + 7 = ☐   8) 4 + 7 = ☐

9) 5 + 9 = ☐   10) 4 + 6 = ☐

11) 6 + 5 = ☐   12) 6 + 6 = ☐

13) 6 + 9 = ☐   14) 9 + 7 = ☐

15) 8 + 7 = ☐   16) 6 + 8 = ☐

같은 수의 덧셈 (1)

배움 18

월 일

1 보기와 같이 덧셈을 해 보세요.

보기
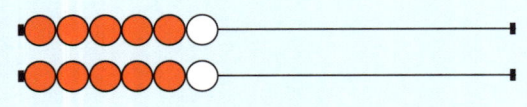
6 + 6 = 12

1)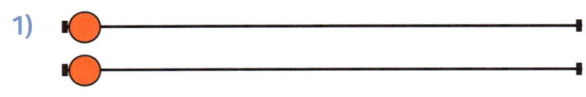
1 + 1 =

2)
2 + =

3)
3 + =

4)
4 + =

5)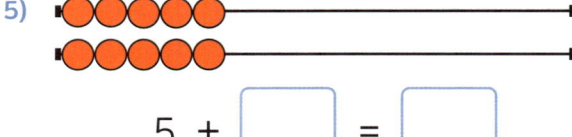
5 + =

6)
6 + =

7)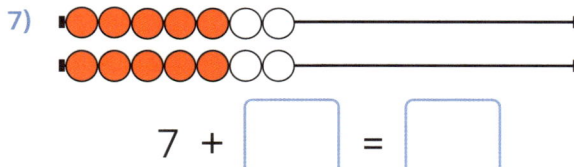
7 + =

8)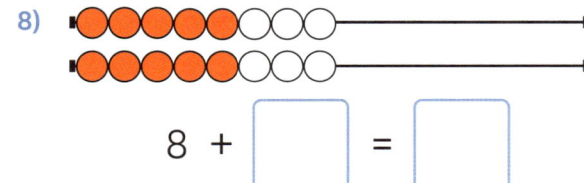
8 + =

9)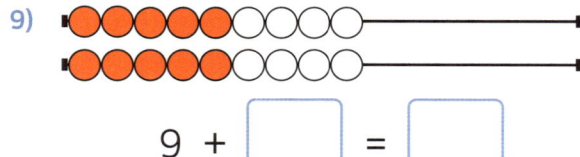
9 + =

10)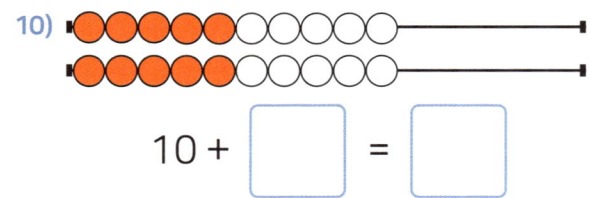
10 + =

2 같은 수의 덧셈을 해 보세요.

1) 2 + 2 = ☐   2) 1 + 1 = ☐

3) 3 + 3 = ☐   4) 5 + 5 = ☐

5) 4 + 4 = ☐   6) 6 + 6 = ☐

7) 8 + 8 = ☐   8) 9 + 9 = ☐

9) 10 + 10 = ☐   10) 7 + 7 = ☐

11) 8 + 8 = ☐   12) 6 + 6 = ☐

3 보기와 같이 덧셈을 해 보세요.

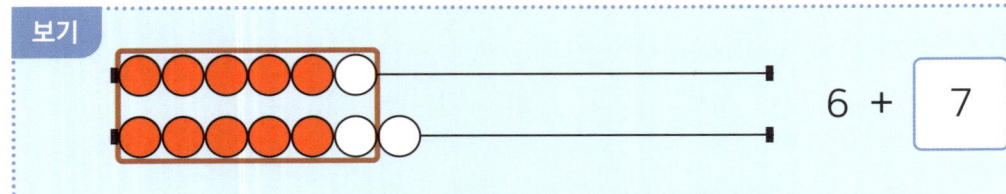

보기: 6 + 7 = 13

▶ 도움말 : 6개와 6개는 12개니까 6개와 7개는 13개입니다.

1)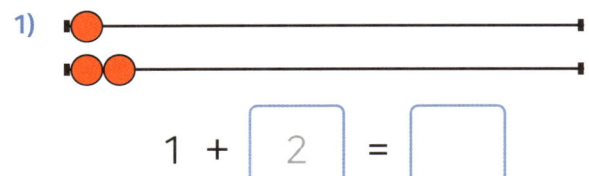

1 + 2 =

2)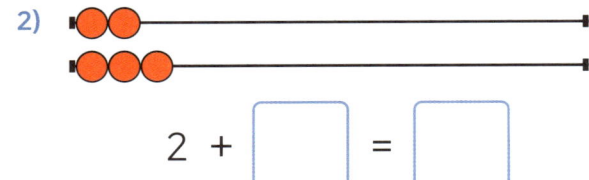

2 + =

3)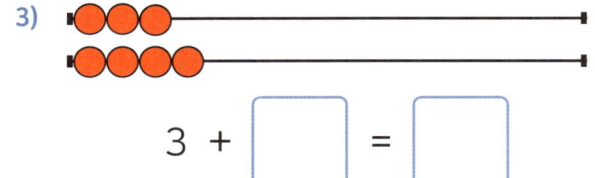

3 + =

4)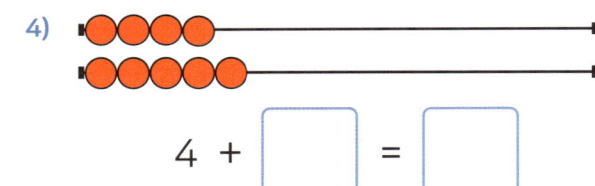

4 + =

5)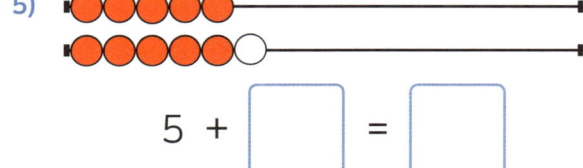

5 + =

6)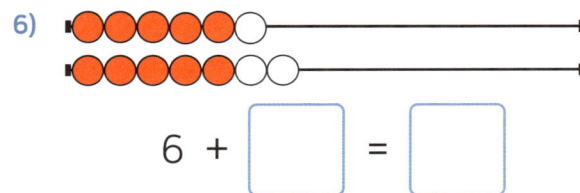

6 + =

7)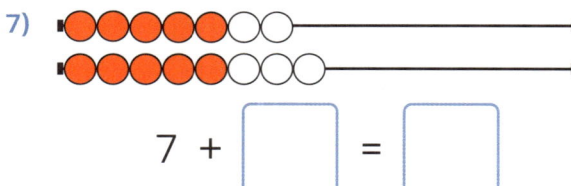

7 + =

8)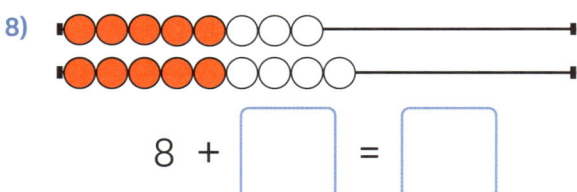

8 + =

9)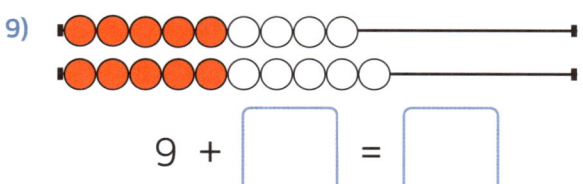

9 + =

10)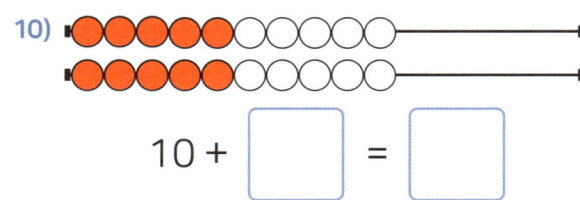

10 + =

4 보기를 참고하여 덧셈을 해 보세요.

보기

$$6 + 7 = 6 + 6 + 1 = 13$$
$$6 1$$

▶ **도움말**: 6+7은 6+6 보다 1큰 수이므로 13입니다.

1) 1 + 2 = ☐
2) 2 + 3 = ☐
3) 3 + 4 = ☐
4) 4 + 5 = ☐
5) 5 + 6 = ☐
6) 6 + 7 = ☐
7) 7 + 8 = ☐
8) 8 + 9 = ☐
9) 9 + 10 = ☐
10) 9 + 8 = ☐
11) 8 + 7 = ☐
12) 7 + 6 = ☐

배움 18. 같은 수의 덧셈 (1)

같은 수의 덧셈 (2)

1 보기와 같이 덧셈을 해 보세요.

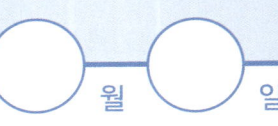

보기

● ● ● ● ● ○ ○ □ □ □
● ● ● ● ● ○ ○ □ □ □

7 + 7 = 14

▶ 도움말 : 10개가 되는 점을 기준으로 수를 세어 보세요.

1)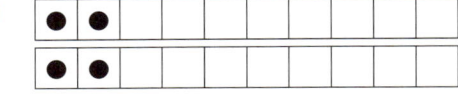

2 + 2 =

2)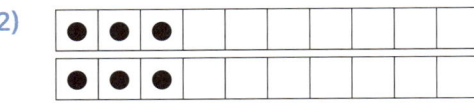

3 + =

3)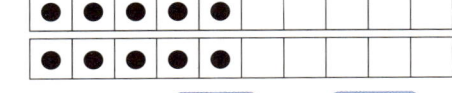

5 + =

4)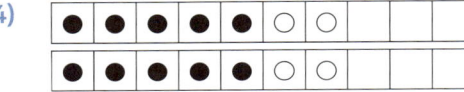

7 + =

5)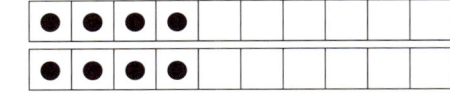

4 + =

6)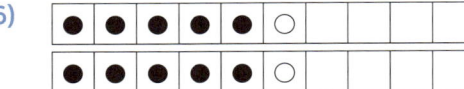

6 + =

7)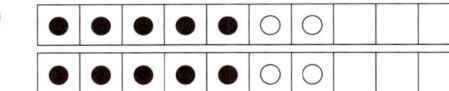

7 + =

8)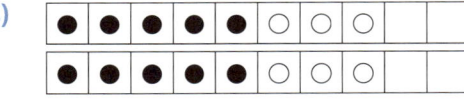

8 + =

9)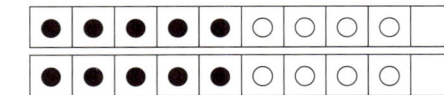

9 + =

10)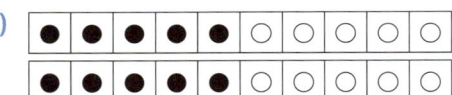

10 + =

2 같은 수의 덧셈을 해 보세요.

1) 7 + 7 = ☐

2) 6 + 6 = ☐

3) 3 + 3 = ☐

4) 5 + 5 = ☐

5) 8 + 8 = ☐

6) 9 + 9 = ☐

7) 4 + 4 = ☐

8) 6 + 6 = ☐

9) 9 + 9 = ☐

10) 7 + 7 = ☐

11) 8 + 8 = ☐

12) 2 + 2 = ☐

3 보기와 같이 덧셈을 해 보세요.

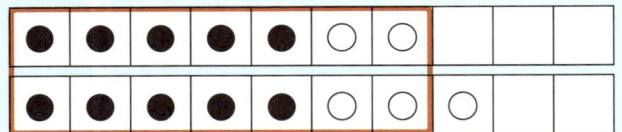
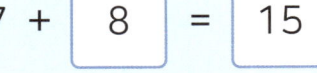

7 + 8 = 15

▶ 도움말 : 같은 수를 세어 보았던 경험을 떠올려 수를 세어 보세요.

1) 5 + 6 =

2) 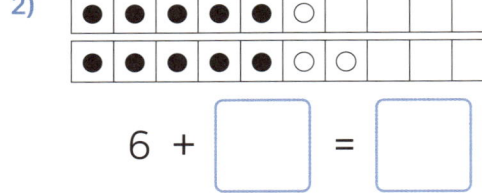 6 + =

3) 7 + =

4) 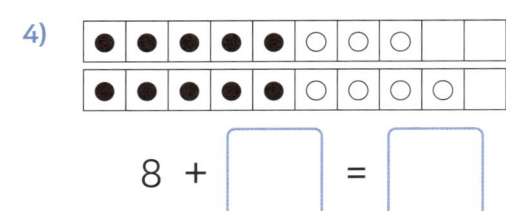 8 + =

5) 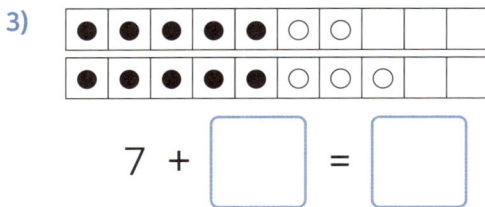 9 + =

6) 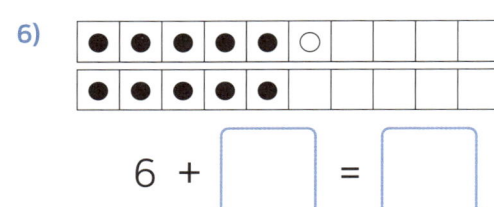 6 + =

7) 7 + =

8) 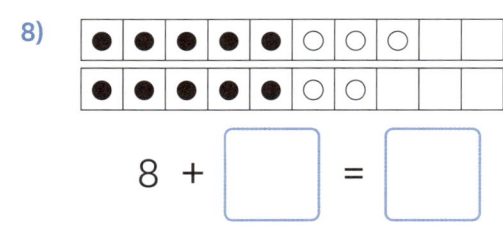 8 + =

9) 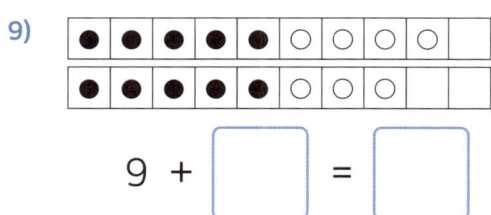 9 + =

10) 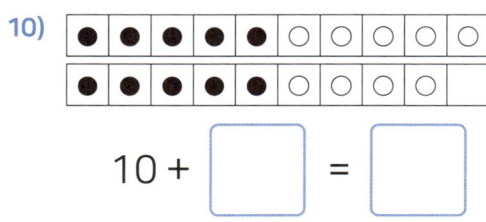 10 + =

4 같은 수보다 1 많은 수의 덧셈을 해 보세요.

1) 3 + 3 = ☐
   3 + 4 = ☐

2) 2 + 2 = ☐
   2 + 3 = ☐

3) 7 + 7 = ☐
   8 + 7 = ☐

4) 5 + 5 = ☐
   5 + 6 = ☐

5) 8 + 8 = ☐
   8 + 9 = ☐

6) 3 + 3 = ☐
   4 + 3 = ☐

7) 6 + 6 = ☐
   7 + 6 = ☐

8) 8 + 8 = ☐
   9 + 8 = ☐

9) 5 + 5 = ☐
   5 + 6 = ☐

10) 6 + 6 = ☐
    6 + 7 = ☐

11) 8 + 8 = ☐
    8 + 9 = ☐

12) 6 + 6 = ☐
    7 + 6 = ☐

배움 19. 같은 수의 덧셈 (2)

계산의 달인 (1)

1 1권에서 배웠던 뺄셈을 생각하며 다음 계산을 해 보세요.

1) 4 − 1 =
2) 5 − 4 =
3) 6 − 2 =
4) 7 − 5 =
5) 8 − 3 =
6) 8 − 5 =
7) 8 − 2 =

8) 5 − 2 =
9) 6 − 1 =
10) 6 − 4 =
11) 7 − 3 =
12) 8 − 3 =
13) 8 − 4 =
14) 8 − 6 =

2 1권에서 배웠던 뺄셈을 생각하며 다음 계산을 해 보세요.

1) 6 − 3 = ☐

2) 6 − 4 = ☐

3) 7 − 3 = ☐

4) 7 − 5 = ☐

5) 8 − 5 = ☐

6) 8 − 2 = ☐

7) 9 − 2 = ☐

8) 6 − 2 = ☐

9) 5 − 3 = ☐

10) 7 − 4 = ☐

11) 7 − 2 = ☐

12) 8 − 6 = ☐

13) 9 − 4 = ☐

14) 9 − 6 = ☐

3 다음 계산을 해 보세요. 잘 모를 땐 레켄렉을 이용하세요.

1) 3 + 9 = ☐

2) 9 + 3 = ☐

3) 4 + 9 = ☐

4) 8 + 5 = ☐

5) 5 + 8 = ☐

6) 8 + 4 = ☐

7) 7 + 9 = ☐

8) 9 + 8 = ☐

9) 6 + 9 = ☐

10) 8 + 7 = ☐

11) 8 + 8 = ☐

12) 8 + 6 = ☐

4 다음의 계산을 해 보세요. 잘 모를 땐 레켄렉을 이용하세요.

1) 7 + 4 = ☐

2) 7 + 7 = ☐

3) 7 + 3 = ☐

4) 7 + 7 = ☐

5) 5 + 6 = ☐

6) 6 + 5 = ☐

7) 7 + 6 = ☐

8) 7 + 5 = ☐

9) 7 + 4 = ☐

10) 4 + 7 = ☐

11) 4 + 6 = ☐

12) 6 + 6 = ☐

| 배움 21 | **계산의 달인 (2)** | 월 일 |

1 1권에서 배웠던 뺄셈을 생각하며 다음 계산을 해 보세요.

1) 3 − 2 =

2) 4 − 2 =

3) 5 − 3 =

4) 6 − 5 =

5) 7 − 6 =

6) 7 − 5 =

7) 8 − 4 =

8) 4 − 3 =

9) 5 − 2 =

10) 5 − 4 =

11) 6 − 4 =

12) 7 − 3 =

13) 8 − 3 =

14) 8 − 5 =

2 1권에서 배웠던 뺄셈을 생각하며 다음 계산을 해 보세요.

1) 5 − 2 = ☐

2) 6 − 2 = ☐

3) 6 − 4 = ☐

4) 7 − 2 = ☐

5) 7 − 6 = ☐

6) 8 − 4 = ☐

7) 9 − 2 = ☐

8) 5 − 4 = ☐

9) 6 − 5 = ☐

10) 6 − 1 = ☐

11) 7 − 3 = ☐

12) 7 − 4 = ☐

13) 8 − 3 = ☐

14) 9 − 6 = ☐

배움 21. 계산의 달인 (2)

3 다음 계산을 해 보세요. 잘 모를 땐 레켄렉을 이용하세요.

1) 4 + 9 = ☐

2) 9 + 2 = ☐

3) 5 + 9 = ☐

4) 8 + 4 = ☐

5) 3 + 8 = ☐

6) 8 + 3 = ☐

7) 5 + 9 = ☐

8) 9 + 7 = ☐

9) 6 + 9 = ☐

10) 8 + 5 = ☐

11) 7 + 8 = ☐

12) 8 + 7 = ☐

4 다음의 계산을 해 보세요. 잘 모를 땐 레켄렉을 이용하세요.

1) 7 + 4 = ☐

2) 3 + 7 = ☐

3) 7 + 5 = ☐

4) 8 + 7 = ☐

5) 9 + 5 = ☐

6) 4 + 7 = ☐

7) 7 + 6 = ☐

8) 5 + 7 = ☐

9) 7 + 3 = ☐

10) 8 + 9 = ☐

11) 4 + 9 = ☐

12) 8 + 6 = ☐

배움 22 — 내 실력 알아보기

연습 경기 다음 뺄셈을 해 보세요.

맞은 개수 ☐ 개

1) 4 + 9 =
2) 2 + 9 =
3) 9 + 8 =
4) 4 + 7 =
5) 6 + 9 =
6) 5 + 8 =
7) 3 + 7 =
8) 6 + 7 =
9) 5 + 9 =
10) 4 + 6 =

11) 3 + 8 =
12) 9 + 9 =
13) 4 + 7 =
14) 6 + 8 =
15) 5 + 6 =
16) 4 + 9 =
17) 2 + 9 =
18) 9 + 8 =
19) 4 + 7 =
20) 6 + 9 =

21) 8 + 8 =
22) 3 + 9 =
23) 7 + 4 =
24) 1 + 9 =
25) 6 + 6 =
26) 2 + 8 =
27) 9 + 7 =
28) 7 + 7 =
29) 5 + 7 =
30) 5 + 5 =

 **1분 덧셈**

 1분 동안 몇 개를 풀 수 있는지 도전해 보세요.

 금메달 39~40개  은메달 36~38개  동메달 34~35개   맞은 개수 □ 개

1) 4 + 7 =
2) 5 + 7 =
3) 9 + 5 =
4) 4 + 6 =
5) 6 + 8 =
6) 4 + 6 =
7) 3 + 7 =
8) 6 + 7 =
9) 5 + 9 =
10) 5 + 6 =

11) 3 + 6 =
12) 9 + 7 =
13) 4 + 6 =
14) 6 + 9 =
15) 5 + 7 =
16) 6 + 5 =
17) 2 + 9 =
18) 9 + 8 =
19) 5 + 7 =
20) 6 + 7 =

21) 8 + 4 =
22) 3 + 8 =
23) 7 + 5 =
24) 3 + 9 =
25) 6 + 7 =
26) 4 + 7 =
27) 9 + 6 =
28) 7 + 8 =
29) 5 + 9 =
30) 5 + 7 =

3단원 받아내림 뺄셈

배움 23	10에서 빼고 더하기 (십몇-9)
배움 24	10에서 빼고 더하기 (십몇-8)
배움 25	10에서 빼고 더하기 (십몇-7)
배움 26	10에서 빼고 더하기 (십몇-6), (십몇-5)
배움 27	10에서 빼고 더하기 (십몇-4), (십몇-3), (십몇-2)
배움 28	계산의 달인 (1)

배움 29	10까지 빼고, 또 빼기 (11-몇)
배움 30	10까지 빼고, 또 빼기 (12-몇)
배움 31	10까지 빼고, 또 빼기 (13-몇)
배움 32	10까지 빼고, 또 빼기 (14-몇), (15-몇)
배움 33	10까지 빼고, 또 빼기 (16-몇), (17-몇), (18-몇)
배움 34	계산의 달인 (2)

배움 35	내 실력 알아보기 (1)
배움 36	내 실력 알아보기 (2)
배움 37	내 실력 알아보기 (3) / 1분 뺄셈

배움 23 — 10에서 빼고 더하기 (십몇-9)

월 일

1 보기처럼 레켄렉으로 10에서 9를 빼고 남은 수를 써 보세요.

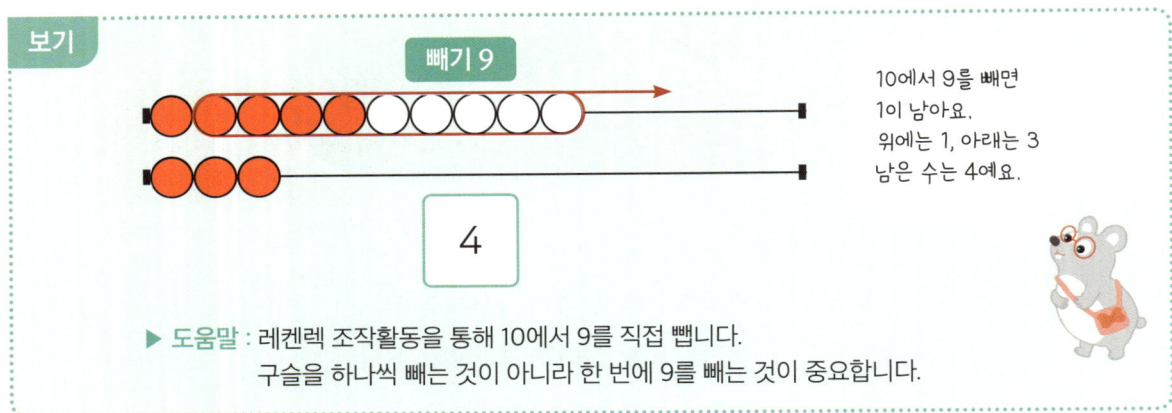

보기

빼기 9

10에서 9를 빼면 1이 남아요.
위에는 1, 아래는 3
남은 수는 4예요.

4

▶ 도움말 : 레켄렉 조작활동을 통해 10에서 9를 직접 뺍니다.
구슬을 하나씩 빼는 것이 아니라 한 번에 9를 빼는 것이 중요합니다.

1) 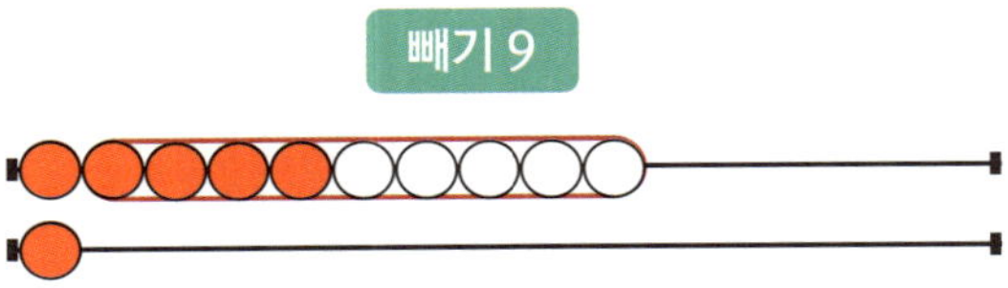 빼기 9

2) 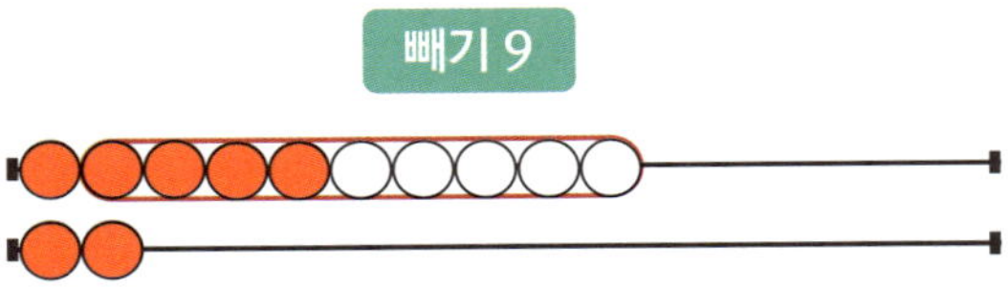 빼기 9

3) 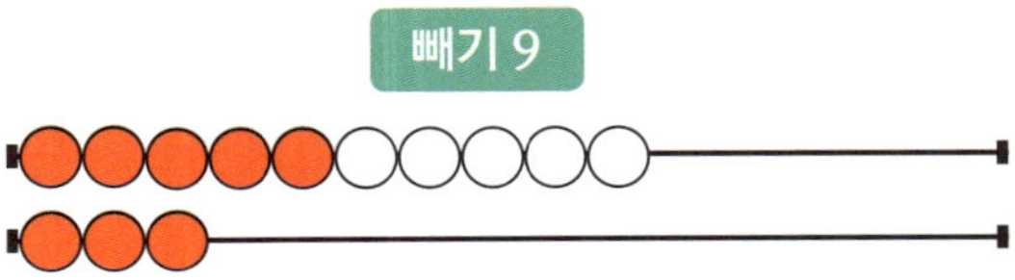 빼기 9

4) 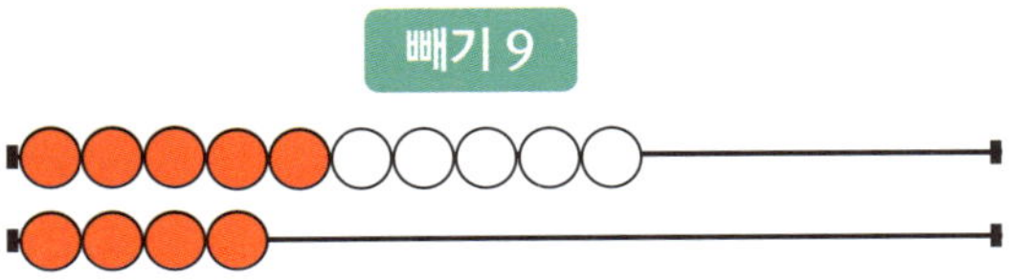 빼기 9

5) 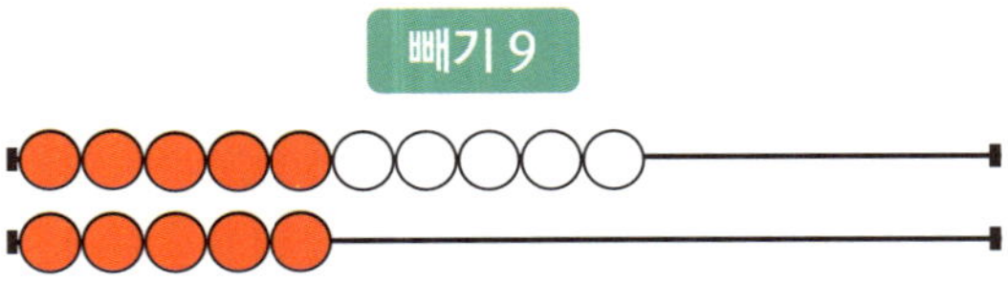 빼기 9

6) 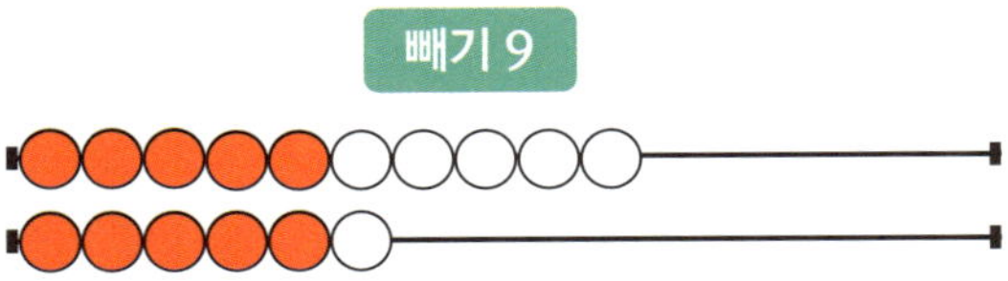 빼기 9

2 보기와 같이 10에서 9를 빼고 남은 수를 써 보세요.

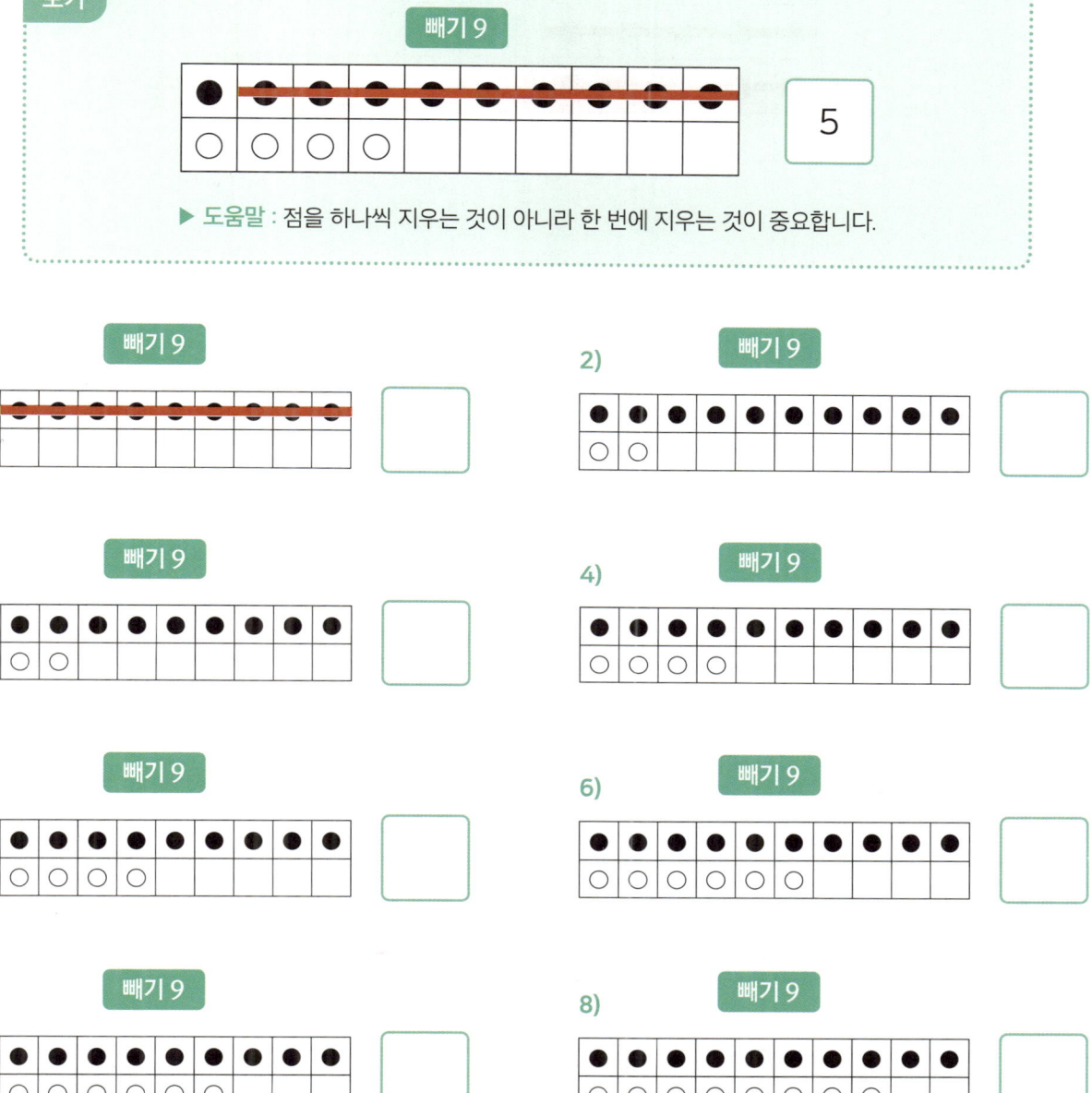

14-9를 하는 방법을 설명해 보세요.

"10에서 9를 빼면 (　　)이 남아요. (　　)과 4를 더해요."

3. 보기와 같이 10에서 9를 빼면서 뺄셈을 해 보세요.

보기

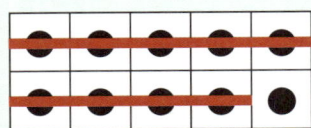

12 - 9 = 3

▶ 도움말 : 점을 하나씩 지우는 것이 아니라 10에서 한 번에 빼 줘야 합니다.

1)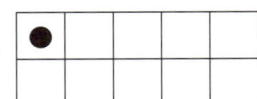

11 - 9 =

2)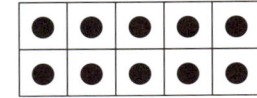

14 - 9 =

3)

13 - 9 =

4)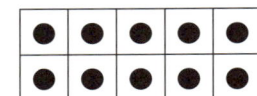

17 - 9 =

5)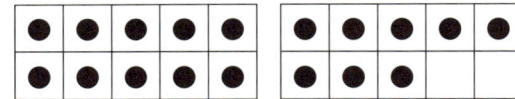

18 - 9 =

6)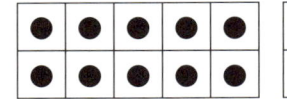

12 - 9 =

7)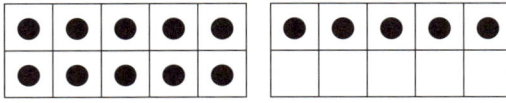

15 - 9 =

8)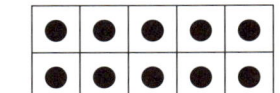

16 - 9 =

4 보기와 같이 말로 설명하며 레켄렉으로 뺄셈을 해 보세요.

보기

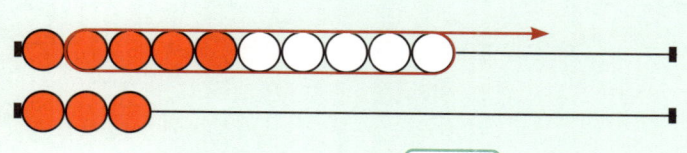

13 − 9 = 4

▶ 도움말 : 아래와 같이 풀이 과정을 말로 설명하면서 풀면 더욱 도움이 됩니다.
① 13을 만들어요. ② 10에서 9를 한 번에 빼 줘요. ③ 위에는 1, 아래는 3 ④ 남은 수는 4예요.

1) 11 − 9 =
2) 13 − 9 =
3) 18 − 9 =
4) 16 − 9 =
5) 14 − 9 =
6) 12 − 9 =
7) 15 − 9 =
8) 17 − 9 =

13−9를 하는 방법을 설명해 보세요.

"10에서 9를 빼면 (   )이 남아요. (   )과 3을 더해요."

배움 23. 10에서 빼고 더하기 (십몇−9)

5 10에서 9를 빼면서 뺄셈을 해 보세요.

1) 11 − 9 = 2
   10 1

2) 15 − 9 = ☐
   10 5

3) 16 − 9 = ☐
   10 ☐

4) 14 − 9 = ☐
   10 ☐

5) 13 − 9 = ☐
   ☐ ☐

6) 17 − 9 = ☐
   ☐ ☐

7) 18 − 9 = ☐
   ☐ ☐

8) 12 − 9 = ☐
   ☐ ☐

6 다음 계산을 해 보세요.

1) 11 − 9 = ☐

2) 17 − 9 = ☐

3) 12 − 9 = ☐

4) 13 − 9 = ☐

5) 16 − 9 = ☐

6) 11 − 9 = ☐

7) 14 − 9 = ☐

8) 18 − 9 = ☐

9) 16 − 9 = ☐

10) 15 − 9 = ☐

11) 12 − 9 = ☐

12) 17 − 9 = ☐

배움 24

10에서 빼고 더하기 (십몇-8)

월 일

1 보기처럼 레켄렉으로 10에서 8을 빼고 남은 수를 써 보세요.

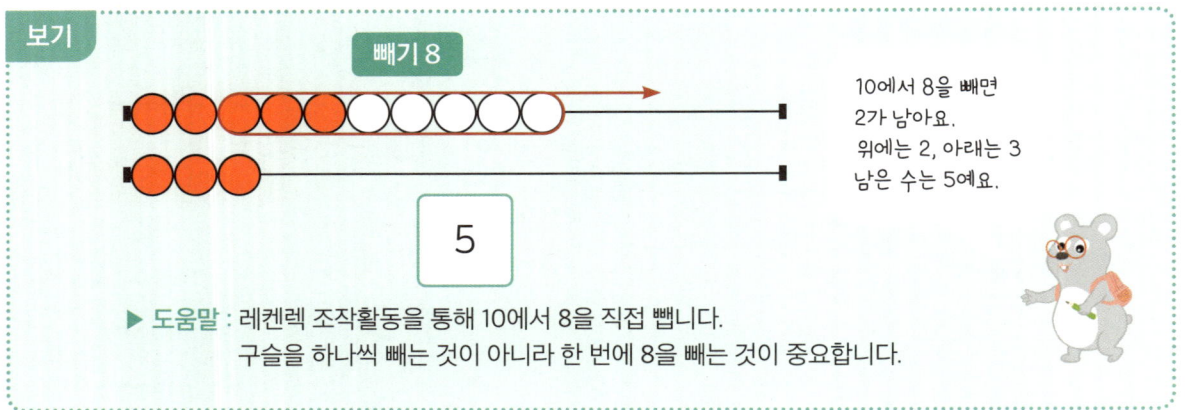

보기

빼기 8

10에서 8을 빼면
2가 남아요.
위에는 2, 아래는 3
남은 수는 5예요.

5

▶ 도움말 : 레켄렉 조작활동을 통해 10에서 8을 직접 뺍니다.
구슬을 하나씩 빼는 것이 아니라 한 번에 8을 빼는 것이 중요합니다.

1) 빼기 8

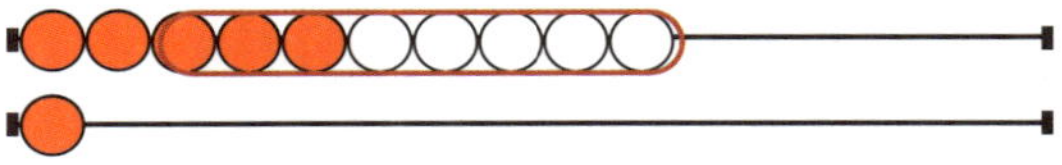

2) 빼기 8

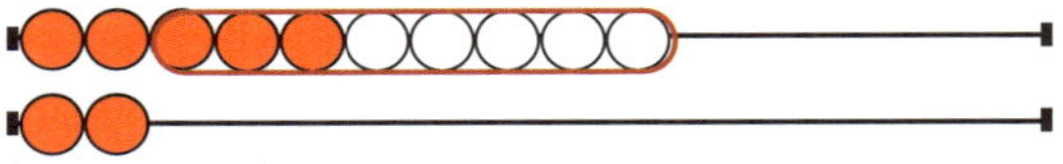

3) 빼기 8

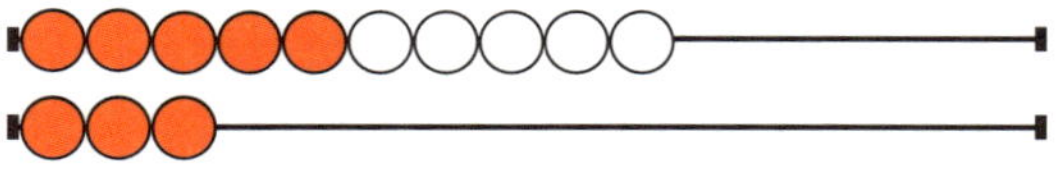

4) 빼기 8

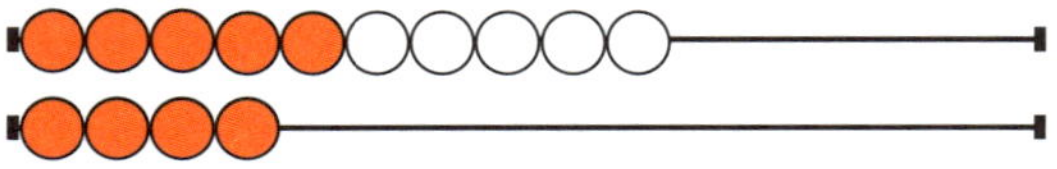

5) 빼기 8

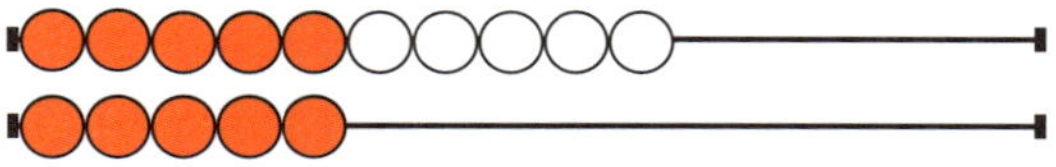

6) 빼기 8

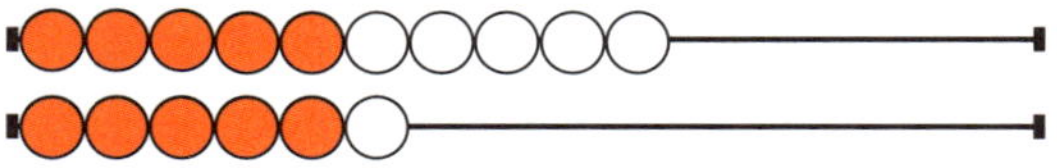

2 보기와 같이 10에서 8을 빼고 남은 수를 써 보세요.

보기

빼기 8

6

▶ **도움말** : 점을 하나씩 지우는 것이 아니라 한 번에 지우는 것이 중요합니다.

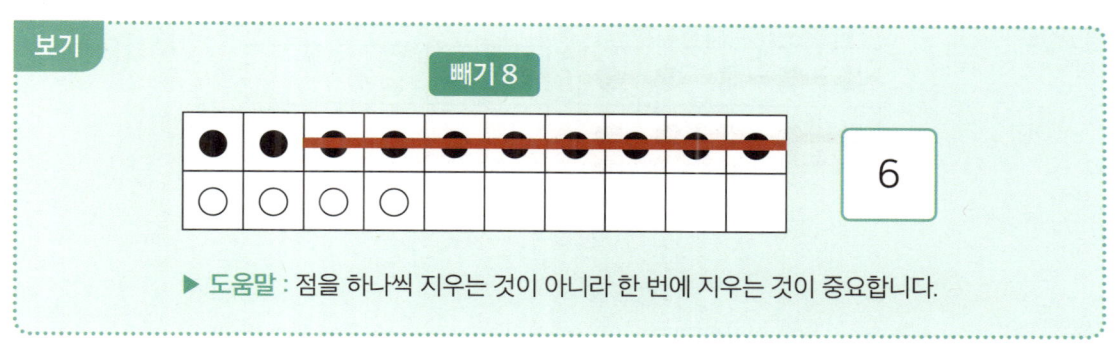

1) 빼기 8

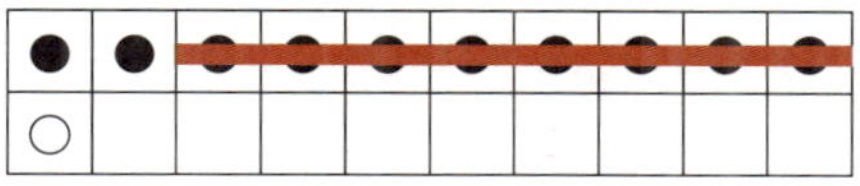

2) 빼기 8

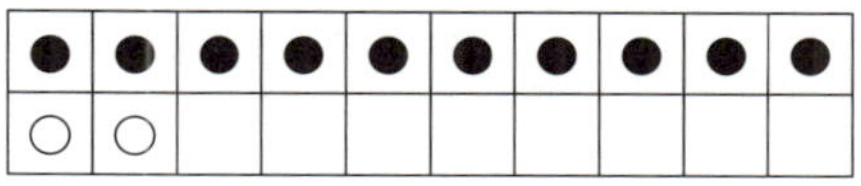

3) 빼기 8

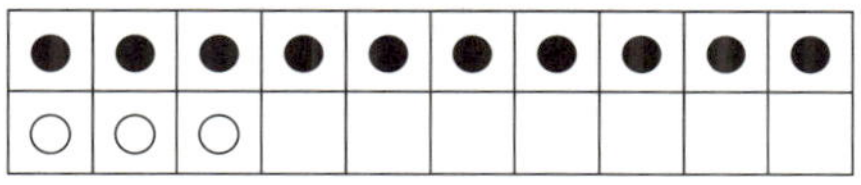

4) 빼기 8

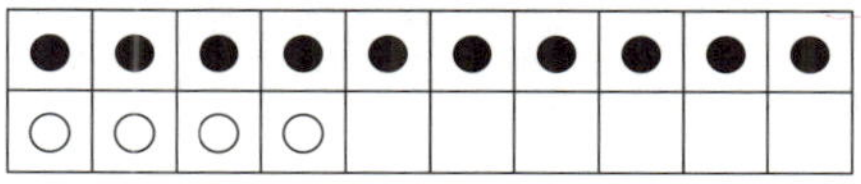

5) 빼기 8

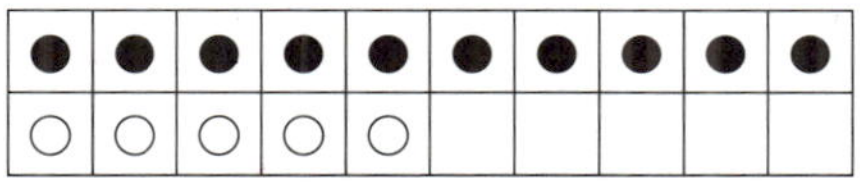

6) 빼기 8

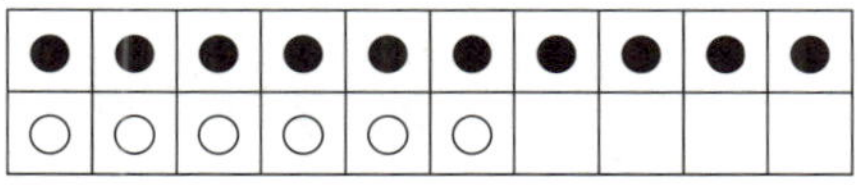

7) 빼기 8

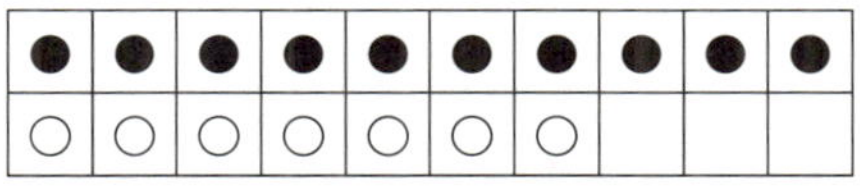

8) 빼기 8

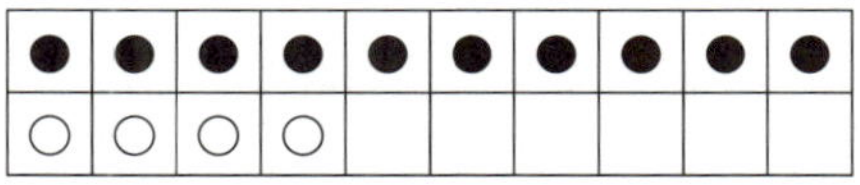

14−8을 하는 방법을 설명해 보세요.

"10에서 8을 빼면 (　　)가 남아요. (　　)와 4를 더해요."

3 보기와 같이 10에서 8을 빼면서 뺄셈을 해 보세요.

보기

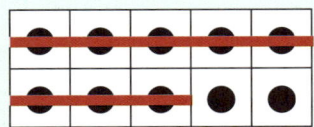

12 - 8 = 4

▶ 도움말 : 점을 하나씩 지우는 것이 아니라 10에서 한 번에 빼 줘야 합니다.

1)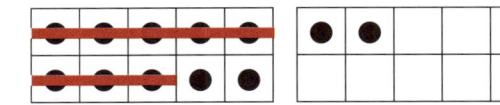

12 - 8 =

2)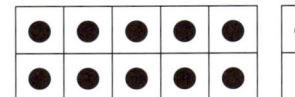

14 - 8 =

3)

13 - 8 =

4)

16 - 8 =

5)

14 - 8 =

6)

11 - 8 =

7)

15 - 8 =

8)

17 - 8 =

4 보기와 같이 말로 설명하며 레켄렉으로 뺄셈을 해 보세요.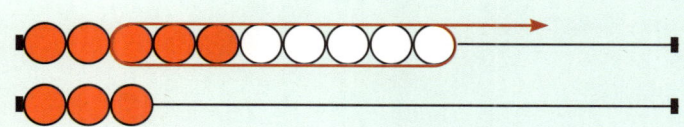

보기

$13 - 8 = \boxed{5}$

▶ 도움말 : 아래와 같이 풀이 과정을 말로 설명하면서 풀면 더욱 도움이 됩니다.
① 13을 만들어요. ② 10에서 8을 한 번에 빼 줘요. ③ 위에는 2, 아래는 3 ④ 남은 수는 5예요.

1) 16 - 8 = ☐   2) 14 - 8 = ☐

3) 17 - 8 = ☐   4) 11 - 8 = ☐

5) 13 - 8 = ☐   6) 12 - 8 = ☐

7) 15 - 8 = ☐   8) 17 - 8 = ☐

13-8을 하는 방법을 설명해 보세요.

"10에서 8을 빼면 (   )가 남아요. (   )와 3을 더해요."

배움 24. 10에서 빼고 더하기 (십몇-8)

5 10에서 8을 빼면서 뺄셈을 해 보세요.

1) 13 − 8 = 5
   10 3

2) 15 − 8 = ☐
   10 5

3) 12 − 8 = ☐
   10 ☐

4) 14 − 8 = ☐
   10 ☐

5) 11 − 8 = ☐
   ☐ ☐

6) 17 − 8 = ☐
   ☐ ☐

7) 15 − 8 = ☐
   ☐ ☐

8) 16 − 8 = ☐
   ☐ ☐

6 다음 계산을 해 보세요.

1) 13 − 8 = ☐

2) 17 − 8 = ☐

3) 12 − 8 = ☐

4) 11 − 8 = ☐

5) 16 − 8 = ☐

6) 14 − 8 = ☐

7) 11 − 8 = ☐

8) 17 − 8 = ☐

9) 16 − 8 = ☐

10) 15 − 8 = ☐

11) 12 − 8 = ☐

12) 13 − 8 = ☐

배움 25

10에서 빼고 더하기 (십몇-7)

월 일

1 보기처럼 레켄렉으로 10에서 7을 빼고 남은 수를 써 보세요.

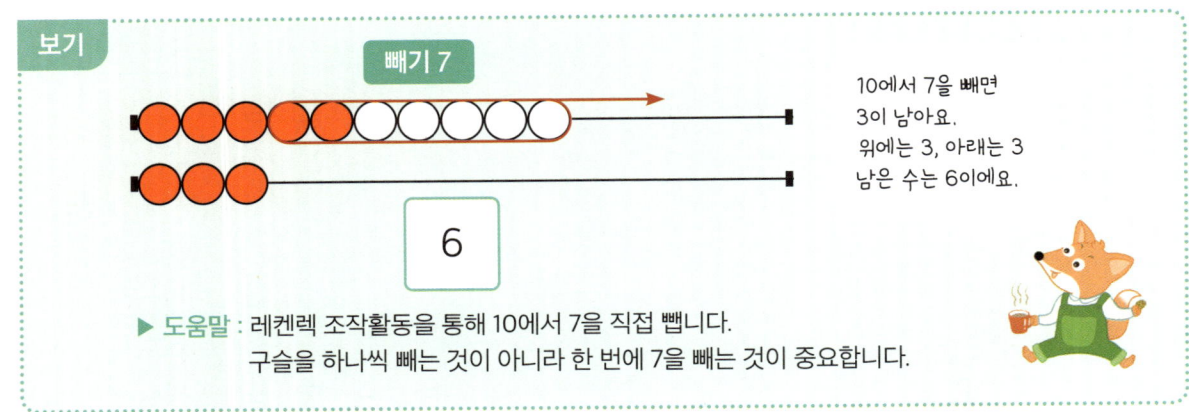

보기

빼기 7

6

10에서 7을 빼면
3이 남아요.
위에는 3, 아래는 3
남은 수는 6이에요.

▶ 도움말 : 레켄렉 조작활동을 통해 10에서 7을 직접 뺍니다.
구슬을 하나씩 빼는 것이 아니라 한 번에 7을 빼는 것이 중요합니다.

1) 빼기 7

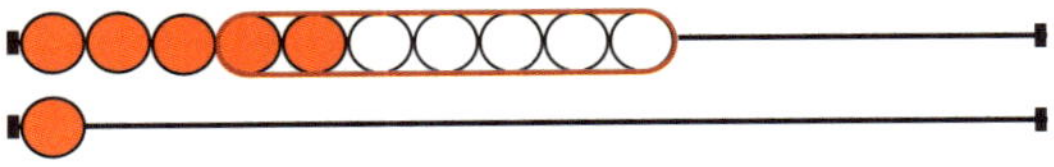

2) 빼기 7

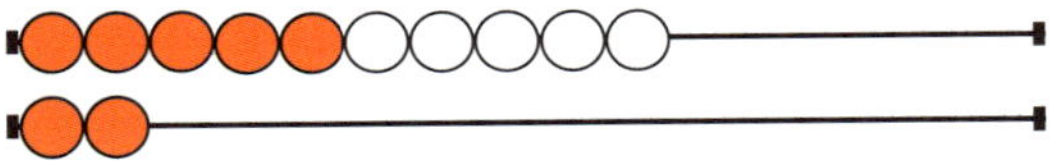

3) 빼기 7

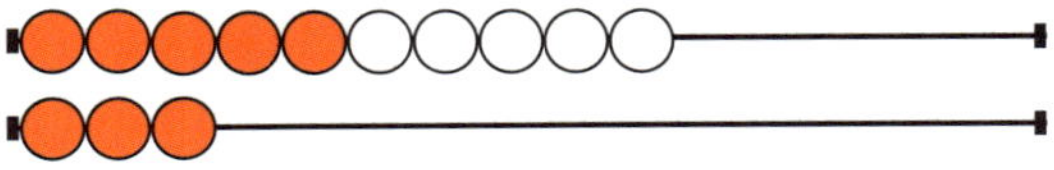

4) 빼기 7

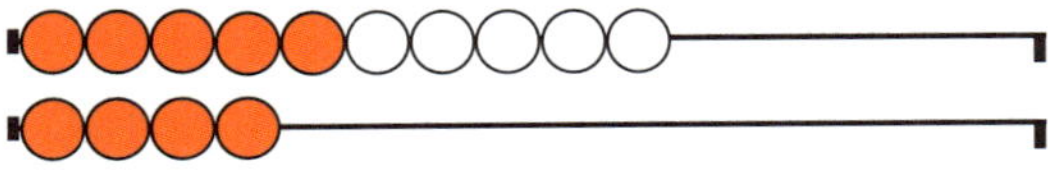

5) 빼기 7

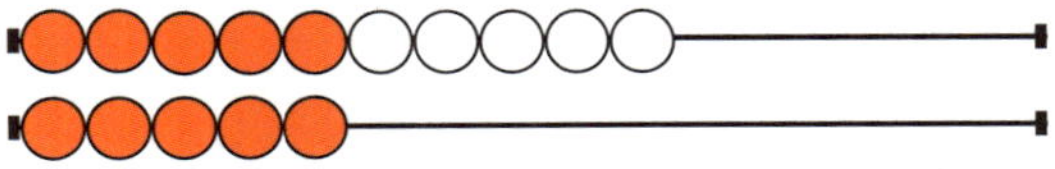

6) 빼기 7

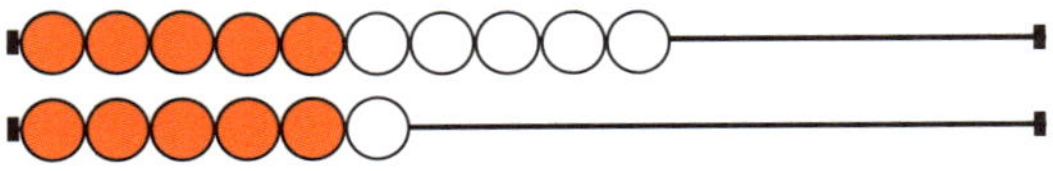

2 보기와 같이 10에서 7를 빼고 남은 수를 써 보세요.

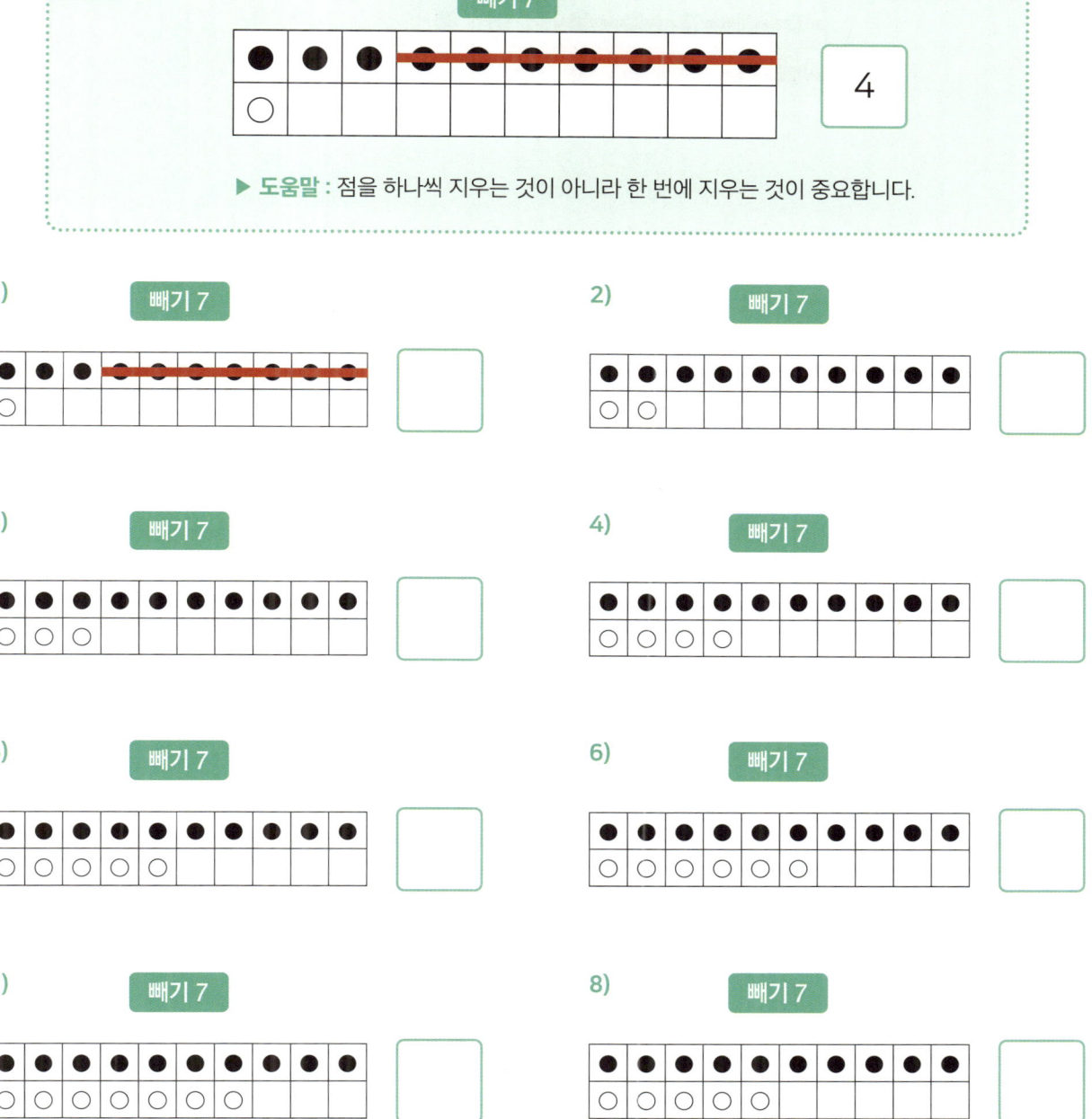

11-7을 하는 방법을 설명해 보세요.

"10에서 7을 빼면 (   )이 남아요. (   )과 1을 더해요."

3 보기와 같이 10에서 7을 빼면서 뺄셈을 해 보세요.

보기

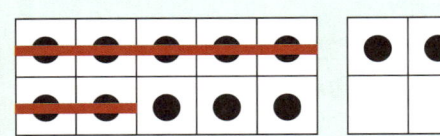

12 − 7 = 5

▶ 도움말 : 점을 하나씩 지우는 것이 아니라 10에서 한 번에 빼 줘야 합니다.

1)

11 − 7 =

2)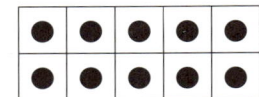

15 − 7 =

3)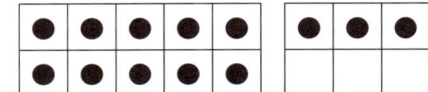

13 − 7 =

4)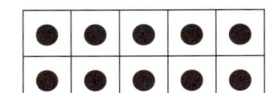

14 − 7 =

5)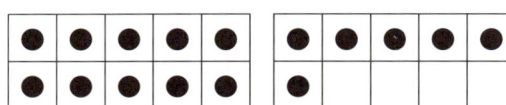

16 − 7 =

6)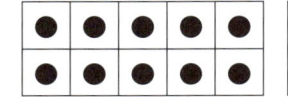

12 − 7 =

7)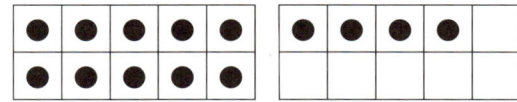

14 − 7 =

8)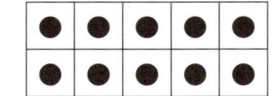

11 − 7 =

4 보기와 같이 말로 설명하며 레켄렉으로 뺄셈을 해 보세요.

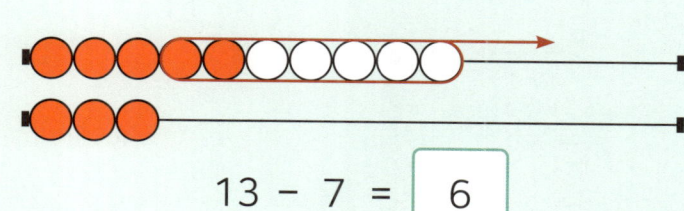

$$13 - 7 = \boxed{6}$$

▶ **도움말** : 아래와 같이 풀이 과정을 말로 설명하면서 풀면 더욱 도움이 됩니다.
① 13을 만들어요. ② 10에서 7을 한 번에 빼 줘요. ③ 위에는 3, 아래는 3 ④ 남은 수는 6이에요.

1) 11 − 7 = ☐   2) 14 − 7 = ☐

3) 15 − 7 = ☐   4) 12 − 7 = ☐

5) 11 − 7 = ☐   6) 16 − 7 = ☐

7) 13 − 7 = ☐   8) 14 − 7 = ☐

13−7을 하는 방법을 설명해 보세요.

"10에서 7을 빼면 (   )이 남아요. (   )과 3을 더해요."

5 10에서 7을 빼면서 뺄셈을 해 보세요.

1) 14 − [7] = [7]
   10 4

2) 11 − [7] = [ ]
   10 1

3) 12 − [7] = [ ]
   10

4) 16 − [7] = [ ]
   10

5) 15 − [7] = [ ]

6) 13 − [7] = [ ]

7) 12 − [7] = [ ]

8) 16 − [7] = [ ]

6 다음 계산을 해 보세요.

1) 12 − 7 = ☐
2) 14 − 7 = ☐
3) 15 − 7 = ☐
4) 16 − 7 = ☐
5) 13 − 7 = ☐
6) 14 − 7 = ☐
7) 11 − 7 = ☐
8) 12 − 7 = ☐
9) 15 − 7 = ☐
10) 16 − 7 = ☐
11) 14 − 7 = ☐
12) 11 − 7 = ☐

배움 26 — 10에서 빼고 더하기 (십몇-6), (십몇-5)

1 보기처럼 레켄렉으로 10에서 6을 빼고 남은 수를 써 보세요.

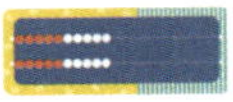

보기

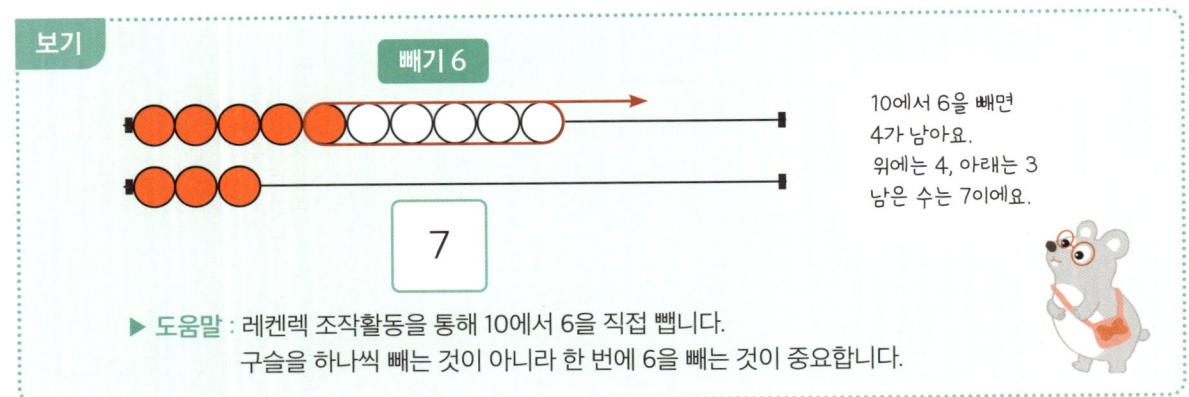

빼기 6

7

10에서 6을 빼면 4가 남아요.
위에는 4, 아래는 3 남은 수는 7이에요.

▶ 도움말 : 레켄렉 조작활동을 통해 10에서 6을 직접 뺍니다.
　　　　구슬을 하나씩 빼는 것이 아니라 한 번에 6을 빼는 것이 중요합니다.

1) 빼기 6

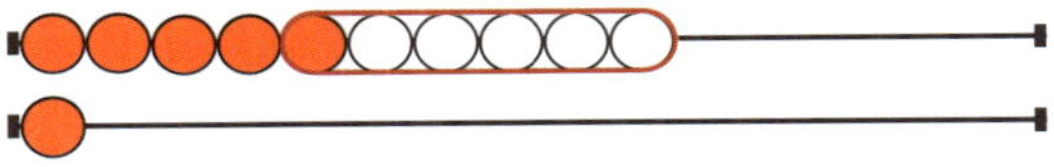

2) 빼기 6

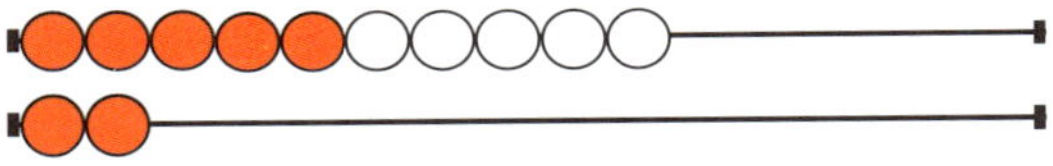

3) 빼기 6

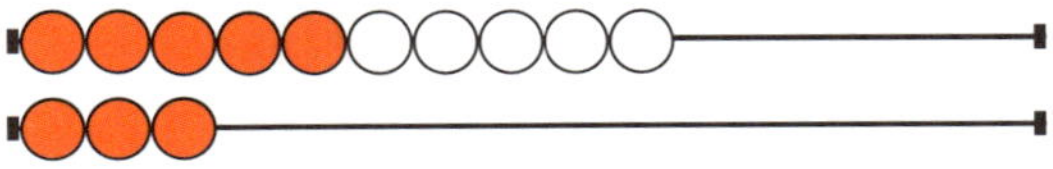

4) 빼기 6

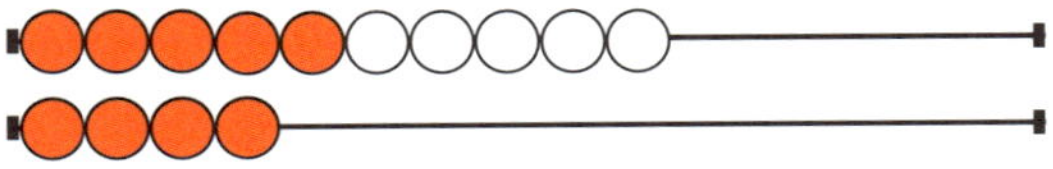

5) 빼기 6

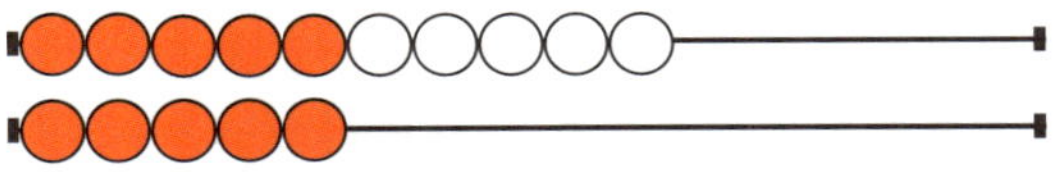

6) 빼기 6

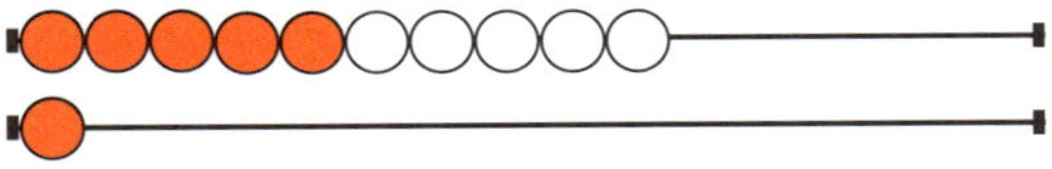

2 보기처럼 레켄렉으로 10에서 5를 빼고 남은 수를 써 보세요.

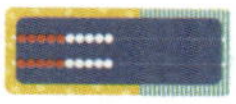

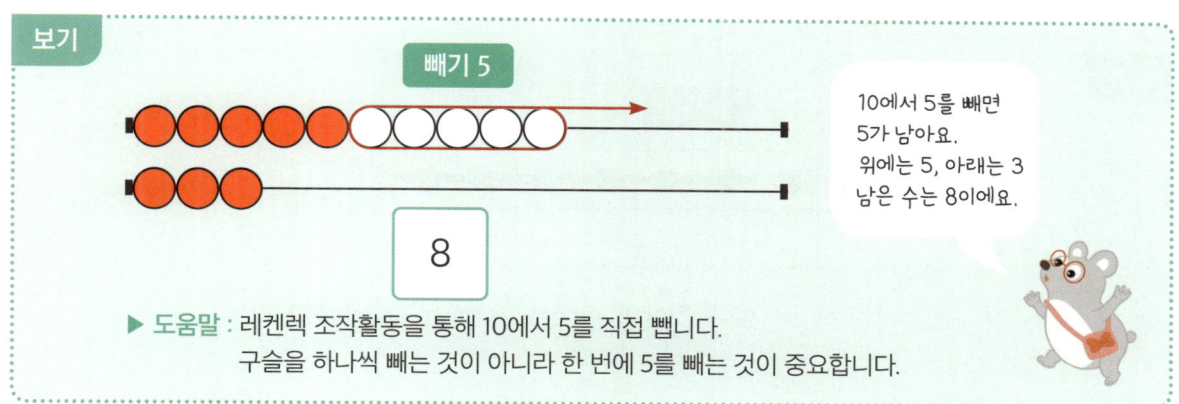

1) 빼기 5 → 6
2) 빼기 5 → 7
3) 빼기 5 → 7
4) 빼기 5 → 9
5) 빼기 5 → 7
6) 빼기 5 → 8
7) 빼기 5 → 9
8) 빼기 5 → 6

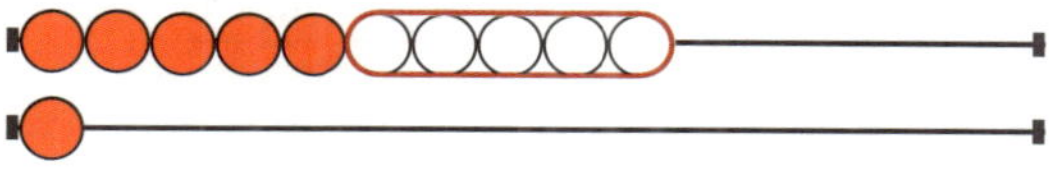

배움 26. 10에서 빼고 더하기 (십몇-6), (십몇-5)

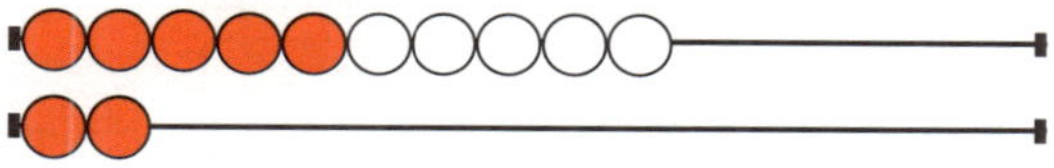

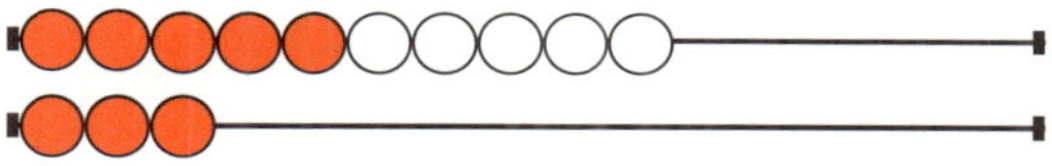

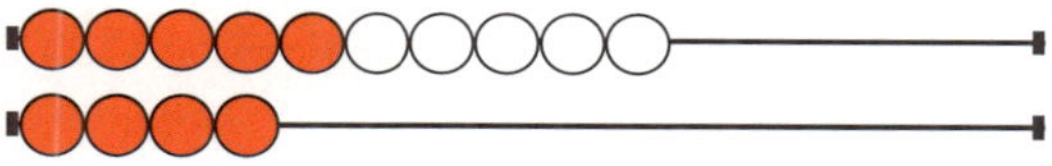

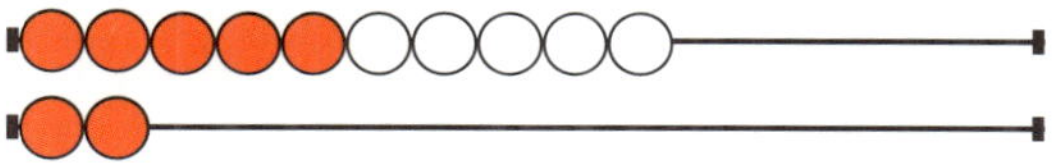

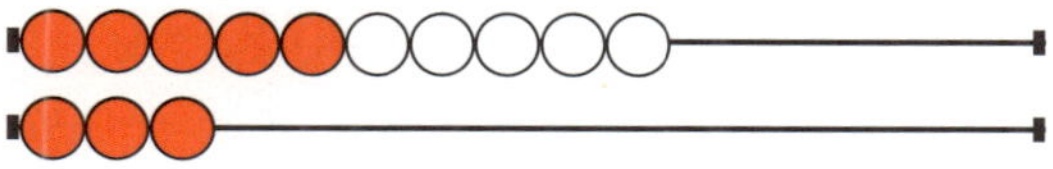

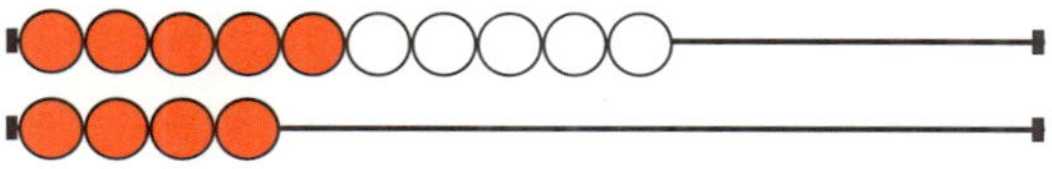

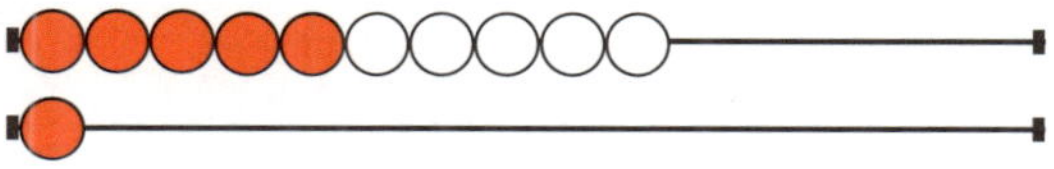

3 보기와 같이 10에서 6을 빼고 남은 수를 써 보세요.

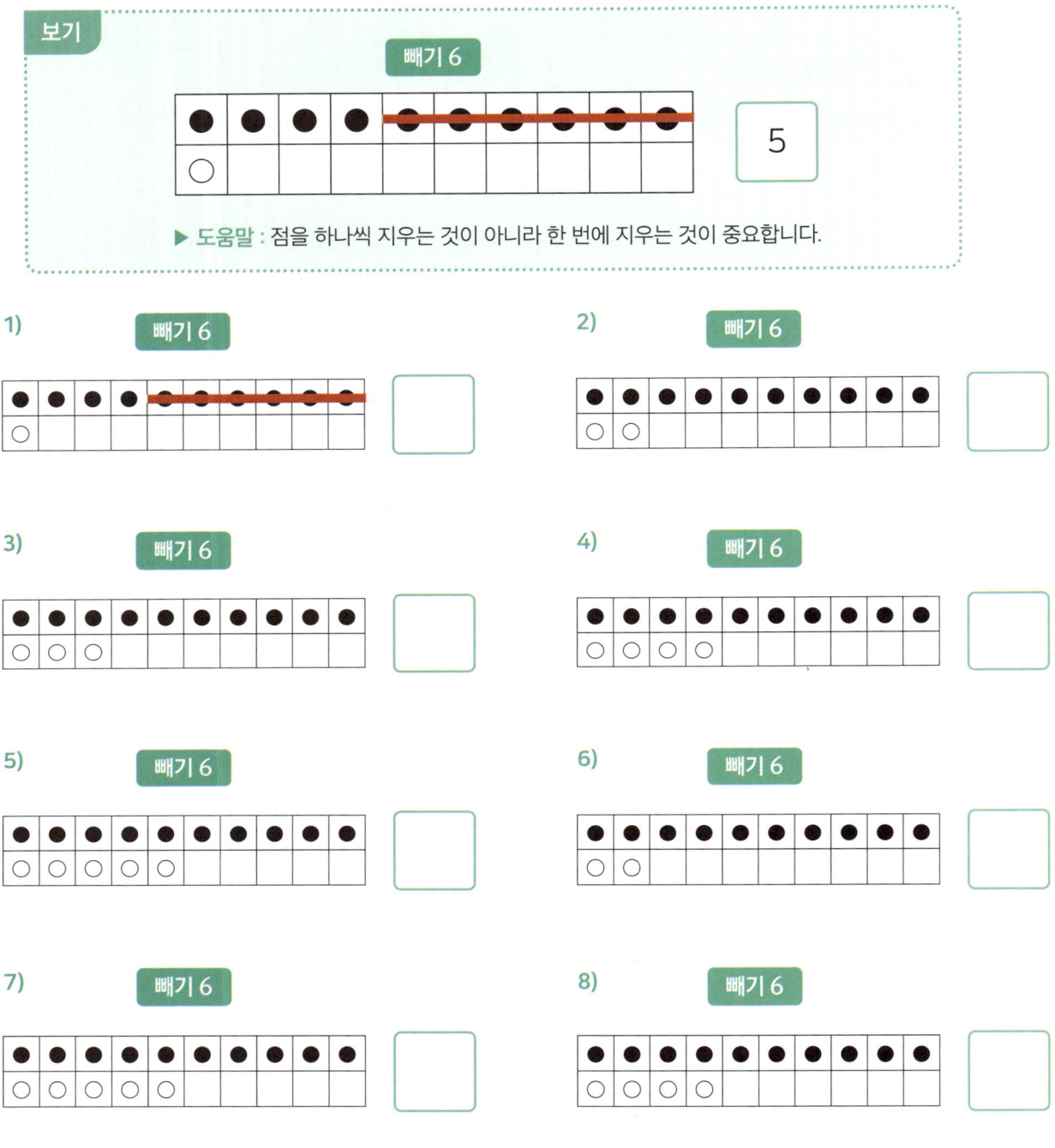

11-6을 하는 방법을 설명해 보세요.

"10에서 6을 빼면 (   )가 남아요. (   )와 1을 더해요."

4 보기와 같이 10에서 5를 빼고 남은 수를 써 보세요.

보기

빼기 5

6

▶ 도움말 : 점을 하나씩 지우는 것이 아니라 한 번에 지우는 것이 중요합니다.

1) 빼기 5

2) 빼기 5

3) 빼기 5

4) 빼기 5

5) 빼기 5

6) 빼기 5

7) 빼기 5

8) 빼기 5

11-5를 하는 방법을 설명해 보세요.

"10에서 5를 빼면 (　　)가 남아요. (　　)와 1을 더해요."

배움 26. 10에서 빼고 더하기 (십몇-6), (십몇-5)

5 보기와 같이 10에서 6을 빼면서 뺄셈을 해 보세요.

보기

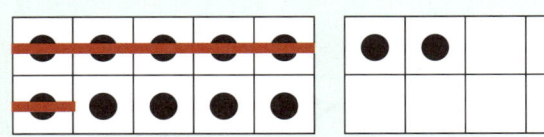

12 − 6 = 6

▶ 도움말 : 점을 하나씩 지우는 것이 아니라 10에서 한 번에 빼 줘야 합니다.

1)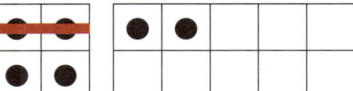

12 − 6 =

2)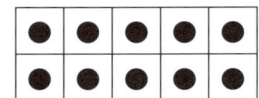

15 − 6 =

3)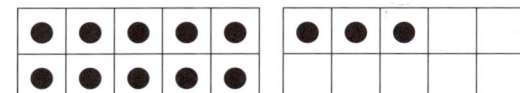

13 − 6 =

4)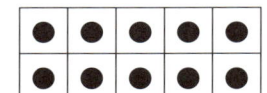

14 − 6 =

5)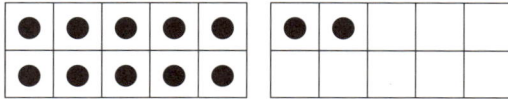

12 − 6 =

6)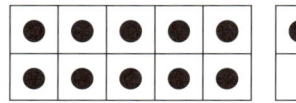

11 − 6 =

7)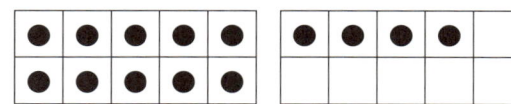

14 − 6 =

8)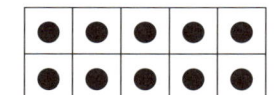

13 − 6 =

6 보기와 같이 10에서 5를 빼면서 뺄셈을 해 보세요.

> **보기**
>
> 12 − 5 = 7
>
> ▶ 도움말 : 점을 하나씩 지우는 것이 아니라 10에서 한 번에 빼 줘야 합니다.

1) 13 − 5 =

2) 11 − 5 =

3) 14 − 5 =

4) 12 − 5 =

5) 11 − 5 =

6) 13 − 5 =

7) 14 − 5 =

8) 12 − 5 =

배움 26. 10에서 빼고 더하기 (십몇−6), (십몇−5)

7 보기와 같이 말로 설명하며 레켄렉으로 뺄셈을 해 보세요.

> **보기**
>
>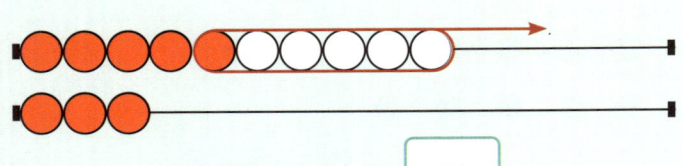
>
> 13 − 6 = 7
>
> ▶ 도움말 : 아래와 같이 풀이 과정을 말로 설명하면서 풀면 더욱 도움이 됩니다.
> ① 13을 만들어요. ② 10에서 6을 한 번에 빼 줘요. ③ 위에는 4, 아래는 3 ④ 남은 수는 7이에요.

1) 14 − 6 = ☐

2) 13 − 6 = ☐

3) 15 − 6 = ☐

4) 11 − 6 = ☐

5) 12 − 6 = ☐

6) 13 − 6 = ☐

7) 14 − 6 = ☐

8) 15 − 6 = ☐

13−6을 하는 방법을 설명해 보세요.

"10에서 6을 빼면 (   )가 남아요. (   )와 3을 더해요."

8 보기와 같이 말로 설명하며 레켄렉으로 뺄셈을 해 보세요.

> **보기**
>
>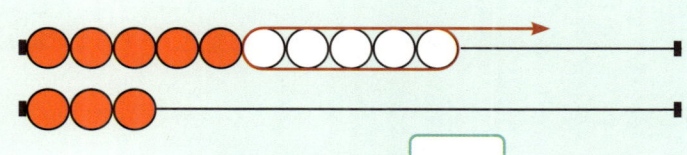
>
> 13 − 5 = 8
>
> ▶ 도움말 : 아래와 같이 풀이 과정을 말로 설명하면서 풀면 더욱 도움이 됩니다.
> ① 13을 만들어요. ② 10에서 5을 한 번에 빼 줘요. ③ 위에는 5, 아래는 3 ④ 남은 수는 8이에요.

1) 11 − 5 = ☐   2) 14 − 5 = ☐

3) 13 − 5 = ☐   4) 12 − 5 = ☐

5) 14 − 5 = ☐   6) 11 − 5 = ☐

7) 12 − 5 = ☐   8) 13 − 5 = ☐

13−5를 하는 방법을 설명해 보세요.

"10에서 5를 빼면 (   )가 남아요. (   )와 3을 더해요."

9 10에서 6을 빼면서 뺄셈을 해 보세요.

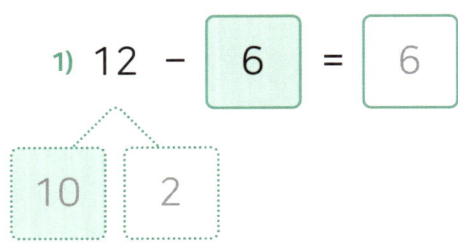
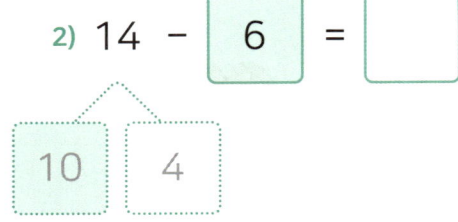
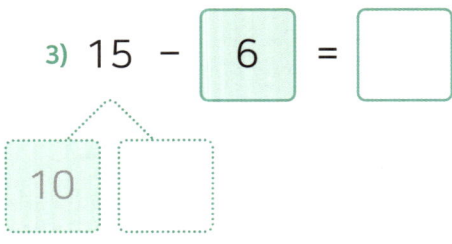
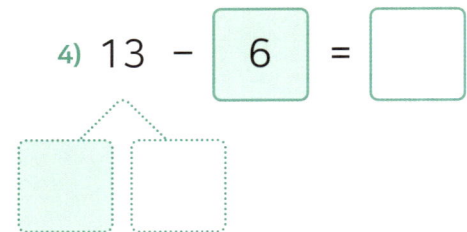

10 10에서 5를 빼면서 뺄셈을 해 보세요.

11 다음 계산을 해 보세요.

1) 11 − 6 = ☐

2) 14 − 6 = ☐

3) 13 − 6 = ☐

4) 15 − 6 = ☐

5) 14 − 6 = ☐

6) 12 − 6 = ☐

7) 12 − 5 = ☐

8) 13 − 5 = ☐

9) 11 − 5 = ☐

10) 14 − 5 = ☐

11) 12 − 5 = ☐

12) 11 − 5 = ☐

배움 27 — 10에서 빼고 더하기 (십몇-4), (십몇-3), (십몇-2)

1 보기처럼 레켄렉으로 10에서 4를 빼고 남은 수를 써 보세요.

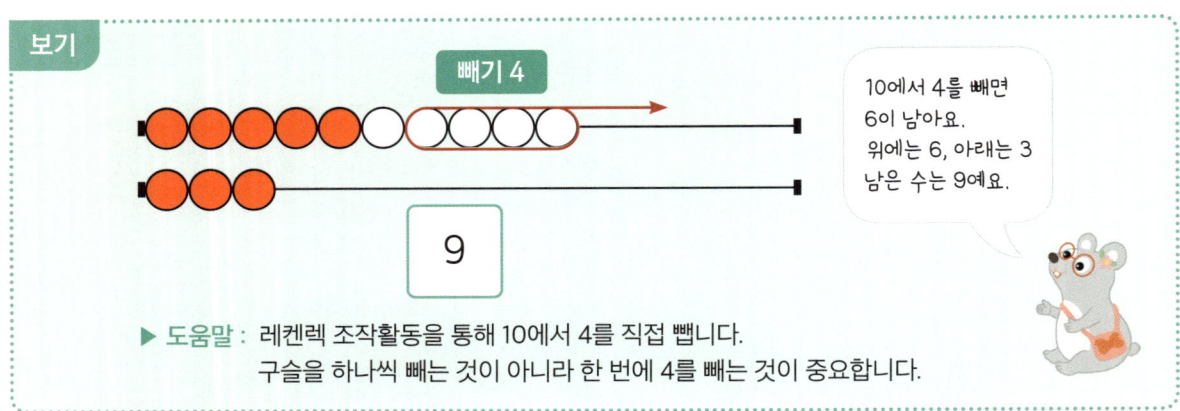

보기: 빼기 4 → 9
10에서 4를 빼면 6이 남아요. 위에는 6, 아래는 3 남은 수는 9예요.

▶ 도움말 : 레켄렉 조작활동을 통해 10에서 4를 직접 뺍니다.
　　　　　구슬을 하나씩 빼는 것이 아니라 한 번에 4를 빼는 것이 중요합니다.

1) 빼기 4

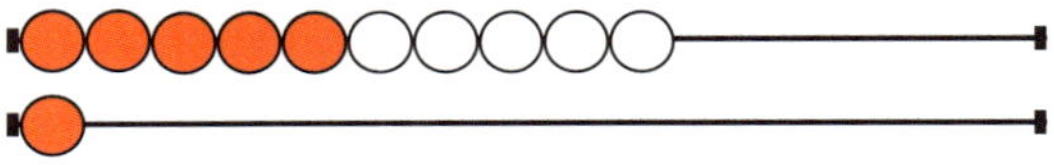

2) 빼기 4

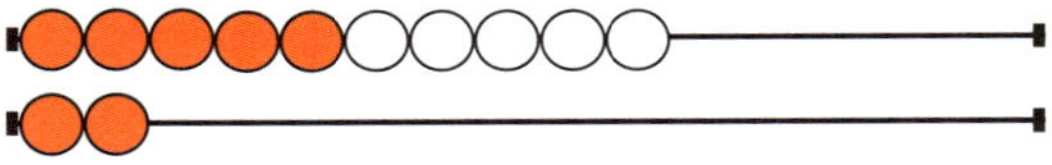

3) 빼기 4

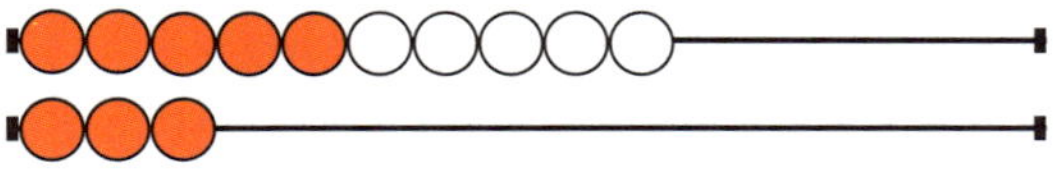

4) 빼기 4

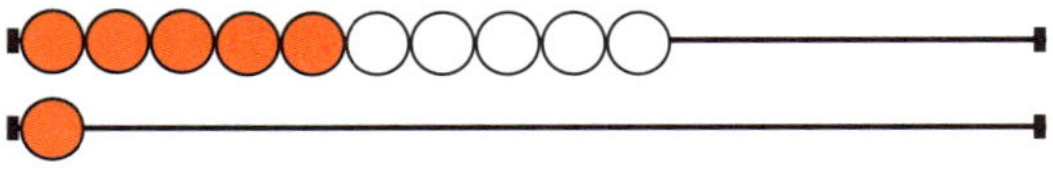

5) 빼기 4

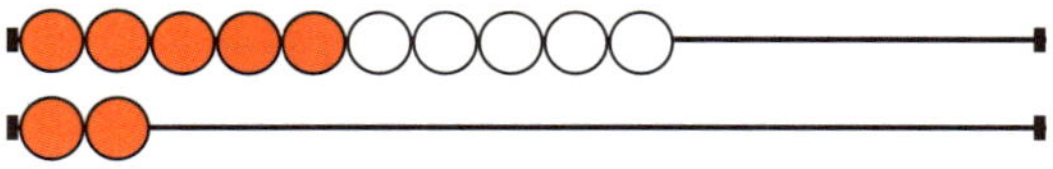

6) 빼기 4

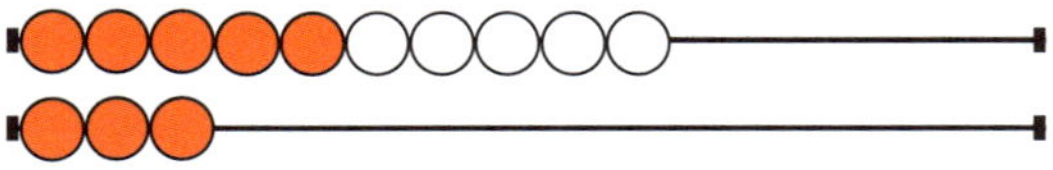

2 보기처럼 레켄렉으로 10에서 3을 빼고 남은 수를 써 보세요.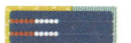

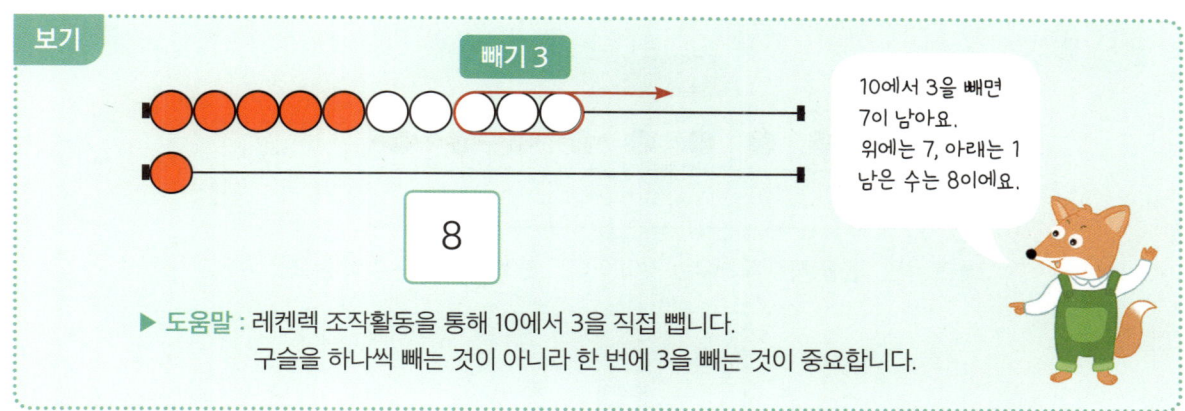

3 보기처럼 레켄렉으로 10에서 2를 빼고 남은 수를 써 보세요.

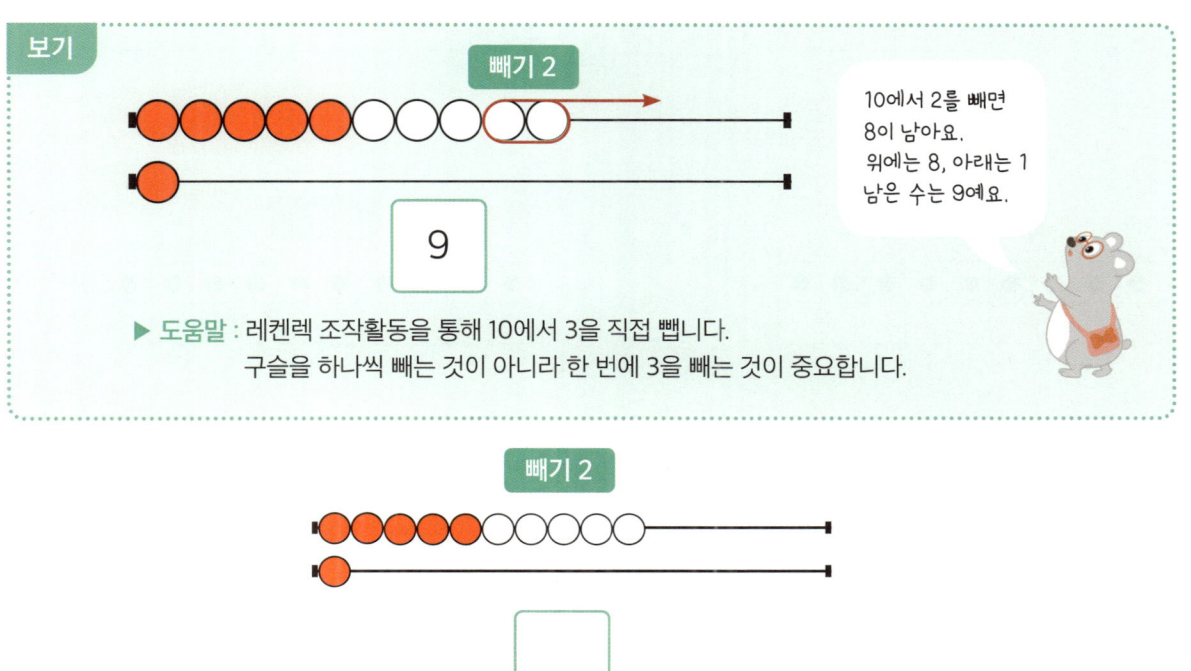

4 보기와 같이 10에서 4를 빼고 남은 수를 써 보세요.

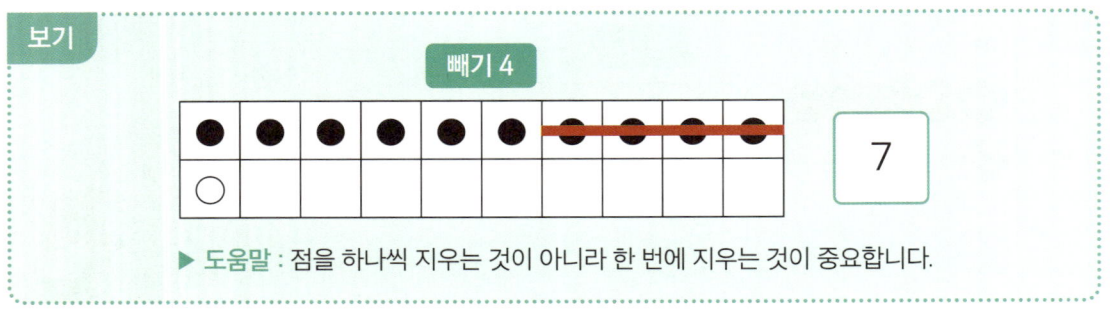

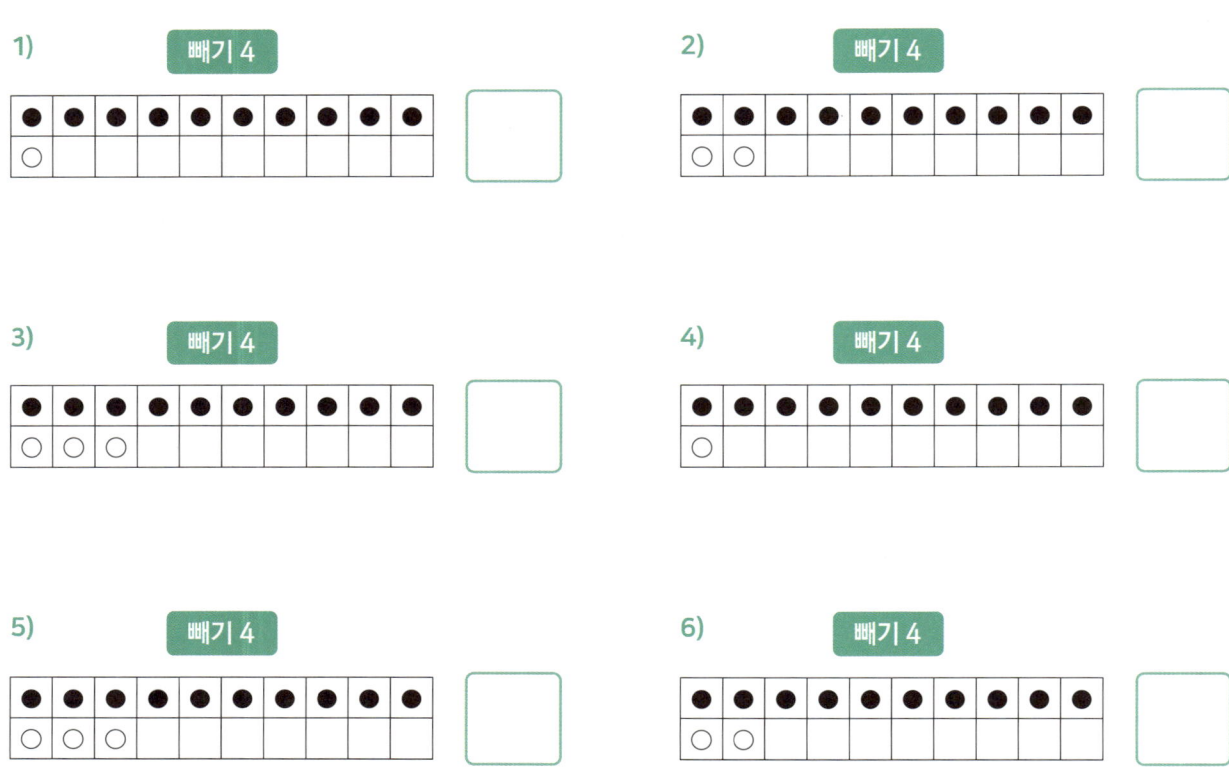

11−4를 하는 방법을 설명해 보세요.

"10에서 4를 빼면 (   )이 남아요. (   )과 1을 더해요."

5 보기와 같이 10에서 3을 빼고 남은 수를 써 보세요.

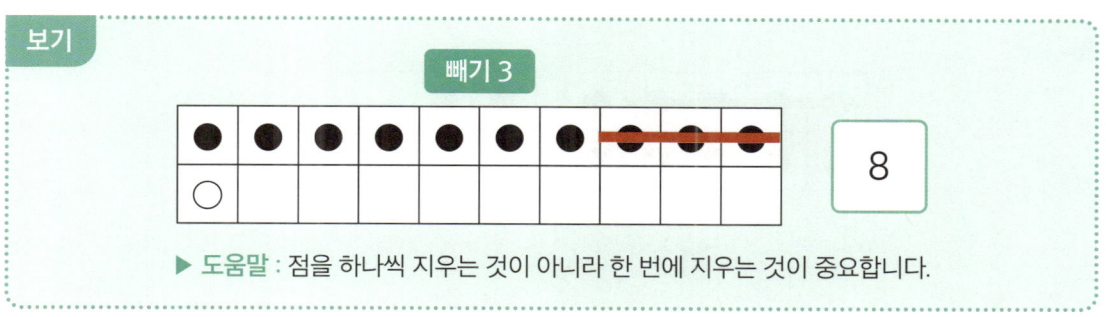

11-3을 하는 방법을 설명해 보세요.

"10에서 3을 빼면 (　　)이 남아요. (　　)과 1을 더해요."

6 보기와 같이 10에서 2를 빼고 남은 수를 써 보세요.

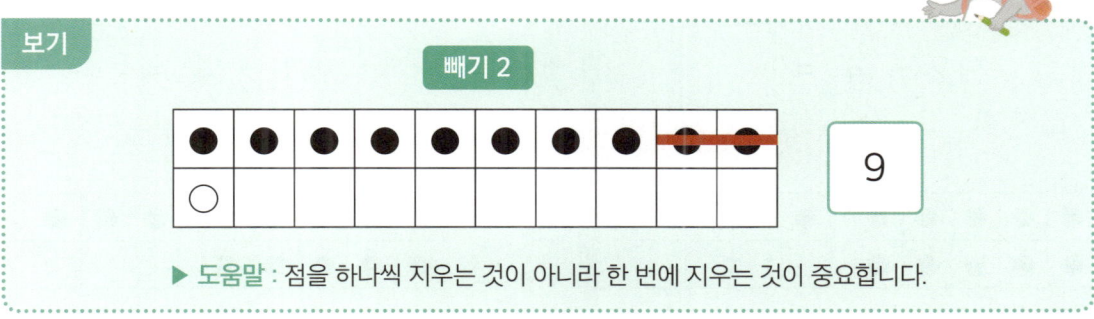

11-2를 하는 방법을 설명해 보세요.

"10에서 2를 빼면 (　　)이 남아요. (　　)과 1을 더해요."

7 보기와 같이 10에서 4를 빼면서 뺄셈을 해 보세요.

보기

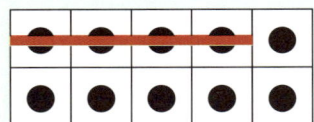 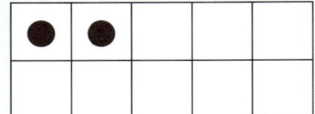

12 − 4 = 8

▶ 도움말 : 점을 하나씩 지우는 것이 아니라 10에서 한 번에 빼 줘야 합니다.

1) 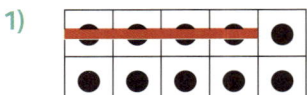　　2)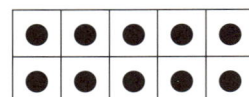

　　13 − 4 = 　　　　12 − 4 =

3) 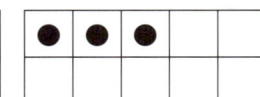　　4)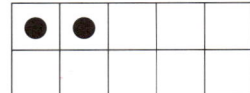

　　12 − 4 = 　　　　11 − 4 =

5) 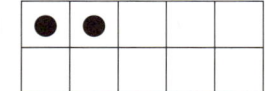　　6)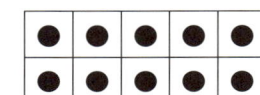

　　11 − 4 = 　　　　13 − 4 =

7) 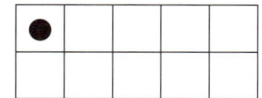　　8)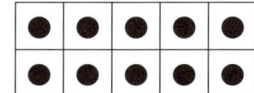

　　12 − 4 = 　　　　11 − 4 =

8 보기와 같이 10에서 3을 빼면서 뺄셈을 해 보세요.

> **보기**
>
> 11 − 3 = 8
>
> ▶ 도움말 : 점을 하나씩 지우는 것이 아니라 10에서 한 번에 빼 줘야 합니다.

1) 12 − 3 = ☐

2) 11 − 3 = ☐

9 보기와 같이 10에서 2를 빼면서 뺄셈을 해 보세요.

> **보기**
>
> 11 − 2 = 9
>
> ▶ 도움말 : 점을 하나씩 지우는 것이 아니라 10에서 한 번에 빼 줘야 합니다.

11 − 2 = ☐

배움 27. 10에서 빼고 더하기 (십몇−4), (십몇−3), (십몇−2)

10 보기와 같이 말로 설명하며 레켄렉으로 뺄셈을 해 보세요.

보기

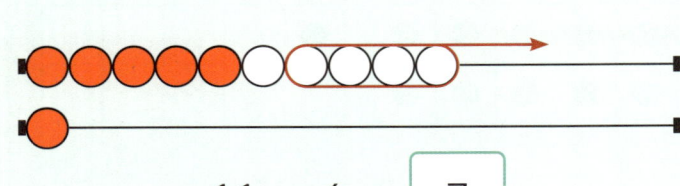

11 − 4 = 7

▶ **도움말** : 아래와 같이 풀이 과정을 말로 설명하면서 풀면 더욱 도움이 됩니다.
① 11을 만들어요. ② 10에서 4를 한 번에 빼 줘요. ③ 위에는 6, 아래는 1 ④ 남은 수는 7이에요.

1) 11 − 4 = ☐   2) 12 − 4 = ☐

3) 13 − 4 = ☐   4) 11 − 4 = ☐

5) 12 − 4 = ☐   6) 13 − 4 = ☐

7) 11 − 4 = ☐   8) 12 − 4 = ☐

11−4를 하는 방법을 설명해 보세요.

"10에서 4를 빼면 (　　)이 남아요. (　　)과 1을 더해요."

11 보기와 같이 말로 설명하며 레켄렉으로 뺄셈을 해 보세요.

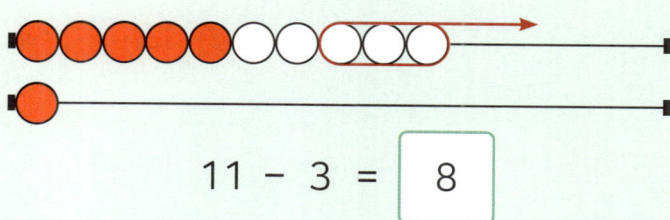

▶ 도움말 : 아래와 같이 풀이 과정을 말로 설명하면서 풀면 더욱 도움이 됩니다.
① 11을 만들어요. ② 10에서 3를 한 번에 빼 줘요. ③ 위에는 7, 아래는 1 ④ 남은 수는 8이에요.

1) 11 - 3 =   2) 12 - 3 =

11-3을 하는 방법을 설명해 보세요.

"10에서 3을 빼면 (   )이 남아요. (   )과 1을 더해요."

12 보기와 같이 말로 설명하며 레켄렉으로 뺄셈을 해 보세요.

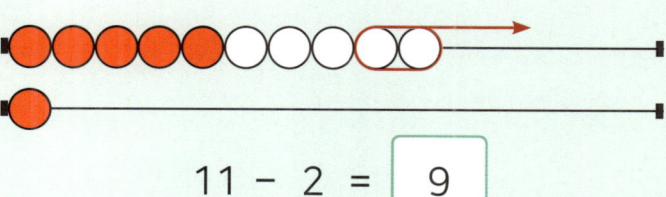

▶ 도움말 : 아래와 같이 풀이 과정을 말로 설명하면서 풀면 더욱 도움이 됩니다.
①11을 만들어요. ②10에서 2를 한 번에 빼 줘요. ③위에는 8, 아래는 1 ④남은 수는 9예요.

11 - 2 =

11-2를 하는 방법을 설명해 보세요.

"10에서 2를 빼면 (   )이 남아요. (   )과 1을 더해요."

배움 27. 10에서 빼고 더하기 (십몇-4), (십몇-3), (십몇-2)

13 10에서 빼면서 뺄셈을 해 보세요.

1) 11 − 4 = 7
   10 1

2) 13 − 4 =
   10 3

3) 12 − 4 =
   10

4) 11 − 4 =

5) 12 − 3 =
   10

6) 11 − 3 =

7) 12 − 3 =

8) 11 − 2 =

14 다음 계산을 해 보세요.

1) 11 − 4 = ☐   2) 13 − 4 = ☐

3) 12 − 4 = ☐   4) 11 − 4 = ☐

5) 12 − 3 = ☐   6) 11 − 3 = ☐

7) 11 − 2 = ☐   8) 13 − 4 = ☐

9) 12 − 4 = ☐   10) 11 − 2 = ☐

11) 12 − 3 = ☐   12) 11 − 3 = ☐

배움 27. 10에서 빼고 더하기 (십몇−4), (십몇−3), (십몇−2)

배움 28 계산의 달인 (1)

1 다음 계산을 해 보세요.

▶ '십몇 – 9'를 하는 방법
10에서 9를 빼면 (　) 남아요. 아랫줄에 남아 있는 수보다 (　) 큰 수를 써 줘요.

❶ 11 – 9 = _____
   12 – 9 = _____
   13 – 9 = _____
   14 – 9 = _____
   15 – 9 = _____
   16 – 9 = _____
   17 – 9 = _____
   18 – 9 = _____

▶ '십몇 – 8'을 하는 방법
10에서 8을 빼면 (　) 남아요. 아랫줄에 남아 있는 수보다 (　) 큰 수를 써 줘요.

❷ 11 – 8 = _____
   12 – 8 = _____
   13 – 8 = _____
   14 – 8 = _____
   15 – 8 = _____
   16 – 8 = _____
   17 – 8 = _____
   15 – 8 = _____

▶ '십몇 – 7'을 하는 방법
10에서 7을 빼면 (　) 남아요. 아랫줄에 남아 있는 수보다 (　) 큰 수를 써 줘요.

❸ 11 – 7 = _____
   12 – 7 = _____
   13 – 7 = _____
   14 – 7 = _____
   15 – 7 = _____
   16 – 7 = _____
   14 – 7 = _____
   15 – 7 = _____

▶ '십몇 – 6'을 하는 방법
10에서 6을 빼면 (　) 남아요. 아랫줄에 남아 있는 수보다 (　) 큰 수를 써 줘요.

❹ 11 – 6 = _____
   12 – 6 = _____
   13 – 6 = _____
   14 – 6 = _____
   15 – 6 = _____
   13 – 6 = _____
   14 – 6 = _____
   15 – 6 = _____

▶ '십몇 – 5'를 하는 방법
10에서 5를 빼면 (　) 남아요. 아랫줄에 남아 있는 수보다 (　) 큰 수를 써 줘요.

❺ 11 – 5 = _____
　 12 – 5 = _____
　 13 – 5 = _____
　 14 – 5 = _____

▶ '십몇 – 4'를 하는 방법
10에서 4를 빼면 (　) 남아요. 아랫줄에 남아 있는 수보다 (　) 큰 수를 써 줘요.

❻ 11 – 4 = _____
　 12 – 4 = _____
　 13 – 4 = _____
　 12 – 4 = _____

▶ '십몇 – 3'를 하는 방법
10에서 3를 빼면 (　) 남아요. 아랫줄에 남아 있는 수보다 (　) 큰 수를 써 줘요.

❼ 11 – 3 = _____
　 12 – 3 = _____

▶ '십몇 – 2'를 하는 방법
10에서 2를 빼면 (　) 남아요. 아랫줄에 남아 있는 수보다 (　) 큰 수를 써 줘요.

❽ 11 – 2 = _____

2 '십몇 – 9'를 계산해 보세요.

1) 11 – 9 = ☐
2) 16 – 9 = ☐
3) 15 – 9 = ☐
4) 12 – 9 = ☐
5) 17 – 9 = ☐
6) 18 – 9 = ☐
7) 14 – 9 = ☐
8) 13 – 9 = ☐

3 '십몇 − 8'을 계산해 보세요.

1) 12 − 8 = ☐　　2) 13 − 8 = ☐

3) 14 − 8 = ☐　　4) 17 − 8 = ☐

5) 16 − 8 = ☐　　6) 11 − 8 = ☐

7) 15 − 8 = ☐　　8) 13 − 8 = ☐

4 '십몇 − 7'을 계산해 보세요.

1) 12 − 7 = ☐　　2) 16 − 7 = ☐

3) 13 − 7 = ☐　　4) 11 − 7 = ☐

5) 14 − 7 = ☐　　6) 15 − 7 = ☐

7) 16 − 7 = ☐　　8) 13 − 7 = ☐

5 '십몇 – 6'을 계산해 보세요.

1) 11 – 6 = ☐
2) 13 – 6 = ☐
3) 15 – 6 = ☐
4) 14 – 6 = ☐
5) 12 – 6 = ☐
6) 11 – 6 = ☐

6 '십몇 – 5'를 계산해 보세요.

1) 11 – 5 = ☐
2) 14 – 5 = ☐
3) 12 – 5 = ☐
4) 13 – 5 = ☐

7 '십몇 – 4', '십몇 – 3', '십몇 – 2'를 계산해 보세요.

1) 11 – 4 = ☐
2) 13 – 4 = ☐
3) 12 – 4 = ☐
4) 12 – 3 = ☐
5) 11 – 3 = ☐
6) 11 – 2 = ☐

배움 29

10까지 빼고, 또 빼기 (11-몇)

월 일

1 보기와 같이 주어진 수만큼 11에서 빼고 남은 수를 써 보세요.

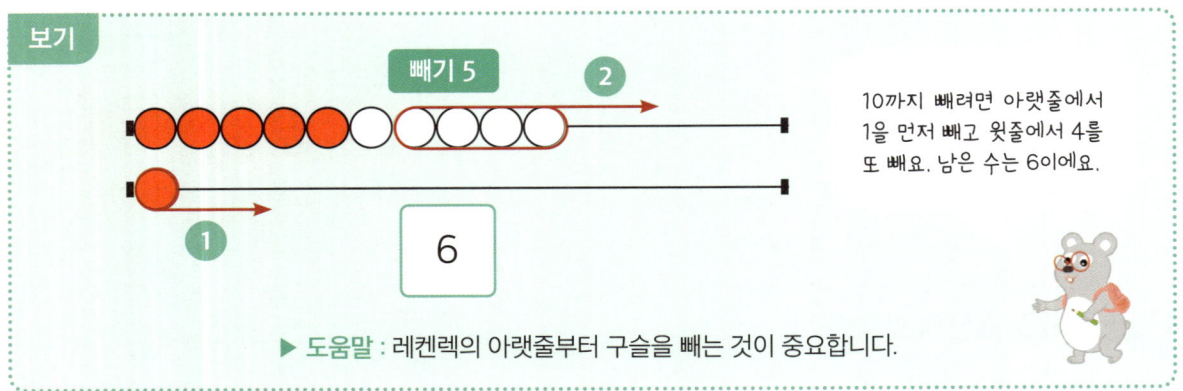

보기: 빼기 5 → 6
10까지 빼려면 아랫줄에서 1을 먼저 빼고 윗줄에서 4를 또 빼요. 남은 수는 6이에요.

▶ 도움말 : 레켄렉의 아랫줄부터 구슬을 빼는 것이 중요합니다.

1) 빼기 2

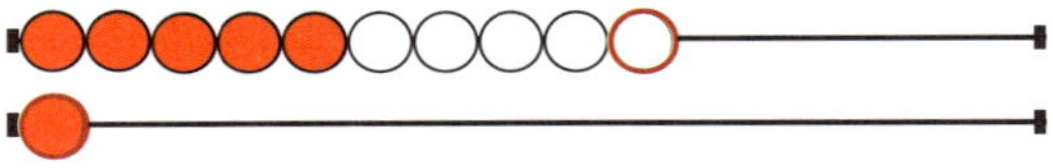

2) 빼기 3

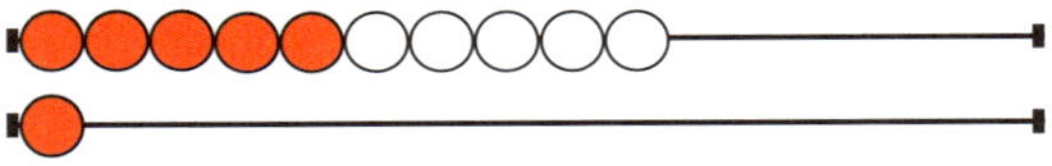

3) 빼기 4

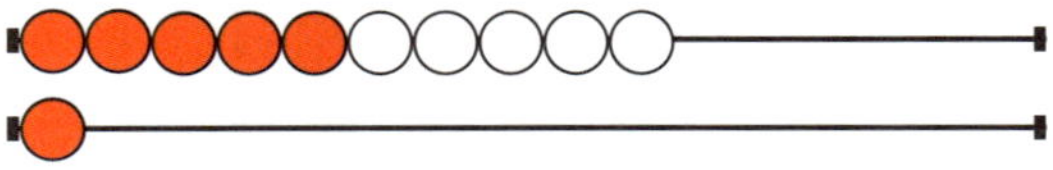

4) 빼기 5

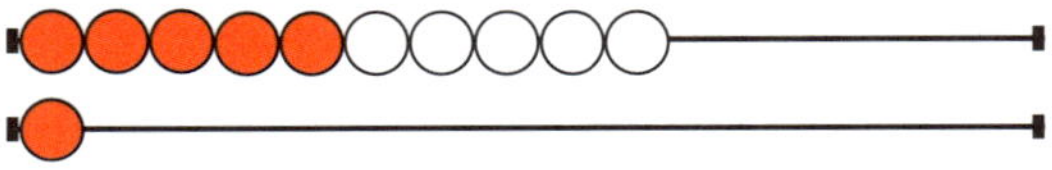

5) 빼기 6

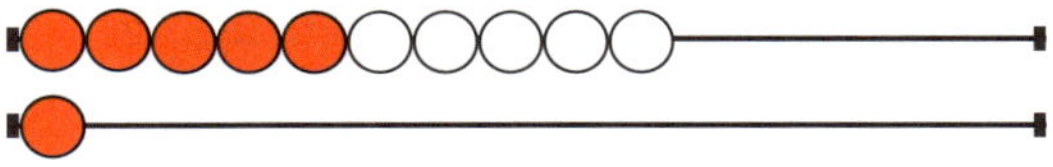

6) 빼기 7

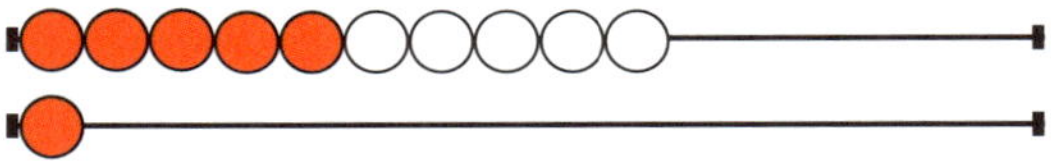

2 보기와 같이 주어진 수만큼 11에서 빼고 남은 수를 써 보세요.

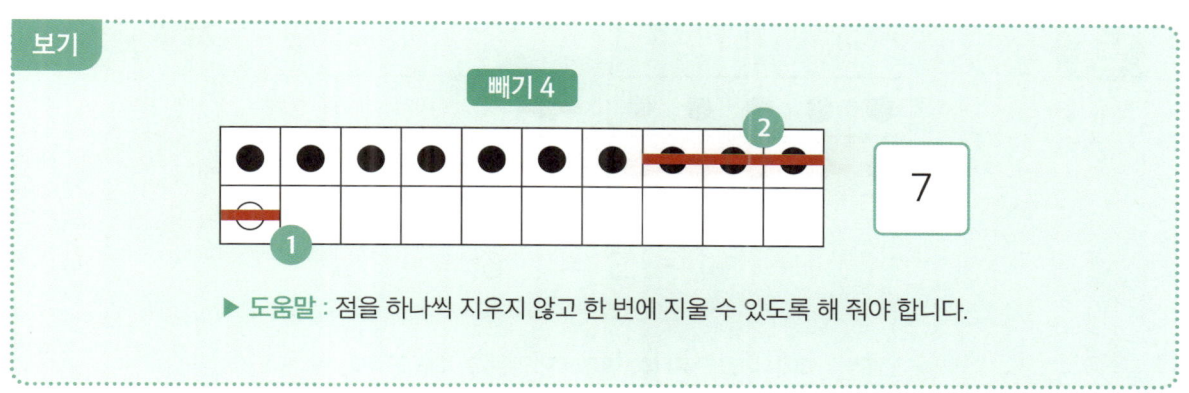

1) 빼기 2

2) 빼기 3

3) 빼기 4

4) 빼기 5

5) 빼기 6

6) 빼기 7

7) 빼기 8

8) 빼기 9

11−4를 쉽게 하는 방법을 설명해 보세요.

"11에서 (   )을 먼저 빼서 (   ) 까지 만들고 (   )을 또 빼요."

3 보기와 같이 11에서 뺄셈을 해 보세요.

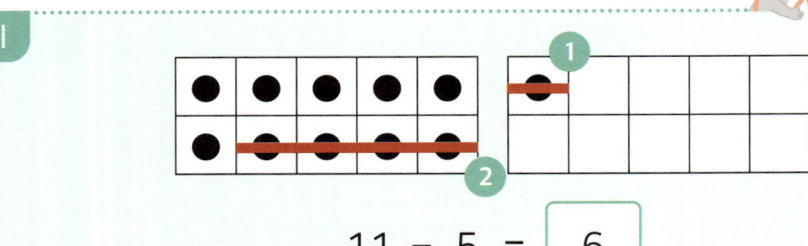

보기

11 - 5 = 6

▶ 도움말 : 11에서 1을 먼저 빼서 10까지 만들고, 4를 또 빼게 합니다.

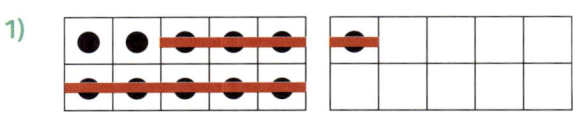

1) 11 - 9 = ☐

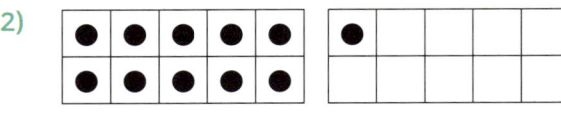

2) 11 - 4 = ☐

3) 11 - 3 = ☐

4) 11 - 8 = ☐

5) 11 - 7 = ☐

6) 11 - 6 = ☐

7) 11 - 2 = ☐

8) 11 - 5 = ☐

4. 보기와 같이 말로 설명하며 레켄렉으로 뺄셈을 해 보세요.

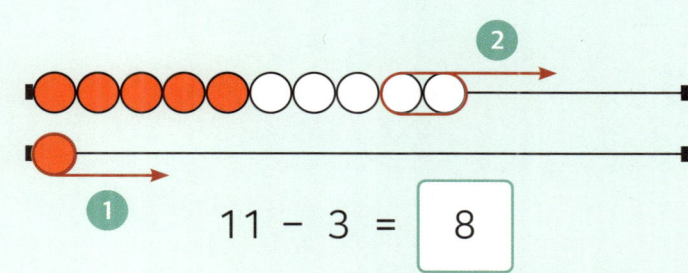

보기

11 − 3 = 8

▶ 도움말 : 아래와 같이 풀이 과정을 말로 설명하면서 풀면 더욱 도움이 됩니다.
① 11을 만들어요. ② 1을 먼저 빼서 10까지 만들고 ③ 2를 또 빼요. ④ 남은 수는 8이에요.

1) 11 − 2 = ☐   2) 11 − 6 = ☐

3) 11 − 5 = ☐   4) 11 − 3 = ☐

5) 11 − 4 = ☐   6) 11 − 9 = ☐

7) 11 − 7 = ☐   8) 11 − 8 = ☐

11−3을 쉽게 하는 방법을 설명해 보세요.

"11에서 (   )을 먼저 빼서 (   )까지 만들고 (   )를 또 빼요."

배움 29. 10까지 빼고, 또 빼기 (11−몇)

5 11에서 뺄셈을 해 보세요.

1) 11 − 9 = 2
   (1, 8)

2) 11 − 5 = ☐
   (1, 4)

3) 11 − 3 = ☐
   (1, ☐)

4) 11 − 8 = ☐
   (1, ☐)

5) 11 − 7 = ☐
   (☐, ☐)

6) 11 − 4 = ☐
   (☐, ☐)

7) 11 − 6 = ☐
   (☐, ☐)

8) 11 − 2 = ☐
   (☐, ☐)

6 다음 계산을 해 보세요.

1) 11 - 6 = ☐
2) 11 - 4 = ☐
3) 11 - 2 = ☐
4) 11 - 9 = ☐
5) 11 - 7 = ☐
6) 11 - 3 = ☐
7) 11 - 5 = ☐
8) 11 - 8 = ☐
9) 11 - 9 = ☐
10) 11 - 4 = ☐
11) 11 - 5 = ☐
12) 11 - 6 = ☐

배움 30 — 10까지 빼고, 또 빼기 (12-몇)

월 일

1. 보기와 같이 주어진 수만큼 12에서 빼고 남은 수를 써 보세요.

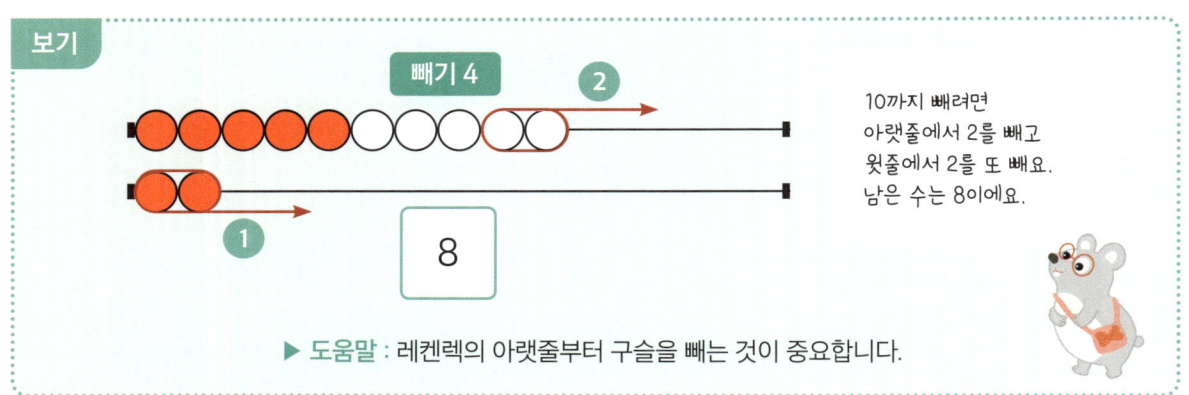

▶ 도움말 : 레켄렉의 아랫줄부터 구슬을 빼는 것이 중요합니다.

1) 빼기 3

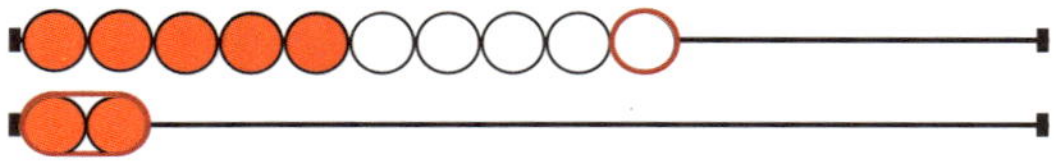

2) 빼기 4

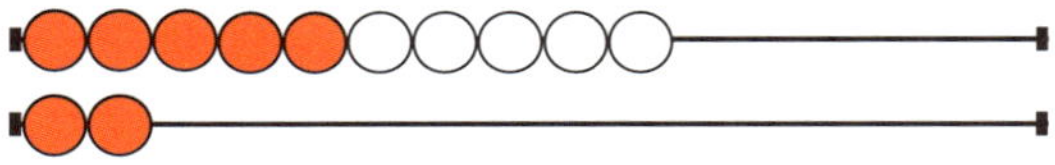

3) 빼기 5

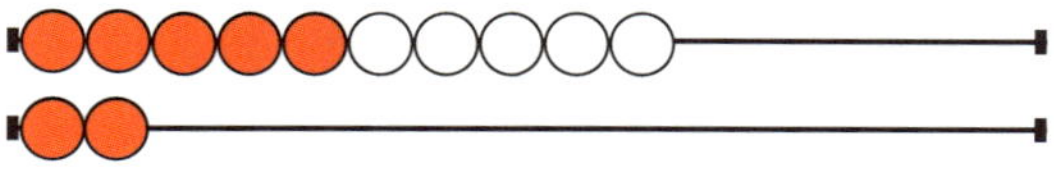

4) 빼기 6

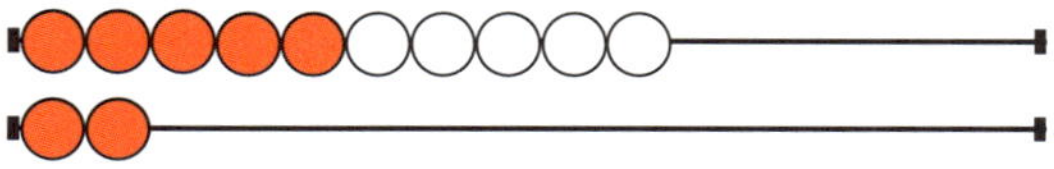

5) 빼기 7

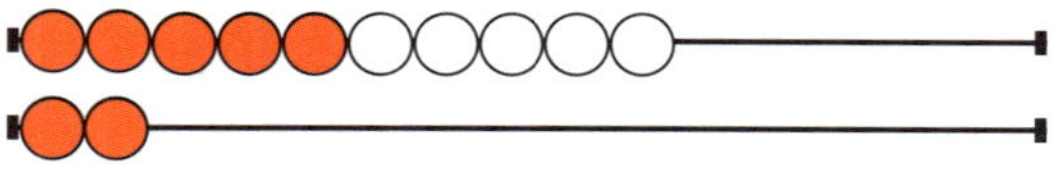

6) 빼기 8

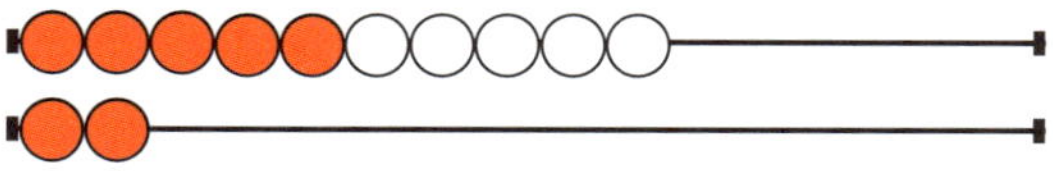

2 보기와 같이 주어진 수만큼 12에서 빼고 남은 수를 써 보세요.

보기

빼기 5

7

▶ **도움말 :** 점을 하나씩 지우지 않고 한 번에 지울 수 있도록 해 줘야 합니다.

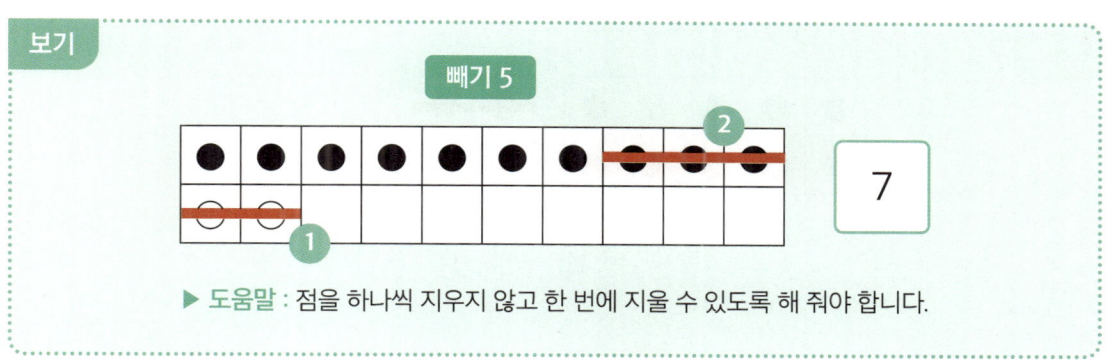

1) 빼기 3

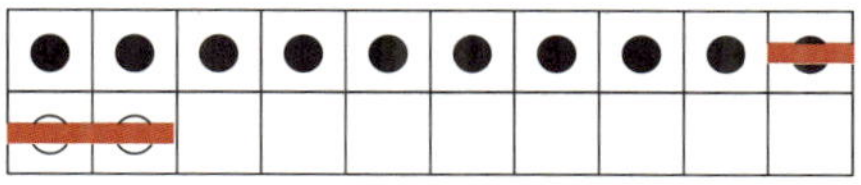

2) 빼기 4

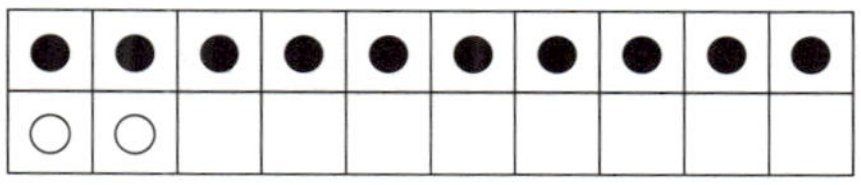

3) 빼기 5

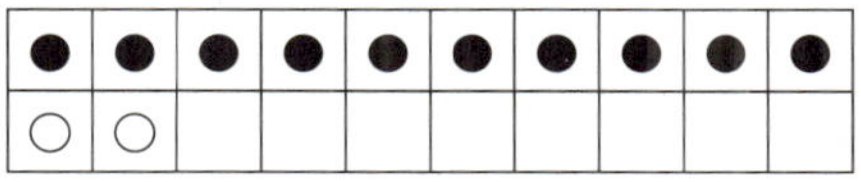

4) 빼기 6

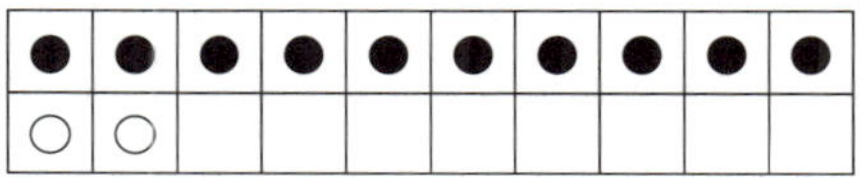

5) 빼기 7

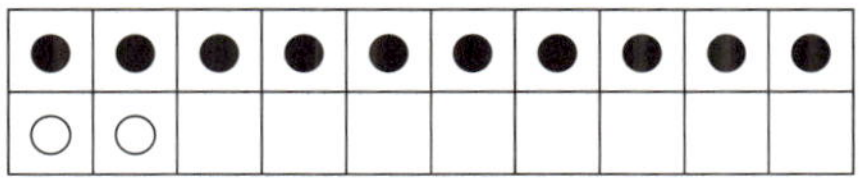

6) 빼기 8

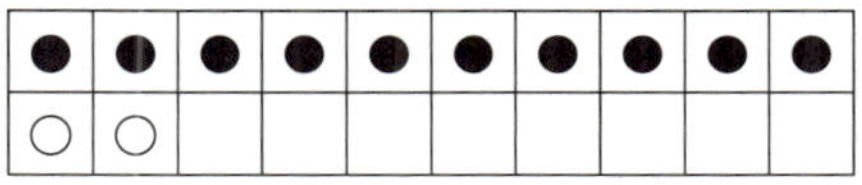

7) 빼기 9

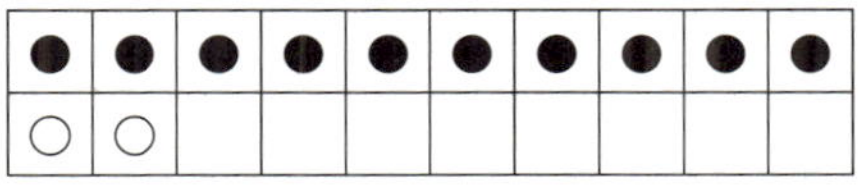

8) 빼기 6

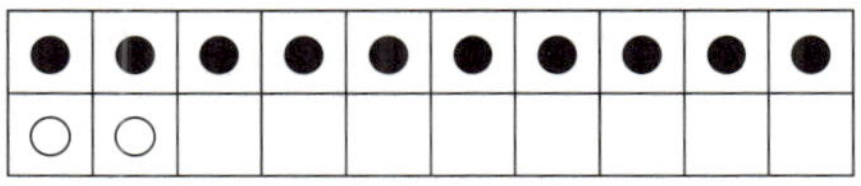

12−5를 쉽게 하는 방법을 설명해 보세요.

"12에서 (　　)를 먼저 빼서 (　　) 까지 만들고 (　　)을 또 빼요."

3. 보기와 같이 12에서 뺄셈을 해 보세요.

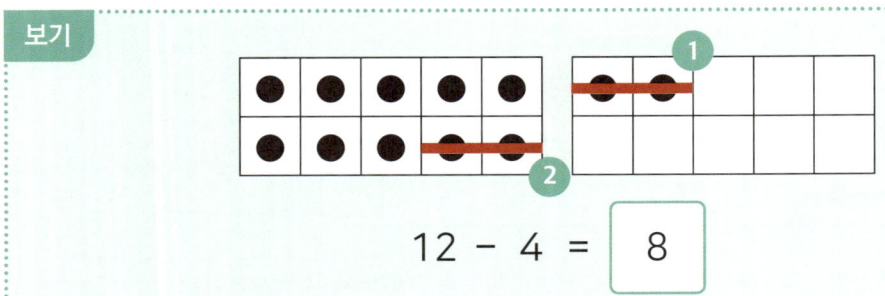

12 - 4 = 8

▶ 도움말 : 12에서 2를 먼저 빼서 10까지 만들고, 2를 또 빼게 합니다.

1)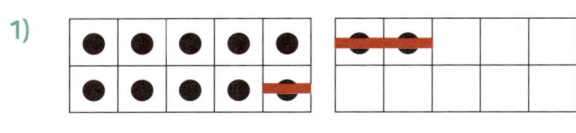

12 - 3 =

2)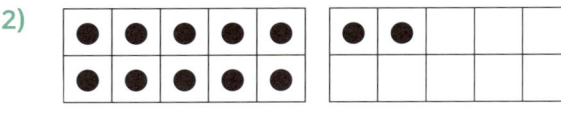

12 - 6 =

3)

12 - 7 =

4)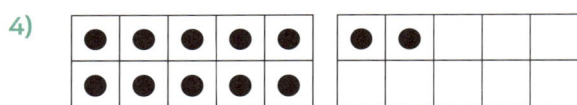

12 - 9 =

5)

12 - 8 =

6)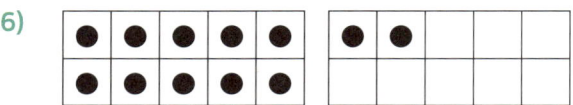

12 - 4 =

7)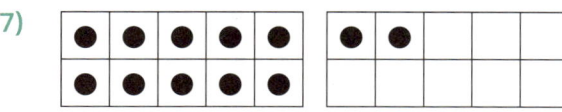

12 - 5 =

8)

12 - 3 =

4) 보기와 같이 말로 설명하며 레켄렉으로 뺄셈을 해 보세요.

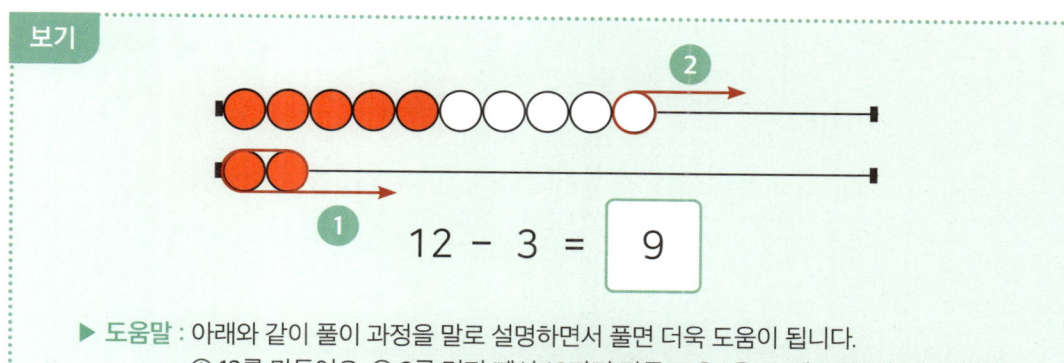

보기

12 − 3 = 9

▶ 도움말 : 아래와 같이 풀이 과정을 말로 설명하면서 풀면 더욱 도움이 됩니다.
① 12를 만들어요. ② 2를 먼저 빼서 10까지 만들고 ③ 1을 또 빼요. ④ 남은 수는 9예요.

1) 12 − 4 = ☐   2) 12 − 5 = ☐

3) 12 − 7 = ☐   4) 12 − 9 = ☐

5) 12 − 6 = ☐   6) 12 − 3 = ☐

7) 12 − 8 = ☐   8) 12 − 5 = ☐

12−3을 쉽게 하는 방법을 설명해 보세요.

"12에서 (   )를 먼저 빼서 (   ) 까지 만들고 (   )을 또 빼요."

5 12에서 뺄셈을 해 보세요.

1) 12 − 3 = 9　　　　2) 12 − 6 = ☐
   (2, 1)　　　　　　　　(2, 4)

3) 12 − 7 = ☐　　　　4) 12 − 9 = ☐
   (2, ☐)　　　　　　　　(2, ☐)

5) 12 − 8 = ☐　　　　6) 12 − 5 = ☐
   (☐, ☐)　　　　　　　　(☐, ☐)

7) 12 − 4 = ☐　　　　8) 12 − 8 = ☐
   (☐, ☐)　　　　　　　　(☐, ☐)

6 다음 계산을 해 보세요.

1) 12 − 3 = ☐   2) 12 − 9 = ☐

3) 12 − 7 = ☐   4) 12 − 6 = ☐

5) 12 − 8 = ☐   6) 12 − 4 = ☐

7) 12 − 5 = ☐   8) 12 − 7 = ☐

9) 12 − 3 = ☐   10) 12 − 6 = ☐

11) 12 − 4 = ☐   12) 12 − 5 = ☐

배움 30. 10까지 빼고, 또 빼기 (12−몇)

배움 31 — 10까지 빼고, 또 빼기 (13-몇)

1 보기와 같이 주어진 수만큼 13에서 빼고 남은 수를 써 보세요.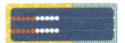

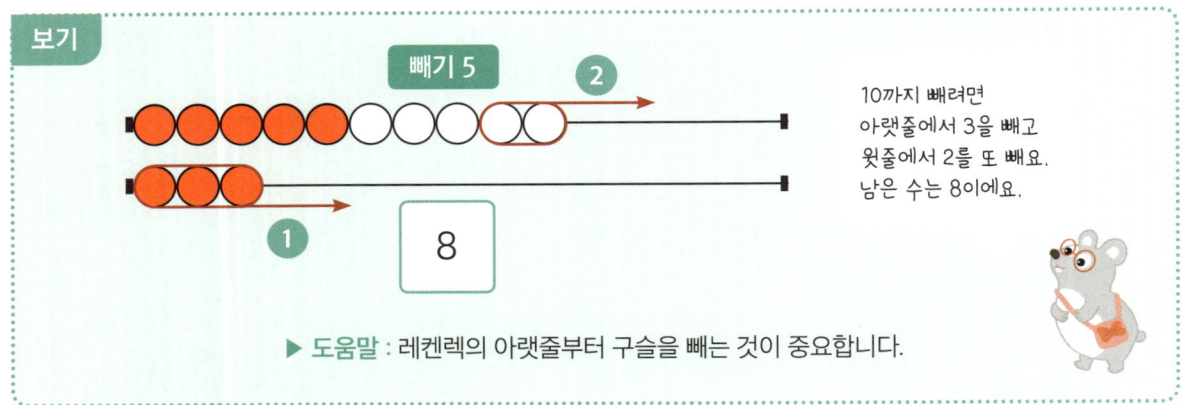

보기: 빼기 5 → 10까지 빼려면 아랫줄에서 3을 빼고 윗줄에서 2를 또 빼요. 남은 수는 8이에요. → 8

▶ 도움말 : 레켄렉의 아랫줄부터 구슬을 빼는 것이 중요합니다.

1) 빼기 4

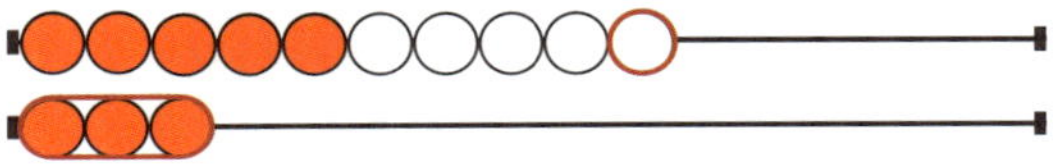

2) 빼기 5

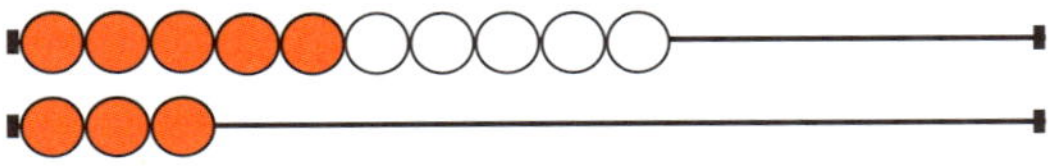

3) 빼기 6

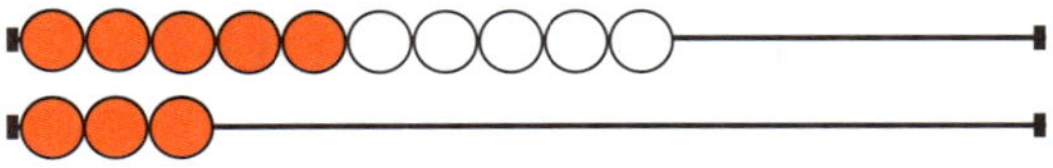

4) 빼기 7

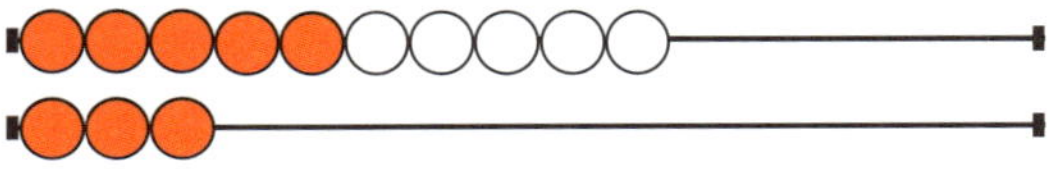

5) 빼기 8

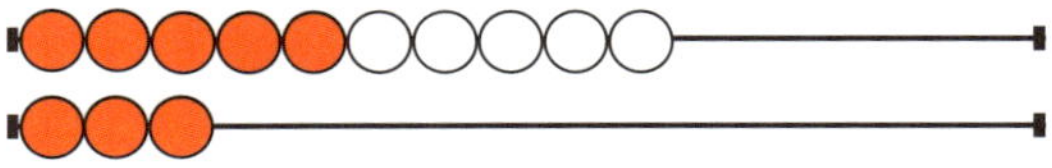

6) 빼기 9

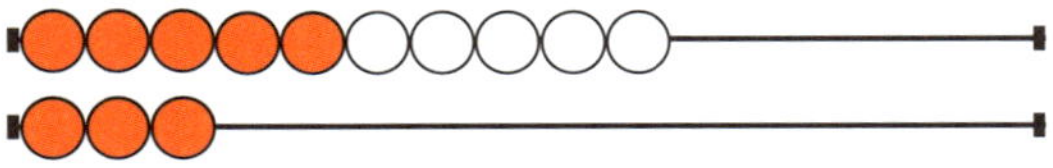

2 보기와 같이 주어진 수만큼 13에서 빼고 남은 수를 써 보세요.

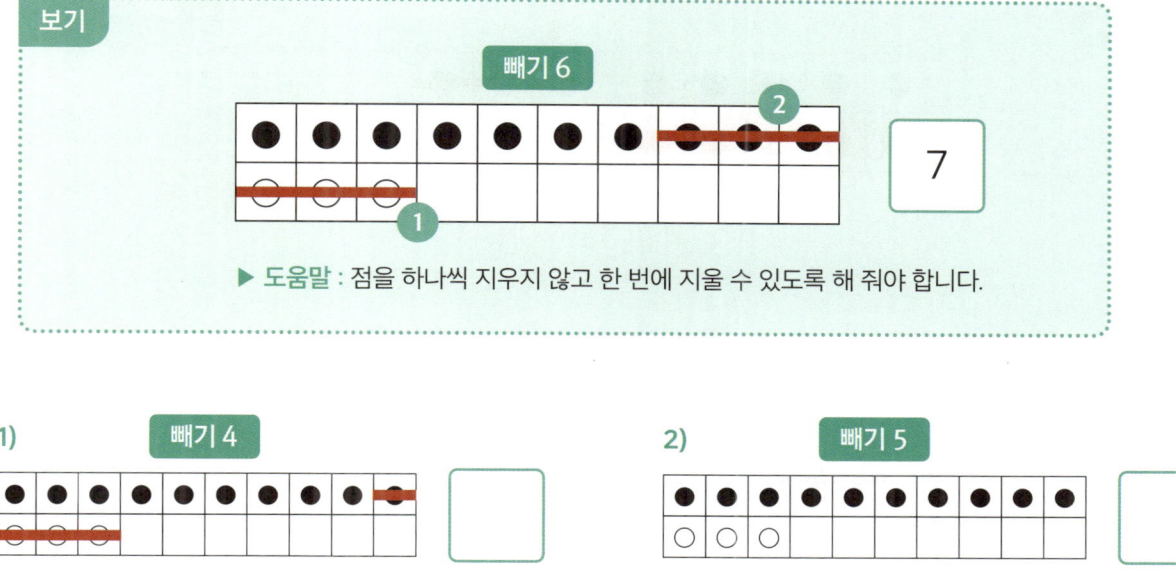

▶ 도움말 : 점을 하나씩 지우지 않고 한 번에 지울 수 있도록 해 줘야 합니다.

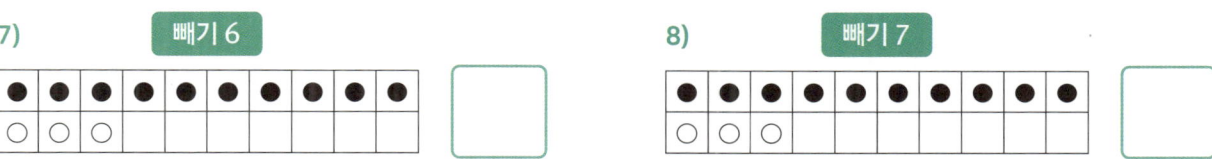

13-6를 쉽게 하는 방법을 설명해 보세요.

"13에서 (   )를 먼저 빼서 (   ) 까지 만들고 (   )을 또 빼요."

배움 31. 10까지 빼고, 또 빼기 (13-몇)

3 보기와 같이 13에서 뺄셈을 해 보세요.

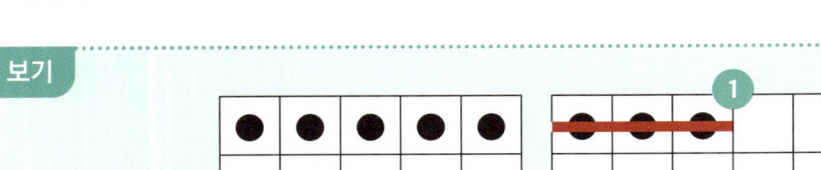

13 − 5 = 8

▶ 도움말 : 13에서 3을 먼저 빼서 10까지 만들고, 2를 또 빼게 합니다.

1)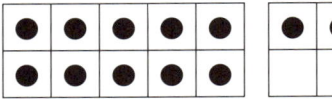

13 − 6 = ☐

2) 13 − 9 = ☐

3) 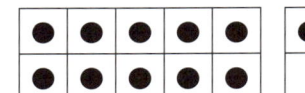 13 − 8 = ☐

4) 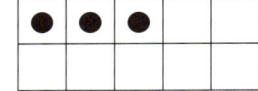 13 − 4 = ☐

5)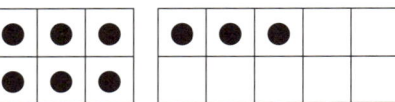

13 − 5 = ☐

6) 13 − 7 = ☐

7) 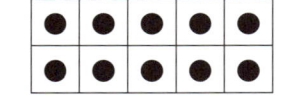 13 − 6 = ☐

8) 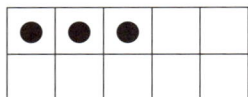 13 − 8 = ☐

4 보기와 같이 말로 설명하며 레켄렉으로 뺄셈을 해 보세요.

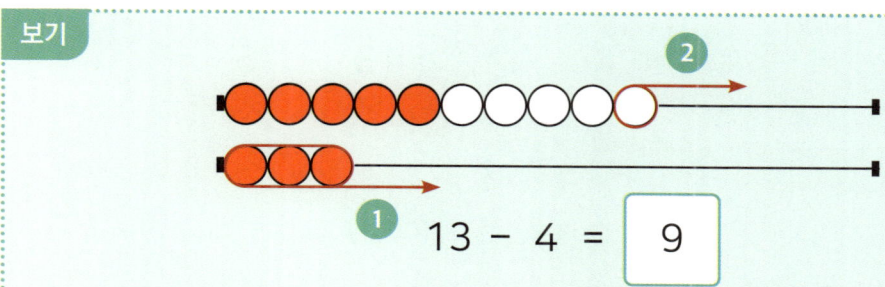

보기

13 − 4 = 9

▶ 도움말 : 아래와 같이 풀이 과정을 말로 설명하면서 풀면 더욱 도움이 됩니다.
① 13을 만들어요. ② 3을 먼저 빼서 10까지 만들고 ③ 1을 또 빼요. ④ 남은 수는 9예요.

1) 13 − 9 =

2) 13 − 6 =

3) 13 − 4 =

4) 13 − 8 =

5) 13 − 7 =

6) 13 − 5 =

7) 13 − 8 =

8) 13 − 9 =

13−4를 쉽게 하는 방법을 설명해 보세요.

"13에서 (　　)을 먼저 빼서 (　　) 까지 만들고 (　　)을 또 빼요."

배움 31. 10까지 빼고, 또 빼기 (13−몇)

5 13에서 뺄셈을 해 보세요.

1) 13 − 4 = 9
   [3] [1]

2) 13 − 6 = ☐
   [3] [3]

3) 13 − 9 = ☐
   [3] [ ]

4) 13 − 8 = ☐
   [3] [ ]

5) 13 − 5 = ☐
   [ ] [ ]

6) 13 − 7 = ☐
   [ ] [ ]

7) 13 − 4 = ☐
   [ ] [ ]

8) 13 − 6 = ☐
   [ ] [ ]

6 다음 계산을 해 보세요.

1) 13 − 5 = ☐   2) 13 − 6 = ☐

3) 13 − 4 = ☐   4) 13 − 8 = ☐

5) 13 − 7 = ☐   6) 13 − 9 = ☐

7) 13 − 5 = ☐   8) 13 − 6 = ☐

9) 13 − 4 = ☐   10) 13 − 7 = ☐

11) 13 − 8 = ☐   12) 13 − 9 = ☐

배움 32

10까지 빼고, 또 빼기 (14-몇), (15-몇)

월 일

1 보기와 같이 주어진 수만큼 14에서 빼고 남은 수를 써 보세요.

보기

빼기 6

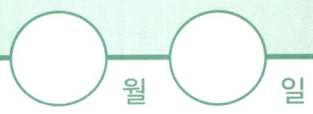

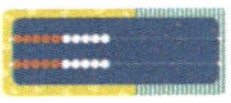

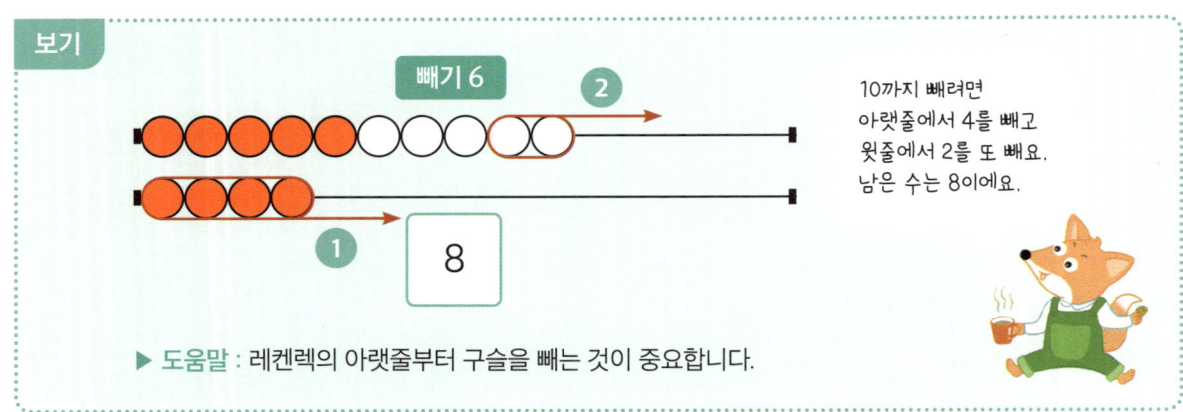

10까지 빼려면
아랫줄에서 4를 빼고
윗줄에서 2를 또 빼요.
남은 수는 8이에요.

▶ 도움말 : 레켄렉의 아랫줄부터 구슬을 빼는 것이 중요합니다.

1) 빼기 5

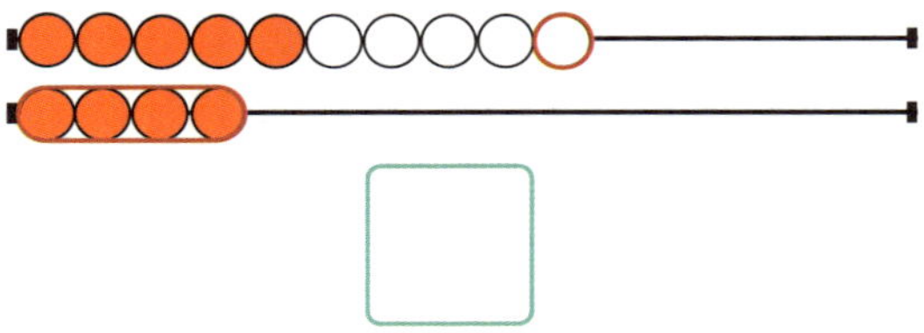

2) 빼기 6

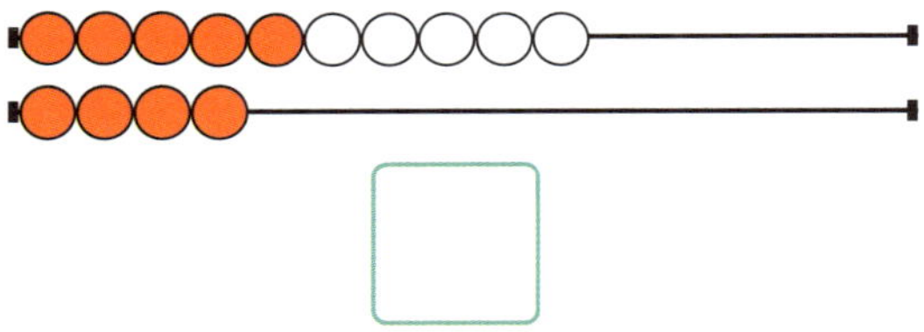

3) 빼기 7

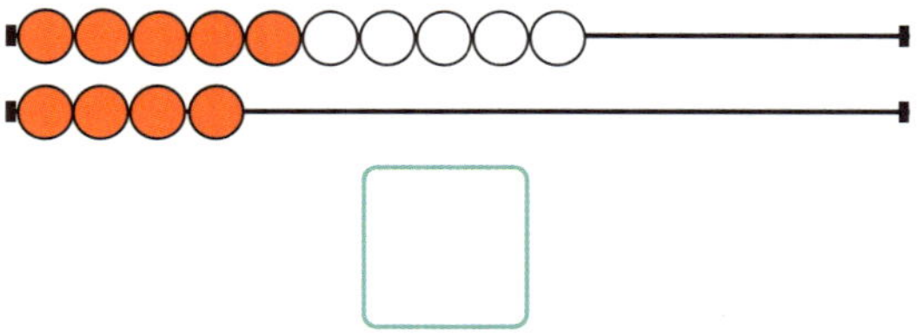

4) 빼기 8

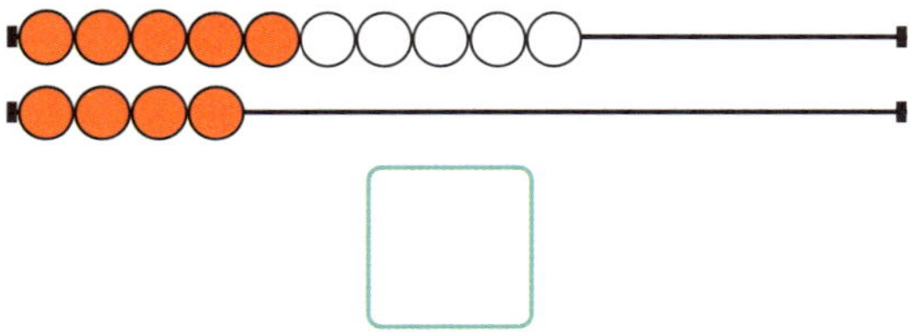

5) 빼기 9

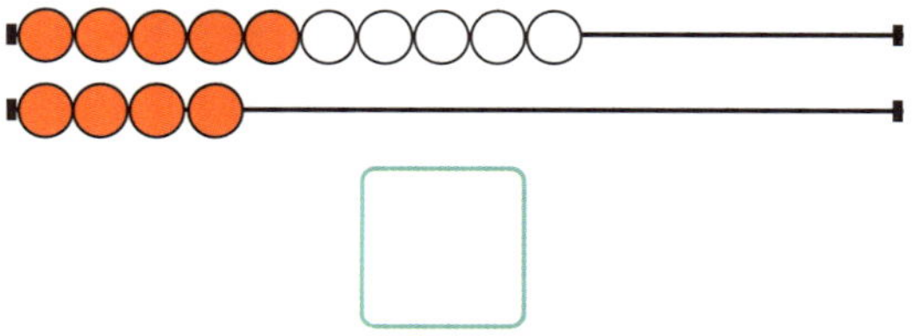

6) 빼기 5

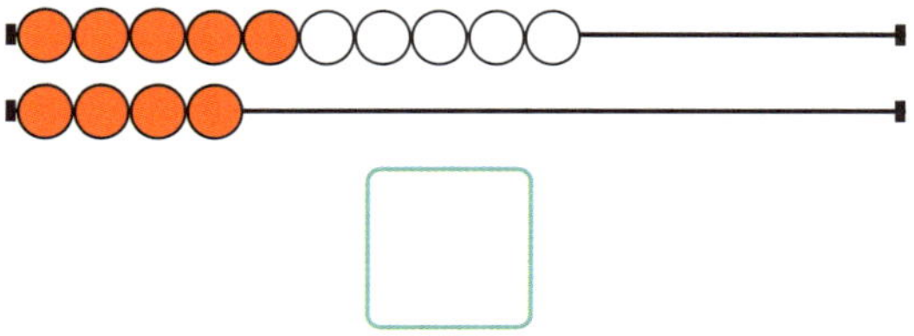

2 보기와 같이 주어진 수만큼 15에서 빼고 남은 수를 써 보세요.

보기

빼기 7

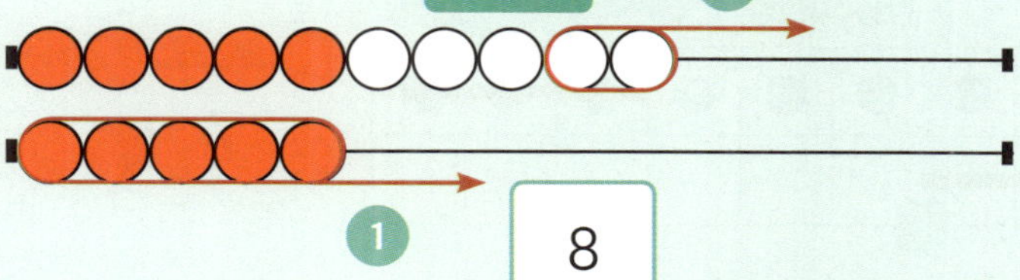

10까지 빼려면 아랫줄에서 5를 빼고 윗줄에서 2를 또 빼요. 남은 수는 8이에요.

1

8

▶ 도움말 : 레켄렉의 아랫줄부터 구슬을 빼는 것이 중요합니다.

1) 빼기 6

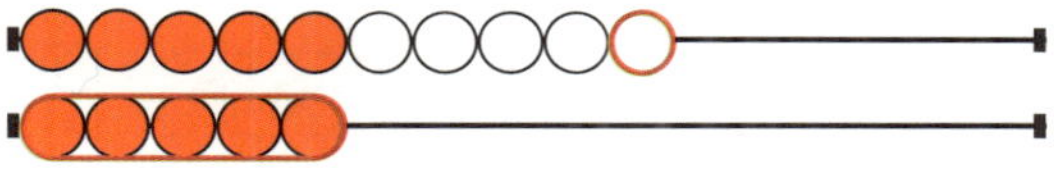

2) 빼기 7

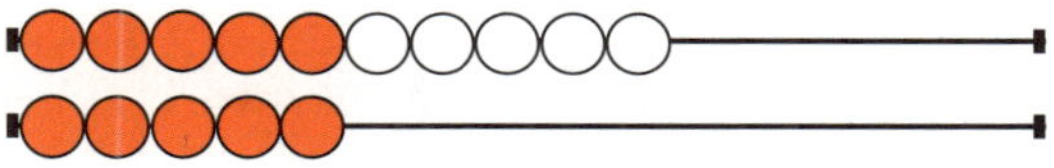

3) 빼기 8

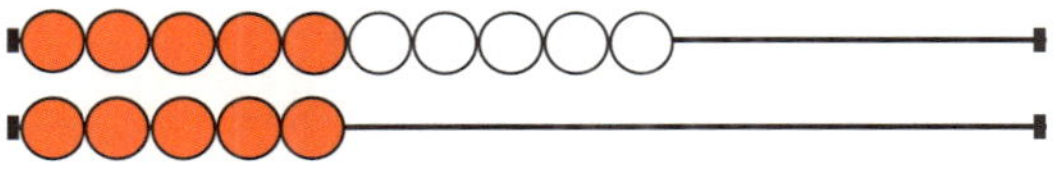

4) 빼기 9

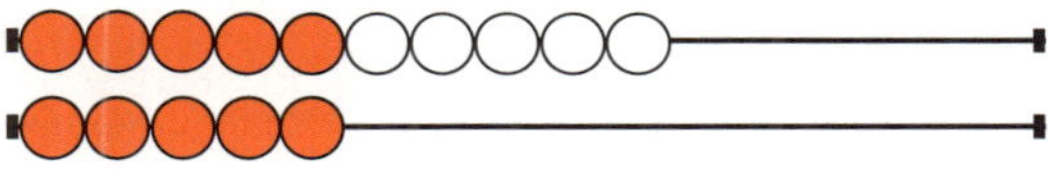

5) 빼기 7

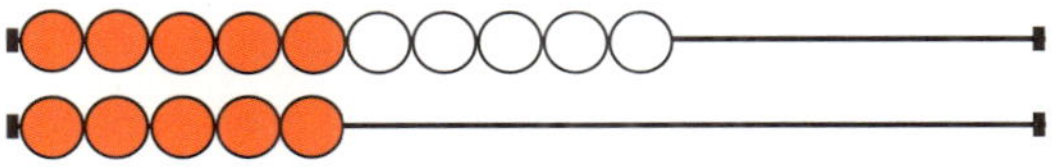

6) 빼기 8

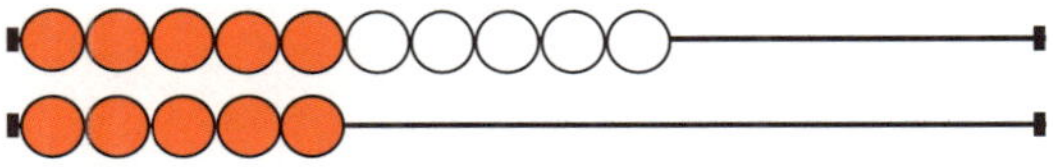

7) 빼기 9

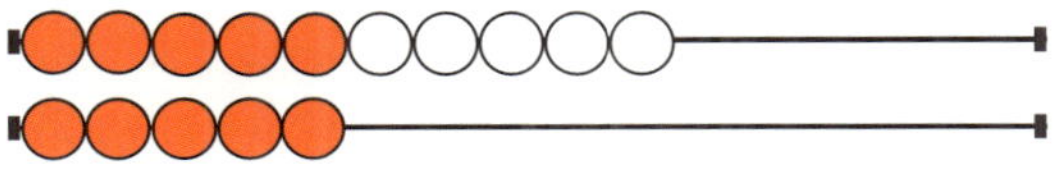

8) 빼기 6

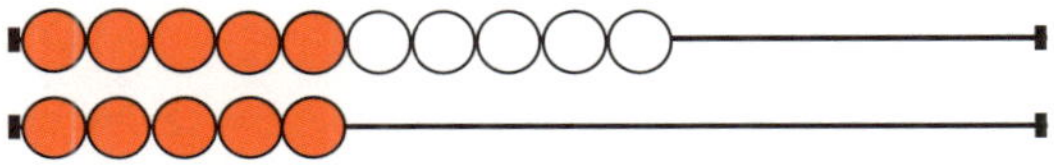

배움 32. 10까지 빼고, 또 빼기 (14-몇), (15-몇)

3 보기와 같이 주어진 수만큼 14에서 빼고 남은 수를 써 보세요.

보기

빼기 7

7

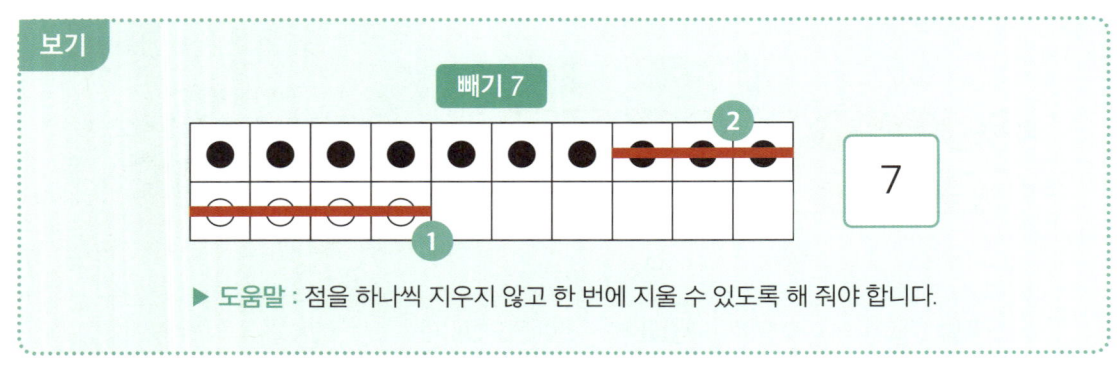

▶ 도움말 : 점을 하나씩 지우지 않고 한 번에 지울 수 있도록 해 줘야 합니다.

1) 빼기 5

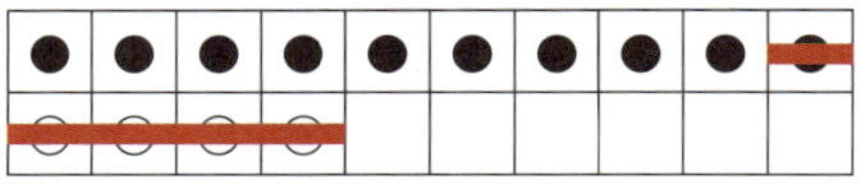

2) 빼기 6

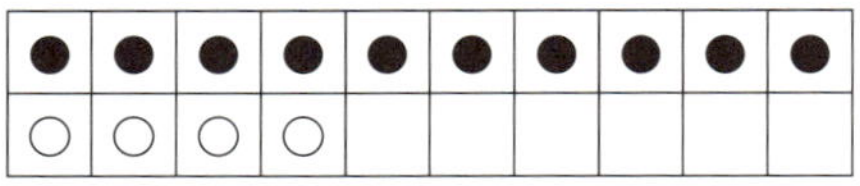

3) 빼기 7

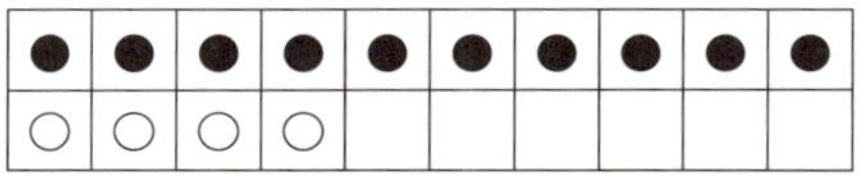

4) 빼기 8

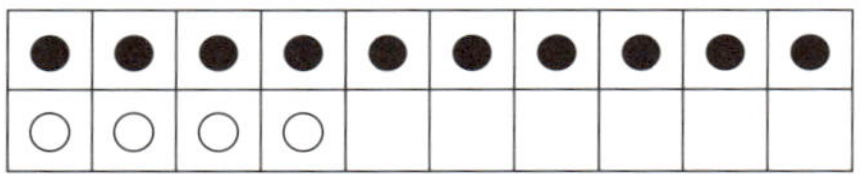

5) 빼기 9

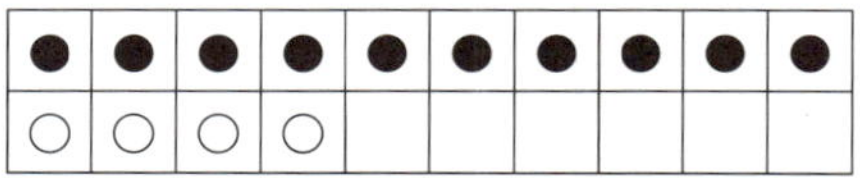

6) 빼기 7

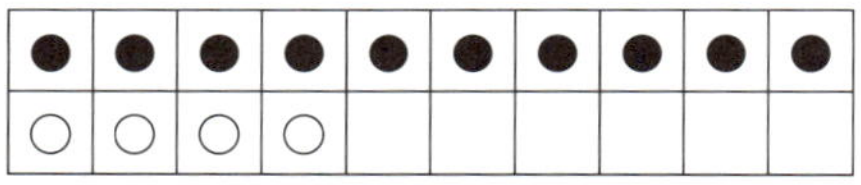

7) 빼기 8

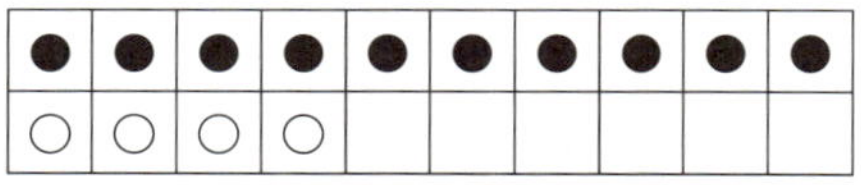

8) 빼기 9

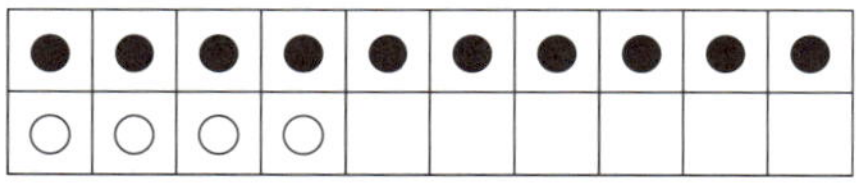

14−7을 쉽게 하는 방법을 설명해 보세요.

"14에서 ( )를 먼저 빼서 ( ) 까지 만들고 ( )을 또 빼요."

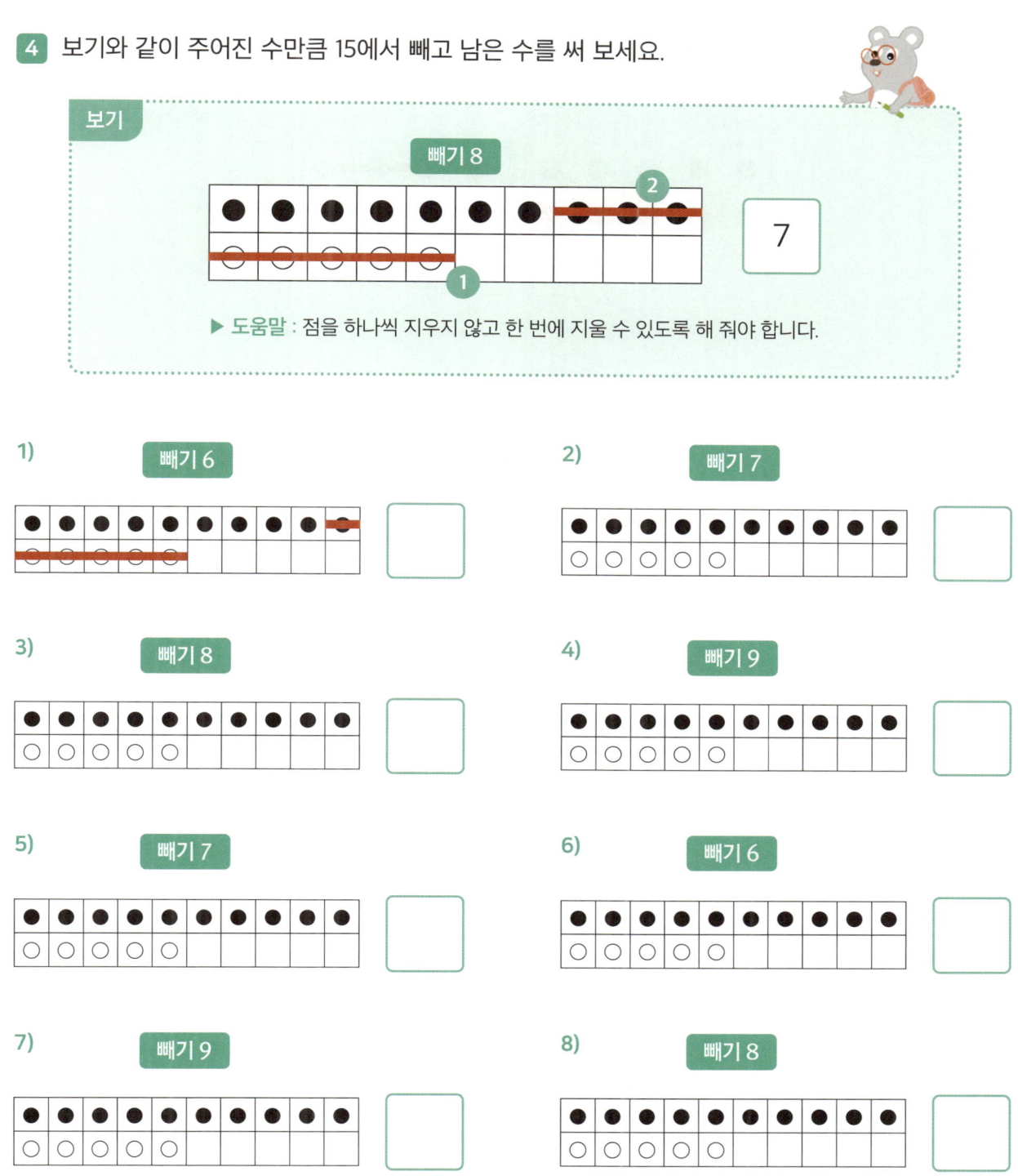

15−8을 쉽게 하는 방법을 설명해 보세요.

"15에서 (　　)를 먼저 빼서 (　　) 까지 만들고 (　　)을 또 빼요."

5 보기와 같이 14에서 뺄셈을 해 보세요.

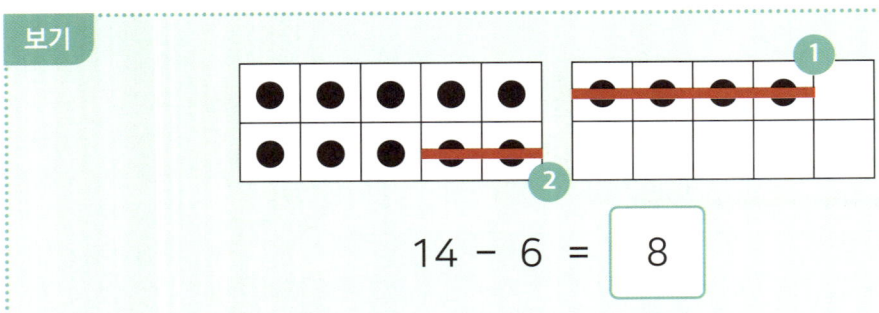

▶ 도움말 : 14에서 4를 먼저 빼서 10까지 만들고, 2를 또 빼게 합니다.

1)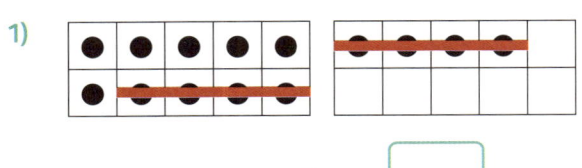

14 − 8 =

2)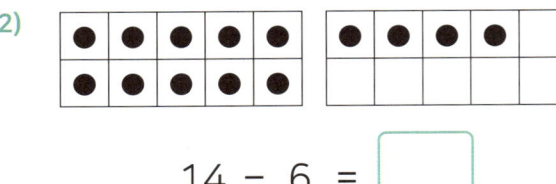

14 − 6 =

3)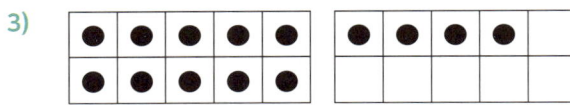

14 − 7 =

4)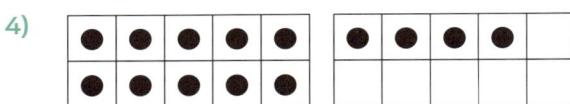

14 − 9 =

5)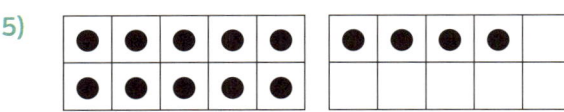

14 − 5 =

6)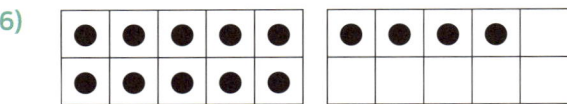

14 − 6 =

7)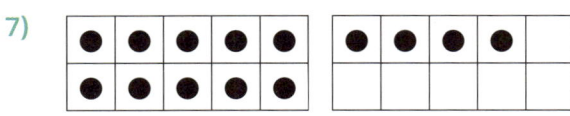

14 − 7 =

8)

14 − 8 =

6 보기와 같이 15에서 뺄셈을 해 보세요.

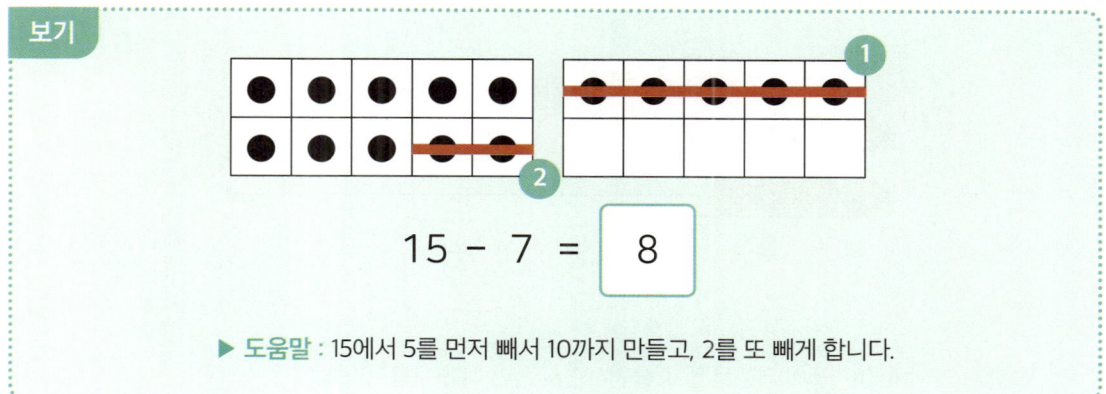

▶ 도움말 : 15에서 5를 먼저 빼서 10까지 만들고, 2를 또 빼게 합니다.

1)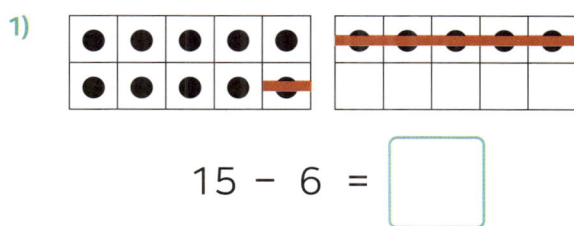

15 − 6 =

2)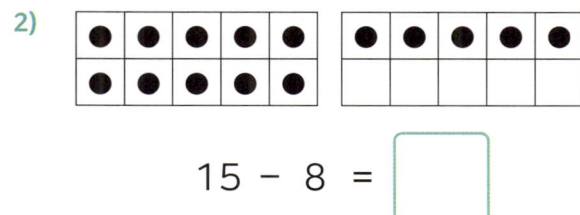

15 − 8 =

3)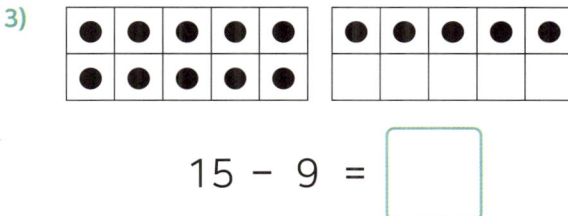

15 − 9 =

4)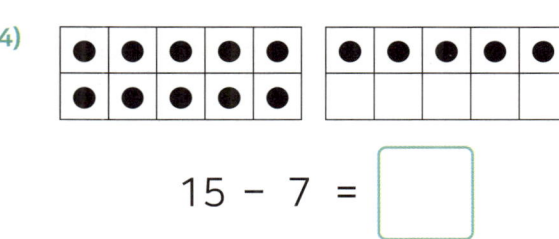

15 − 7 =

5)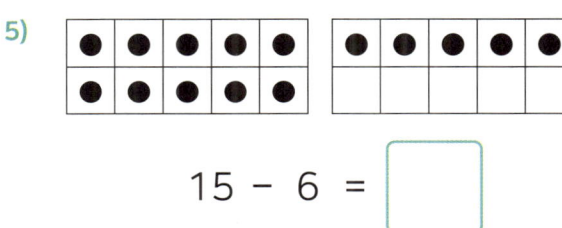

15 − 6 =

6)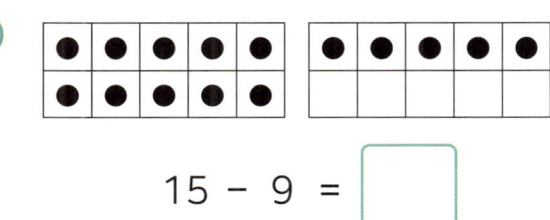

15 − 9 =

7)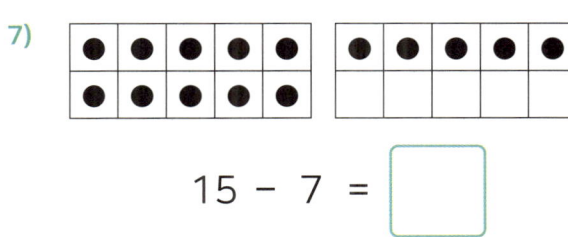

15 − 7 =

8)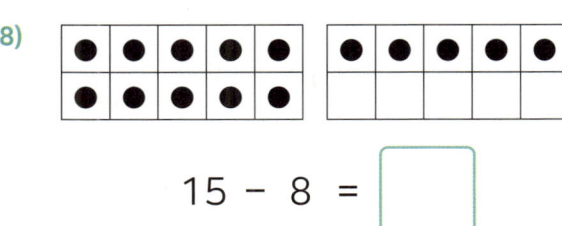

15 − 8 =

7 보기와 같이 말로 설명하며 레켄렉으로 뺄셈을 해 보세요.

보기

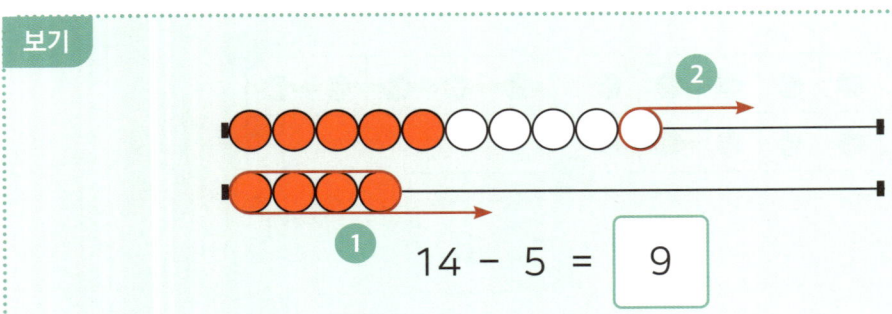

14 − 5 = 9

▶ 도움말 : 아래와 같이 풀이 과정을 말로 설명하면서 풀면 더욱 도움이 됩니다.
① 14를 만들어요. ② 4를 먼저 빼서 10까지 만들고 ③ 1을 또 빼요. ④ 남은 수는 9예요.

1) 14 − 5 = ☐   2) 14 − 9 = ☐

3) 14 − 8 = ☐   4) 14 − 6 = ☐

5) 14 − 7 = ☐   6) 14 − 8 = ☐

7) 14 − 5 = ☐   8) 14 − 6 = ☐

14−5를 쉽게 하는 방법을 설명해 보세요.

"14에서 (   )를 먼저 빼서 (   ) 까지 만들고 (   )을 또 빼요."

배움 33 — 10까지 빼고, 또 빼기 (16-몇), (17-몇), (18-몇)

1 보기와 같이 주어진 수만큼 16에서 빼고 남은 수를 써 보세요.

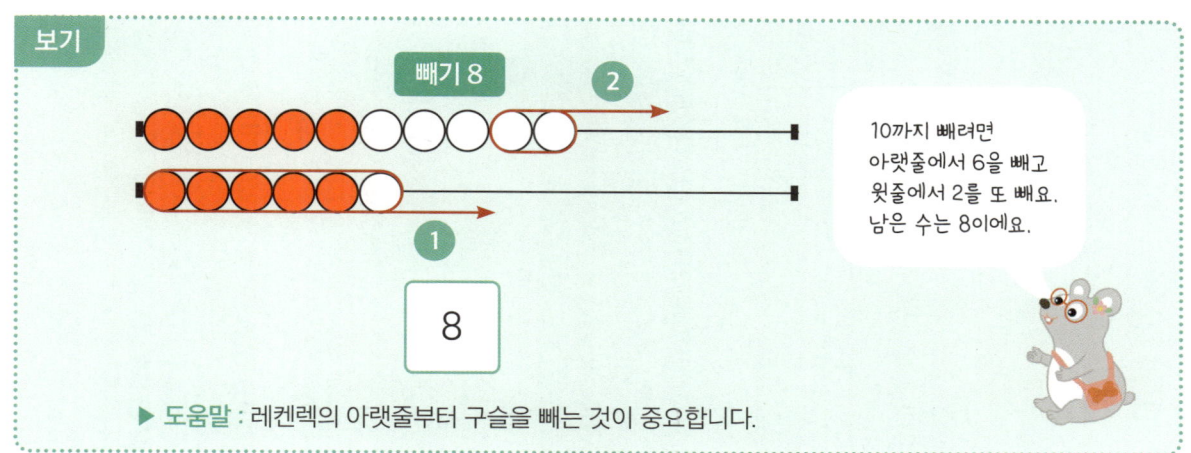

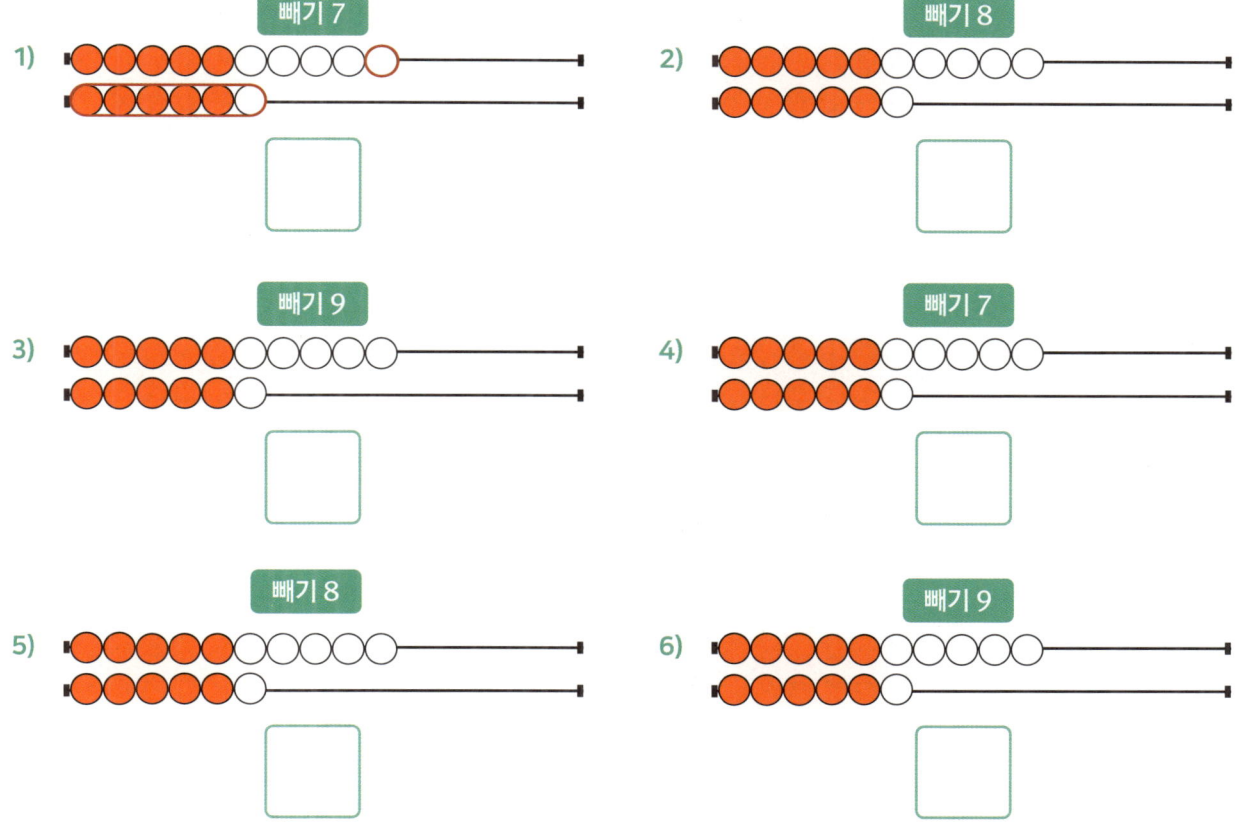

11 다음 계산을 해 보세요.

1) 14 − 7 = ☐
2) 14 − 6 = ☐
3) 14 − 5 = ☐
4) 14 − 9 = ☐
5) 14 − 8 = ☐
6) 14 − 6 = ☐
7) 15 − 9 = ☐
8) 15 − 7 = ☐
9) 15 − 6 = ☐
10) 15 − 9 = ☐
11) 15 − 8 = ☐
12) 15 − 6 = ☐

9 14에서 뺄셈을 해 보세요.

1) 14 − 5 = 9 (4, 1)

2) 14 − 7 = ☐ (4,)

3) 14 − 6 = ☐ (4,)

4) 14 − 9 = ☐ (4,)

5) 14 − 8 = ☐

6) 14 − 5 = ☐

10 15에서 뺄셈을 해 보세요.

1) 15 − 6 = 9 (5, 1)

2) 15 − 8 = ☐ (5,)

3) 15 − 7 = ☐ (5,)

4) 15 − 9 = ☐

8 보기와 같이 말로 설명하며 레켄렉으로 뺄셈을 해 보세요.

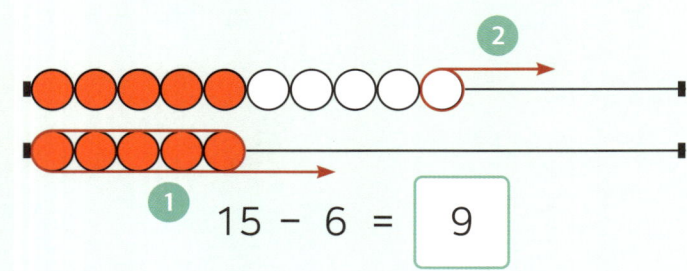

보기

15 - 6 = 9

▶ 도움말 : 아래와 같이 풀이 과정을 말로 설명하면서 풀면 더욱 도움이 됩니다.
① 15를 만들어요. ② 5를 먼저 빼서 10까지 만들고 ③ 1을 또 빼요. ④ 남은 수는 9예요.

1) 15 - 7 =

2) 15 - 8 =

3) 15 - 6 =

4) 15 - 9 =

5) 15 - 7 =

6) 15 - 8 =

7) 15 - 6 =

8) 15 - 9 =

15-6을 쉽게 하는 방법을 설명해 보세요.

"15에서 (   )를 먼저 빼서 (   ) 까지 만들고 (   )을 또 빼요."

배움 32. 10까지 빼고, 또 빼기 (14-몇), (15-몇)

2 보기와 같이 주어진 수만큼 17에서 빼고 남은 수를 써 보세요.

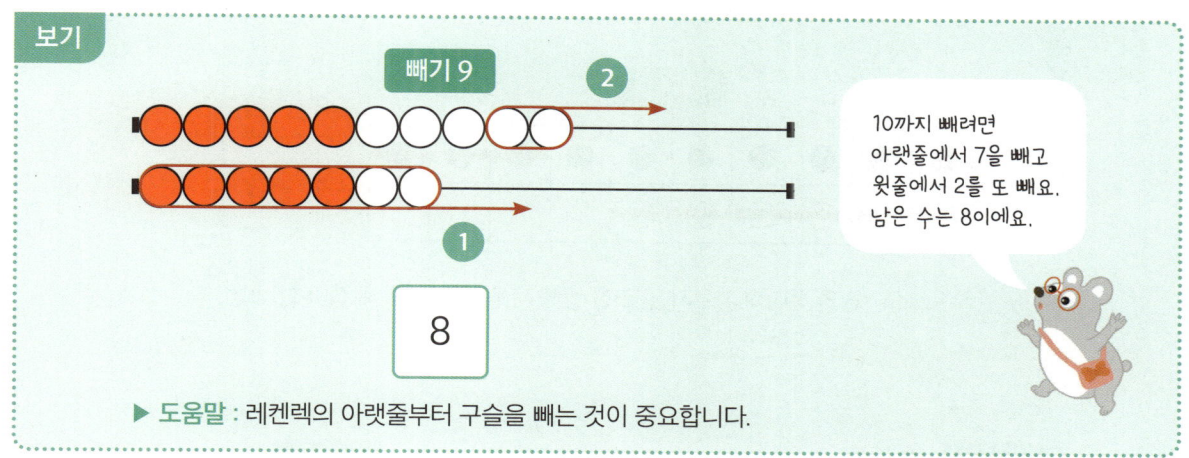

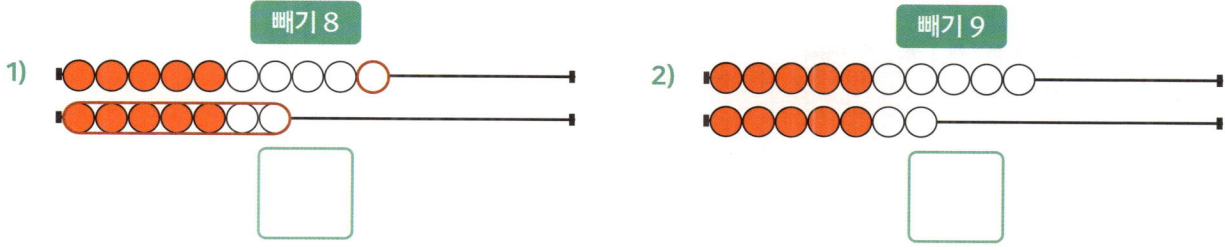

3 보기와 같이 주어진 수만큼 18에서 빼고 남은 수를 써 보세요.

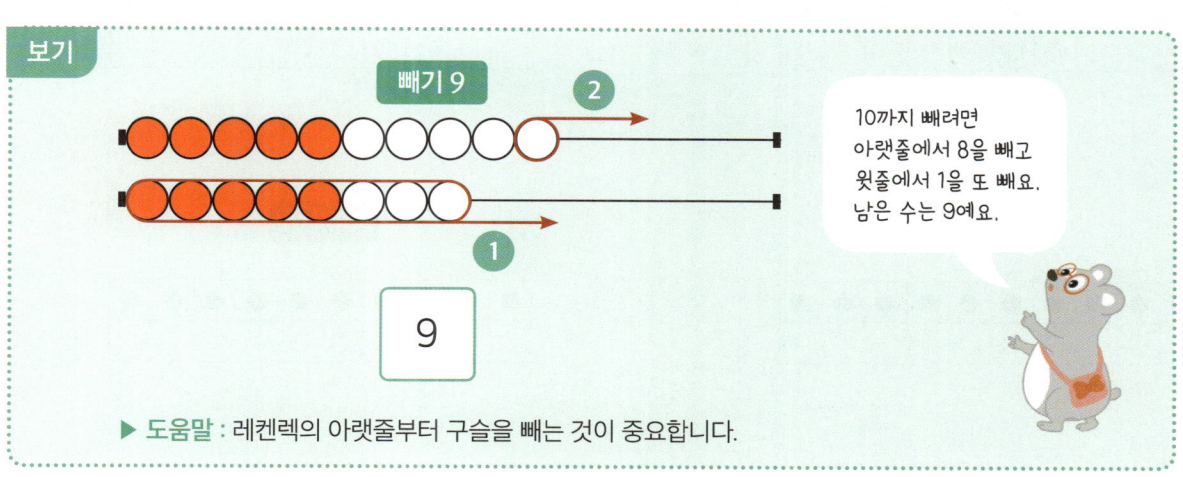

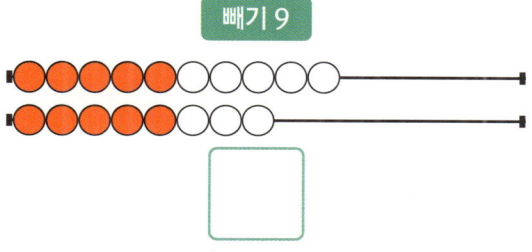

4 보기와 같이 주어진 수만큼 16에서 빼고 남은 수를 써 보세요.

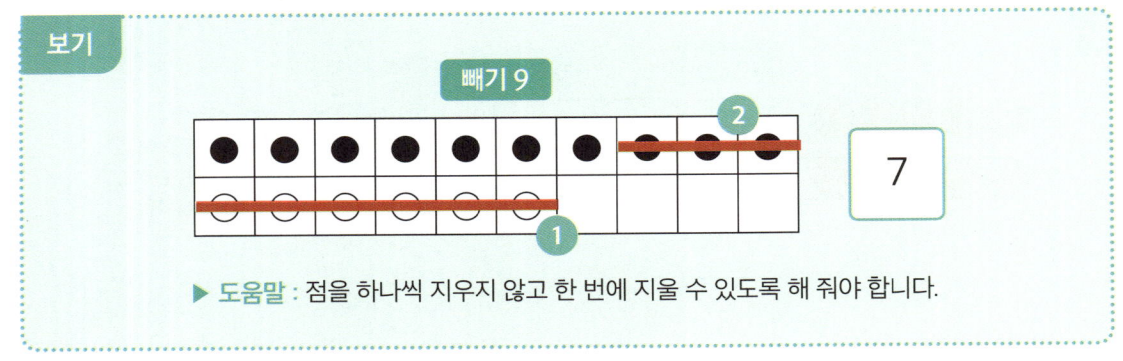

1) 빼기 7

2) 빼기 8

3) 빼기 9

4) 빼기 7

5) 빼기 8

6) 빼기 9

16-9를 쉽게 하는 방법을 설명해 보세요.

"16에서 (　　)을 먼저 빼서 (　　)까지 만들고 (　　)을 또 빼요."

5 보기와 같이 주어진 수만큼 17에서 빼고 남은 수를 써 보세요.

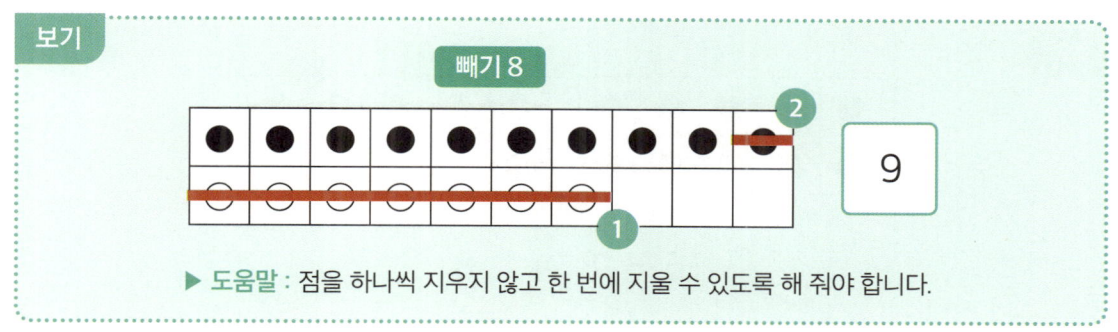

1) 빼기 8

2) 빼기 9

17−8을 쉽게 하는 방법을 설명해 보세요.

"17에서 (   )을 먼저 빼서 (   ) 까지 만들고 (   )을 또 빼요."

6 보기와 같이 주어진 수만큼 18에서 빼고 남은 수를 써 보세요.

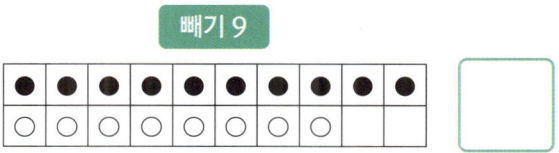

빼기 9

18−9를 쉽게 하는 방법을 설명해 보세요.

"18에서 (   )을 먼저 빼서 (   ) 까지 만들고 (   )을 또 빼요."

7 보기와 같이 16에서 뺄셈을 해 보세요.

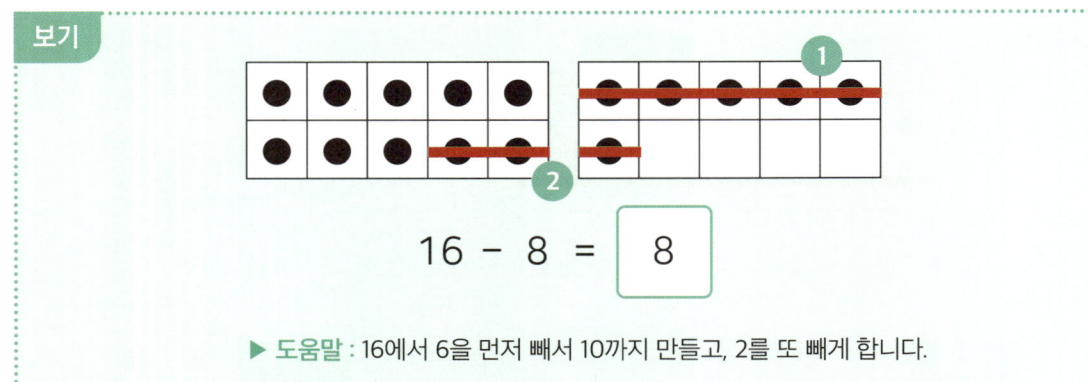

$16 - 8 = \boxed{8}$

▶ 도움말 : 16에서 6을 먼저 빼서 10까지 만들고, 2를 또 빼게 합니다.

1)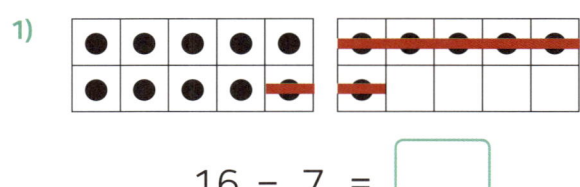

$16 - 7 = \boxed{}$

2)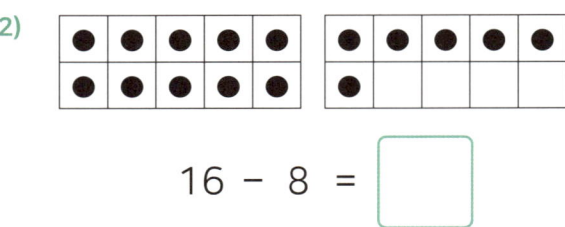

$16 - 8 = \boxed{}$

3)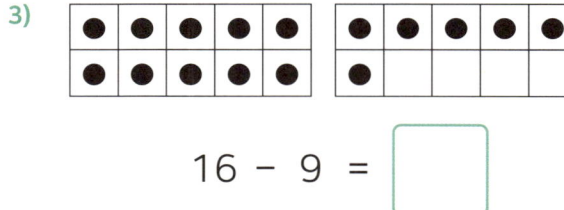

$16 - 9 = \boxed{}$

4)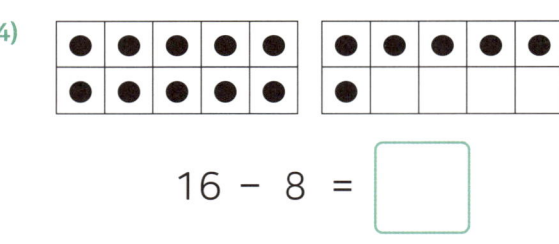

$16 - 8 = \boxed{}$

5)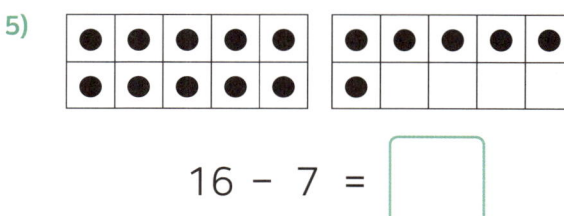

$16 - 7 = \boxed{}$

6)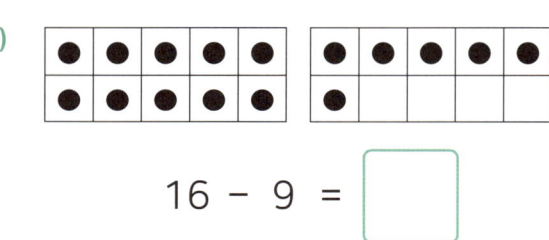

$16 - 9 = \boxed{}$

7)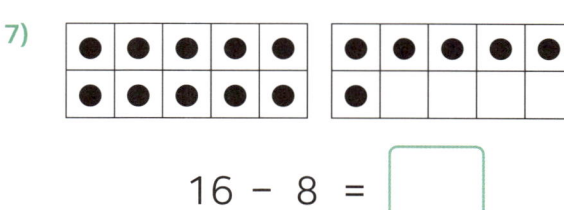

$16 - 8 = \boxed{}$

8)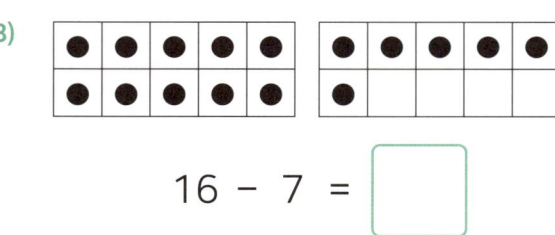

$16 - 7 = \boxed{}$

8 보기와 같이 17에서 뺄셈을 해 보세요.

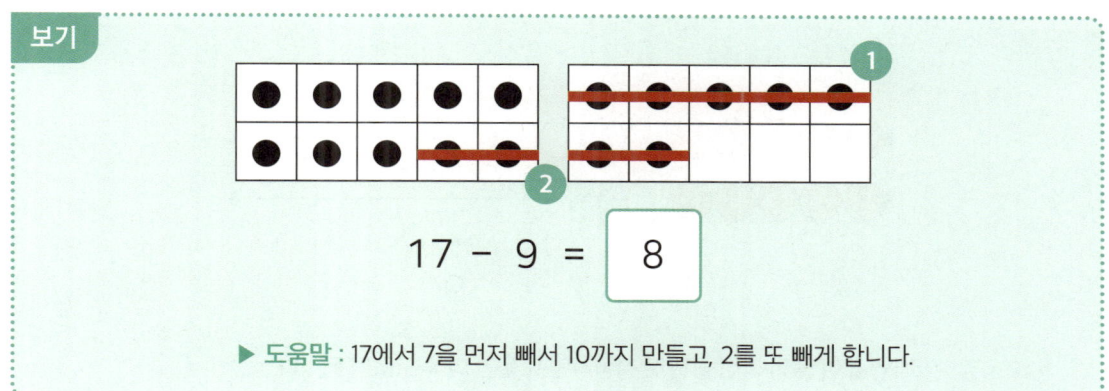

▶ 도움말 : 17에서 7을 먼저 빼서 10까지 만들고, 2를 또 빼게 합니다.

1)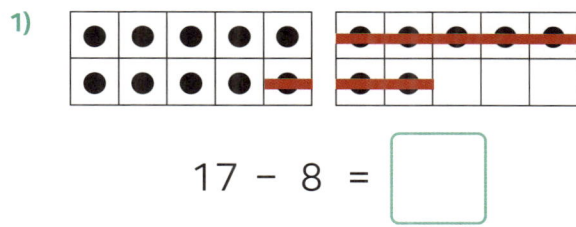

17 − 8 =

2)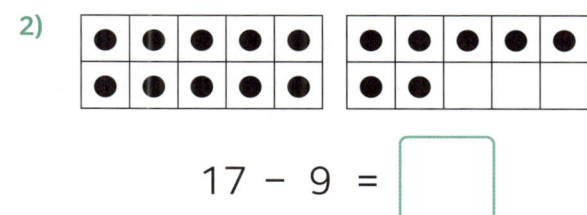

17 − 9 =

9 보기와 같이 18에서 뺄셈을 해 보세요.

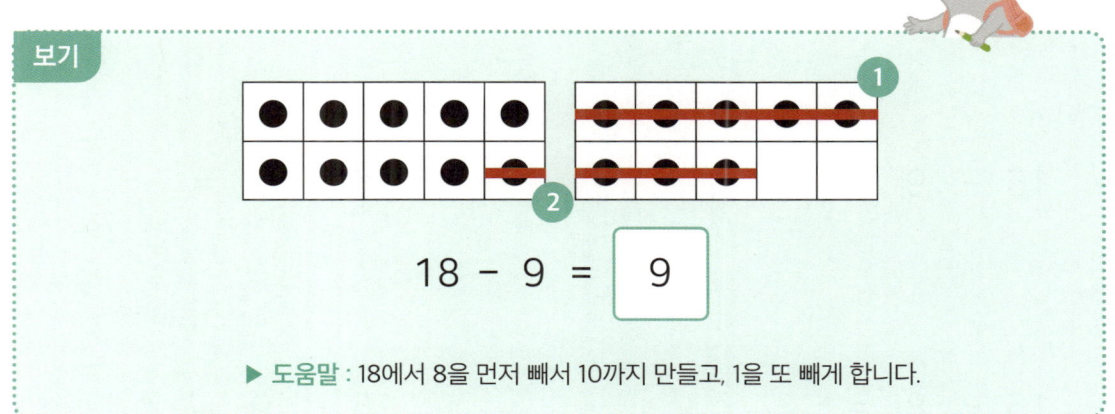

▶ 도움말 : 18에서 8을 먼저 빼서 10까지 만들고, 1을 또 빼게 합니다.

18 − 9 =

배움 33. 10까지 빼고, 또 빼기 (16-몇), (17-몇), (18-몇)

10 보기와 같이 말로 설명하며 레켄렉으로 뺄셈을 해 보세요.

보기

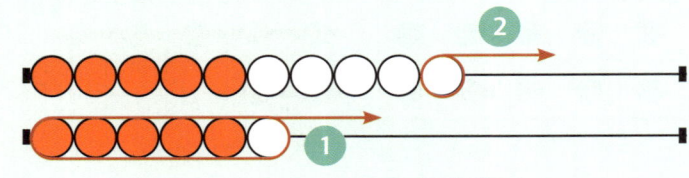

16 − 7 = 9

▶ **도움말** : 아래와 같이 풀이 과정을 말로 설명하면서 풀면 더욱 도움이 됩니다.
① 16을 만들어요. ② 6을 먼저 빼서 10까지 만들고 ③ 1을 또 빼요. ④ 남은 수는 9예요.

1) 16 − 8 =

2) 16 − 9 =

3) 16 − 7 =

4) 16 − 8 =

5) 16 − 9 =

6) 16 − 7 =

7) 16 − 8 =

8) 16 − 9 =

16−7을 쉽게 하는 방법을 설명해 보세요.

"16에서 (   )을 먼저 빼서 (   ) 까지 만들고 (   )을 또 빼요."

11. 보기와 같이 말로 설명하며 레켄렉으로 뺄셈을 해 보세요.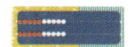

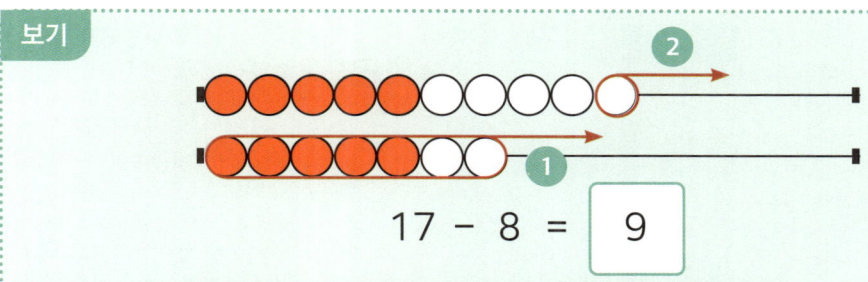

▶ **도움말** : 아래와 같이 풀이 과정을 말로 설명하면서 풀면 더욱 도움이 됩니다.
① 17을 만들어요. ② 7을 먼저 빼서 10까지 만들고 ③ 1을 또 빼요. ④ 남은 수는 9예요.

1) 17 - 9 = ☐   2) 17 - 8 = ☐

17−8을 쉽게 하는 방법을 설명해 보세요.

"17에서 (　　)을 먼저 빼서 (　　) 까지 만들고 (　　)을 또 빼요."

12. 보기와 같이 말로 설명하며 레켄렉으로 뺄셈을 해 보세요.

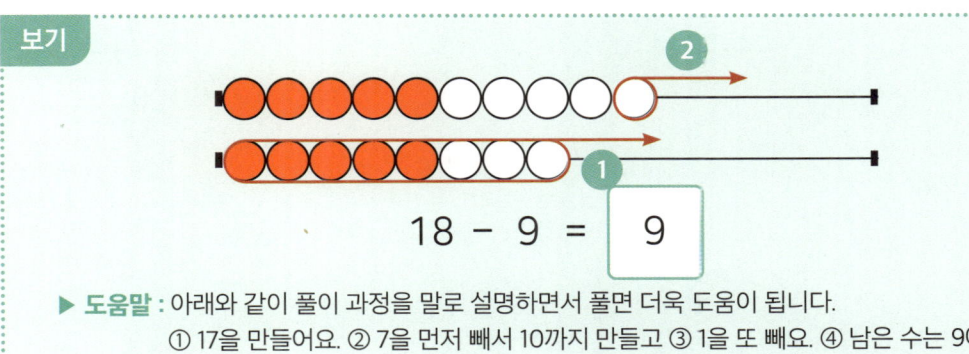

▶ **도움말** : 아래와 같이 풀이 과정을 말로 설명하면서 풀면 더욱 도움이 됩니다.
① 17을 만들어요. ② 7을 먼저 빼서 10까지 만들고 ③ 1을 또 빼요. ④ 남은 수는 9예요.

18 - 9 = ☐

18−9를 쉽게 하는 방법을 설명해 보세요.

"18에서 (　　)을 먼저 빼서 (　　) 까지 만들고 (　　)을 또 빼요."

배움 33. 10까지 빼고, 또 빼기 (16-몇), (17-몇), (18-몇)

13 뺄셈을 해 보세요.

1) 16 − 7 = 9
   6 1

2) 16 − 8 = ☐
   6 ☐

3) 16 − 9 = ☐
   ☐ ☐

4) 16 − 7 = ☐
   ☐ ☐

5) 17 − 8 = ☐
   ☐ ☐

6) 17 − 9 = ☐
   ☐ ☐

7) 18 − 9 = ☐
   ☐ ☐

14 다음 계산을 해 보세요.

1) 16 − 9 = ☐　　　　2) 16 − 8 = ☐

3) 16 − 7 = ☐　　　　4) 17 − 9 = ☐

5) 17 − 8 = ☐　　　　6) 18 − 9 = ☐

7) 16 − 7 = ☐　　　　8) 17 − 8 = ☐

9) 16 − 9 = ☐　　　　10) 18 − 9 = ☐

11) 17 − 9 = ☐　　　　12) 16 − 8 = ☐

배움 33. 10까지 빼고, 또 빼기 (16-몇), (17-몇), (18-몇)

배움 34 계산의 달인 (2) 　월　일

1 다음 계산을 해 보세요.

▶ '11 - 몇'을 하는 방법
11에서 (　)을 먼저 빼서 (　)까지 만들고 남은 수를 또 빼 줘요.

① 11 - 2 = _____
　 11 - 3 = _____
　 11 - 4 = _____
　 11 - 5 = _____
　 11 - 6 = _____
　 11 - 7 = _____
　 11 - 8 = _____
　 11 - 9 = _____

▶ '12 - 몇'을 하는 방법
12에서 (　)를 먼저 빼서 (　)까지 만들고 남은 수를 또 빼 줘요.

② 12 - 3 = _____
　 12 - 4 = _____
　 12 - 5 = _____
　 12 - 6 = _____
　 12 - 7 = _____
　 12 - 8 = _____
　 12 - 9 = _____
　 12 - 6 = _____

▶ '13 - 몇'을 하는 방법
13에서 (　)을 먼저 빼서 (　)까지 만들고 남은 수를 또 빼 줘요.

③ 13 - 4 = _____
　 13 - 5 = _____
　 13 - 6 = _____
　 13 - 7 = _____
　 13 - 8 = _____
　 13 - 9 = _____
　 13 - 6 = _____
　 13 - 7 = _____

▶ '14 - 몇'을 하는 방법
14에서 (　)를 먼저 빼서 (　)까지 만들고 남은 수를 또 빼 줘요.

④ 14 - 5 = _____
　 14 - 6 = _____
　 14 - 7 = _____
　 14 - 8 = _____
　 14 - 9 = _____
　 14 - 5 = _____
　 14 - 6 = _____
　 14 - 7 = _____

▶ '15 – 몇'을 하는 방법
15에서 (　　)를 먼저 빼서 (　　)까지 만들고 남은 수를 또 빼 줘요.

⑤ 15 – 6 = _____
　 15 – 7 = _____
　 15 – 8 = _____
　 15 – 9 = _____

▶ '16 – 몇'을 하는 방법
16에서 (　　)를 먼저 빼서 (　　)까지 만들고 남은 수를 또 빼 줘요.

⑥ 16 – 7 = _____
　 16 – 8 = _____
　 16 – 9 = _____
　 16 – 8 = _____

▶ '17 – 몇'을 하는 방법
12에서 (　　)를 먼저 빼서 (　　)까지 만들고 남은 수를 또 빼 줘요.

⑦ 17 – 8 = _____
　 17 – 9 = _____

▶ '18 – 몇'을 하는 방법
18에서 (　　)를 먼저 빼서 (　　)까지 만들고 남은 수를 또 빼 줘요.

⑧ 18 – 9 = _____

2 '11 – 몇'을 계산해 보세요.

1) 11 – 3 = ☐　　　　2) 11 – 6 = ☐

3) 11 – 4 = ☐　　　　4) 11 – 7 = ☐

5) 11 – 8 = ☐　　　　6) 11 – 2 = ☐

7) 11 – 5 = ☐　　　　8) 11 – 9 = ☐

배움 34. 계산의 달인 (2)

3 '12 − 몇'을 계산해 보세요.

1) 12 − 6 = ☐   2) 12 − 4 = ☐

3) 12 − 3 = ☐   4) 12 − 7 = ☐

5) 12 − 5 = ☐   6) 12 − 9 = ☐

7) 12 − 8 = ☐   8) 12 − 5 = ☐

4 '13 − 몇'을 계산해 보세요.

1) 13 − 7 = ☐   2) 13 − 9 = ☐

3) 13 − 6 = ☐   4) 13 − 4 = ☐

5) 13 − 5 = ☐   6) 13 − 8 = ☐

7) 13 − 9 = ☐   8) 13 − 6 = ☐

5 '14 − 몇'을 계산해 보세요.

1) 14 − 5 = ☐   2) 14 − 8 = ☐

3) 14 − 7 = ☐   4) 14 − 6 = ☐

5) 14 − 9 = ☐   6) 14 − 7 = ☐

6 '15 − 몇'을 계산해 보세요.

1) 15 − 7 = ☐   2) 15 − 9 = ☐

3) 15 − 6 = ☐   4) 15 − 8 = ☐

7 '16 − 몇', '17 − 몇', '18 − 몇'을 계산해 보세요.

1) 16 − 7 = ☐   2) 16 − 9 = ☐

3) 16 − 8 = ☐   4) 17 − 9 = ☐

5) 17 − 8 = ☐   6) 18 − 9 = ☐

배움 35 — 내 실력 알아보기 (1)

 연습 경기 다음 뺄셈을 해 보세요.

맞은 개수 ☐ 개

1) 13 − 5 =
2) 11 − 6 =
3) 12 − 3 =
4) 11 − 4 =
5) 15 − 9 =
6) 14 − 8 =
7) 11 − 8 =
8) 15 − 7 =
9) 12 − 5 =
10) 13 − 9 =

11) 11 − 3 =
12) 13 − 7 =
13) 11 − 7 =
14) 14 − 5 =
15) 15 − 6 =
16) 12 − 9 =
17) 13 − 8 =
18) 11 − 9 =
19) 15 − 8 =
20) 12 − 7 =

21) 12 − 4 =
22) 11 − 5 =
23) 13 − 6 =
24) 14 − 6 =
25) 11 − 2 =
26) 14 − 9 =
27) 12 − 8 =
28) 13 − 4 =
29) 14 − 7 =
30) 12 − 9 =

배움 36 — 내 실력 알아보기 (2)

 연습 경기 다음 뺄셈을 해 보세요.

1) 18 − 9 =
2) 12 − 7 =
3) 15 − 6 =
4) 16 − 7 =
5) 13 − 4 =
6) 11 − 5 =
7) 14 − 5 =
8) 13 − 6 =
9) 14 − 9 =
10) 11 − 8 =

11) 17 − 8 =
12) 11 − 4 =
13) 11 − 6 =
14) 14 − 7 =
15) 16 − 8 =
16) 11 − 3 =
17) 13 − 8 =
18) 17 − 9 =
19) 12 − 4 =
20) 12 − 8 =

21) 13 − 7 =
22) 12 − 6 =
23) 16 − 9 =
24) 15 − 8 =
25) 14 − 8 =
26) 11 − 2 =
27) 11 − 7 =
28) 15 − 7 =
29) 12 − 3 =
30) 14 − 6 =

배움 37 — 내 실력 알아보기 (3)

연습 경기 다음 뺄셈을 해 보세요.

맞은 개수 ☐ 개

1) 13 − 7 =
2) 11 − 6 =
3) 15 − 9 =
4) 14 − 7 =
5) 12 − 6 =
6) 15 − 8 =
7) 11 − 8 =
8) 14 − 8 =
9) 17 − 8 =
10) 12 − 9 =

11) 13 − 8 =
12) 12 − 5 =
13) 14 − 9 =
14) 11 − 5 =
15) 15 − 7 =
16) 12 − 8 =
17) 13 − 6 =
18) 16 − 7 =
19) 11 − 9 =
20) 13 − 4 =

21) 11 − 7 =
22) 14 − 6 =
23) 13 − 5 =
24) 12 − 4 =
25) 13 − 9 =
26) 11 − 4 =
27) 15 − 6 =
28) 12 − 7 =
29) 16 − 8 =
30) 14 − 5 =

 **1분 뺄셈** 월 일

1분 동안 몇 개를 풀 수 있는지 도전해 보세요.

 금메달 39~40개  은메달 36~38개  동메달 34~35개   맞은 개수 ___ 개

1) 12 − 8 =
2) 15 − 6 =
3) 11 − 7 =
4) 16 − 8 =
5) 13 − 7 =
6) 15 − 9 =
7) 12 − 5 =
8) 17 − 9 =
9) 14 − 8 =
10) 12 − 9 =

11) 14 − 5 =
12) 11 − 9 =
13) 13 − 5 =
14) 14 − 9 =
15) 17 − 8 =
16) 11 − 5 =
17) 18 − 9 =
18) 12 − 7 =
19) 16 − 7 =
20) 14 − 6 =

21) 11 − 6 =
22) 13 − 8 =
23) 14 − 7 =
24) 15 − 7 =
25) 12 − 6 =
26) 15 − 8 =
27) 13 − 6 =
28) 16 − 9 =
29) 11 − 8 =
30) 13 − 9 =

4단원
덧셈과 뺄셈의 고수

배움 38   덧셈과 뺄셈 (1)
배움 39   덧셈과 뺄셈 (2)
배움 40   덧셈과 뺄셈 (3)

배움 38 — 덧셈과 뺄셈 (1)

월 일

1 다음 계산을 해 보세요.

1) 30 + 60 = ☐
2) 20 + 70 = ☐
3) 30 + 20 = ☐
4) 20 + 40 = ☐
5) 60 + 10 = ☐

6) 50 + 10 = ☐
7) 40 + 40 = ☐
8) 60 + 20 = ☐
9) 20 + 50 = ☐
10) 60 + 20 = ☐

11) 30 + 40 = ☐
12) 40 + 20 = ☐
13) 20 + 70 = ☐
14) 70 + 10 = ☐
15) 40 + 30 = ☐

2 다음 계산을 해 보세요.

1) 100 − 30 = ☐
2) 70 − 40 = ☐
3) 90 − 30 = ☐
4) 50 − 40 = ☐
5) 40 − 30 = ☐

6) 60 − 10 = ☐
7) 50 − 30 = ☐
8) 70 − 10 = ☐
9) 80 − 40 = ☐
10) 70 − 20 = ☐

11) 100 − 60 = ☐
12) 80 − 50 = ☐
13) 80 − 60 = ☐
14) 100 − 70 = ☐
15) 80 − 30 = ☐

3 다음 계산을 해 보세요.

1) $5 + 9 =$ ☐   6) $4 + 8 =$ ☐   11) $6 + 8 =$ ☐

2) $3 + 9 =$ ☐   7) $8 + 9 =$ ☐   12) $6 + 9 =$ ☐

3) $8 + 8 =$ ☐   8) $6 + 7 =$ ☐   13) $8 + 4 =$ ☐

4) $5 + 7 =$ ☐   9) $7 + 8 =$ ☐   14) $4 + 9 =$ ☐

5) $7 + 9 =$ ☐   10) $8 + 6 =$ ☐   15) $9 + 6 =$ ☐

4 다음 계산을 해 보세요.

1) 13 − 7 = ☐
2) 12 − 4 = ☐
3) 15 − 7 = ☐
4) 13 − 9 = ☐
5) 13 − 6 = ☐
6) 17 − 9 = ☐
7) 11 − 7 = ☐
8) 11 − 8 = ☐
9) 14 − 9 = ☐
10) 16 − 9 = ☐
11) 13 − 5 = ☐
12) 12 − 9 = ☐
13) 16 − 8 = ☐
14) 15 − 9 = ☐
15) 14 − 5 = ☐

덧셈과 뺄셈 (2)

1 다음 계산을 해 보세요.

1) 23 + 5 =
2) 15 + 3 =
3) 44 + 2 =
4) 16 + 3 =
5) 64 + 2 =

6) 35 + 2 =
7) 63 + 6 =
8) 74 + 1 =
9) 64 + 2 =
10) 76 + 2 =

11) 41 + 7 =
12) 55 + 4 =
13) 51 + 5 =
14) 76 + 3 =
15) 82 + 5 =

2 다음 계산을 해 보세요.

1) 70 − 4 = ☐
2) 50 − 2 = ☐
3) 60 − 4 = ☐
4) 50 − 7 = ☐
5) 90 − 3 = ☐

6) 30 − 8 = ☐
7) 50 − 4 = ☐
8) 70 − 3 = ☐
9) 80 − 7 = ☐
10) 100 − 5 = ☐

11) 70 − 6 = ☐
12) 60 − 7 = ☐
13) 90 − 9 = ☐
14) 60 − 8 = ☐
15) 30 − 4 = ☐

3 다음 계산을 해 보세요.

1) 7 + 9 = ☐
2) 8 + 7 = ☐
3) 5 + 7 = ☐
4) 8 + 9 = ☐
5) 9 + 6 = ☐
6) 5 + 9 = ☐
7) 6 + 9 = ☐
8) 5 + 8 = ☐
9) 4 + 7 = ☐
10) 5 + 6 = ☐
11) 7 + 8 = ☐
12) 8 + 6 = ☐
13) 7 + 5 = ☐
14) 7 + 7 = ☐
15) 9 + 8 = ☐

4 다음 계산을 해 보세요.

1) 16 − 7 = ☐   6) 15 − 8 = ☐   11) 13 − 7 = ☐

2) 13 − 5 = ☐   7) 13 − 8 = ☐   12) 12 − 7 = ☐

3) 12 − 6 = ☐   8) 15 − 9 = ☐   13) 14 − 7 = ☐

4) 13 − 9 = ☐   9) 16 − 8 = ☐   14) 11 − 6 = ☐

5) 14 − 8 = ☐   10) 13 − 8 = ☐   15) 14 − 6 = ☐

덧셈과 뺄셈 (3)

1 다음 계산을 해 보세요.

1) 42 + 36 =
2) 32 + 36 =
3) 48 + 41 =
4) 35 + 53 =
5) 24 + 22 =

6) 81 + 13 =
7) 72 + 25 =
8) 52 + 25 =
9) 63 + 14 =
10) 57 + 11 =

11) 36 + 13 =
12) 48 + 21 =
13) 67 + 12 =
14) 51 + 37 =
15) 63 + 25 =

2 다음 계산을 해 보세요.

1) 78 − 24 = ☐

2) 88 − 84 = ☐

3) 77 − 42 = ☐

4) 68 − 35 = ☐

5) 76 − 41 = ☐

6) 50 − 5 = ☐

7) 60 − 5 = ☐

8) 70 − 7 = ☐

9) 80 − 9 = ☐

10) 90 − 4 = ☐

11) 76 − 25 = ☐

12) 67 − 37 = ☐

13) 87 − 47 = ☐

14) 84 − 44 = ☐

15) 68 − 54 = ☐

3 다음 계산을 해 보세요.

1) 7 + 5 = ☐
2) 8 + 9 = ☐
3) 5 + 8 = ☐
4) 8 + 4 = ☐
5) 9 + 7 = ☐

6) 6 + 7 = ☐
7) 6 + 8 = ☐
8) 5 + 9 = ☐
9) 4 + 8 = ☐
10) 5 + 7 = ☐

11) 7 + 7 = ☐
12) 8 + 7 = ☐
13) 7 + 8 = ☐
14) 7 + 9 = ☐
15) 5 + 6 = ☐

4 다음 계산을 해 보세요.

1) 16 − 8 = ☐
2) 13 − 8 = ☐
3) 12 − 4 = ☐
4) 13 − 5 = ☐
5) 14 − 9 = ☐

6) 15 − 6 = ☐
7) 12 − 5 = ☐
8) 15 − 7 = ☐
9) 16 − 7 = ☐
10) 12 − 9 = ☐

11) 13 − 5 = ☐
12) 16 − 7 = ☐
13) 14 − 8 = ☐
14) 12 − 7 = ☐
15) 13 − 6 = ☐

정확도 및 유창성 연습

계산의 고수 (1)
계산의 고수 (2)
계산의 고수 (3)

덧셈 올림픽 (1)
덧셈 올림픽 (2)
뺄셈 올림픽 (1)
뺄셈 올림픽 (2)

1분 덧셈 뺄셈 사전-사후 검사

덧셈 사전 검사
덧셈 사후 검사
뺄셈 사전 검사
뺄셈 사후 검사

계산의 고수 (1)

◆ 반드시 위에서 아래로 풀이하세요. 이렇게 꾸준히 하면 실력이 쑥쑥 올라요.

| 금메달 39~40개 | 은메달 36~38개 | 동메달 34~35개 | 맞은 개수 개 |

① 6 + 5 =
② 6 + 9 =
③ 6 + 6 =
④ 6 + 5 =
⑤ 6 + 8 =
⑥ 6 + 7 =
⑦ 6 + 6 =
⑧ 6 + 7 =
⑨ 6 + 8 =
⑩ 6 + 9 =

㉑ 7 + 7 =
㉒ 7 + 5 =
㉓ 7 + 4 =
㉔ 7 + 8 =
㉕ 7 + 6 =
㉖ 7 + 5 =
㉗ 7 + 8 =
㉘ 7 + 7 =
㉙ 7 + 6 =
㉚ 7 + 9 =

⑪ 6 + 9 =
⑫ 8 + 4 =
⑬ 8 + 3 =
⑭ 6 + 8 =
⑮ 9 + 9 =
⑯ 4 + 9 =
⑰ 9 + 3 =
⑱ 7 + 9 =
⑲ 6 + 7 =
⑳ 5 + 8 =

㉛ 3 + 8 =
㉜ 8 + 6 =
㉝ 6 + 8 =
㉞ 4 + 9 =
㉟ 7 + 5 =
㊱ 9 + 9 =
㊲ 5 + 8 =
㊳ 4 + 8 =
㊴ 5 + 9 =
㊵ 9 + 3 =

계산의 고수 (2)

♦ 반드시 위에서 아래로 풀이하세요. 이렇게 꾸준히 하면 실력이 쑥쑥 올라요.

① 11 - 3 =
② 11 - 6 =
③ 11 - 8 =
④ 11 - 2 =
⑤ 11 - 4 =
⑥ 11 - 9 =
⑦ 11 - 7 =
⑧ 11 - 5 =
⑨ 11 - 4 =
⑩ 11 - 3 =

㉑ 12 - 7 =
㉒ 12 - 9 =
㉓ 12 - 5 =
㉔ 12 - 4 =
㉕ 12 - 8 =
㉖ 12 - 3 =
㉗ 12 - 4 =
㉘ 12 - 6 =
㉙ 12 - 5 =
㉚ 12 - 7 =

⑪ 13 - 5 =
⑫ 13 - 9 =
⑬ 13 - 8 =
⑭ 13 - 6 =
⑮ 13 - 4 =
⑯ 13 - 7 =
⑰ 13 - 5 =
⑱ 13 - 7 =
⑲ 13 - 8 =
⑳ 13 - 6 =

㉛ 14 - 6 =
㉜ 12 - 8 =
㉝ 16 - 8 =
㉞ 13 - 9 =
㉟ 13 - 5 =
㊱ 15 - 7 =
㊲ 12 - 6 =
㊳ 15 - 9 =
㊴ 13 - 6 =
㊵ 11 - 4 =

계산의 고수 (3)

♦ 반드시 위에서 아래로 풀이하세요. 이렇게 꾸준히 하면 실력이 쑥쑥 올라요.

|  금메달 39~40개 |  은메달 36~38개 |  동메달 34~35개 | 맞은 개수 개 |

① 14 - 5 =
② 14 - 9 =
③ 14 - 8 =
④ 14 - 6 =
⑤ 14 - 7 =
⑥ 14 - 5 =
⑦ 14 - 8 =
⑧ 14 - 7 =
⑨ 14 - 6 =
⑩ 14 - 9 =

㉑ 15 - 9 =
㉒ 15 - 6 =
㉓ 15 - 8 =
㉔ 15 - 9 =
㉕ 15 - 7 =
㉖ 15 - 6 =
㉗ 15 - 7 =
㉘ 15 - 6 =
㉙ 15 - 9 =
㉚ 15 - 8 =

⑪ 18 - 9 =
⑫ 14 - 9 =
⑬ 11 - 3 =
⑭ 13 - 8 =
⑮ 15 - 9 =
⑯ 12 - 3 =
⑰ 11 - 8 =
⑱ 11 - 6 =
⑲ 12 - 9 =
⑳ 16 - 8 =

㉛ 15 - 6 =
㉜ 14 - 7 =
㉝ 16 - 7 =
㉞ 12 - 4 =
㉟ 12 - 5 =
㊱ 13 - 9 =
㊲ 15 - 8 =
㊳ 14 - 5 =
㊴ 11 - 3 =
㊵ 15 - 7 =

 **1분**

덧셈 올림픽 (1)

월 일

♦ 시간 제한이 있습니다. 1분 동안 풀이한 정답 수를 맞은 개수에 써 보세요.

금메달	은메달	동메달	맞은 개수
39~40개	36~38개	34~35개	개

① 2 + 9 =
② 4 + 9 =
③ 5 + 9 =
④ 9 + 5 =
⑤ 8 + 2 =
⑥ 9 + 6 =
⑦ 8 + 8 =
⑧ 3 + 9 =
⑨ 8 + 8 =
⑩ 4 + 8 =

㉑ 9 + 9 =
㉒ 7 + 6 =
㉓ 7 + 8 =
㉔ 9 + 6 =
㉕ 4 + 8 =
㉖ 9 + 4 =
㉗ 9 + 3 =
㉘ 8 + 9 =
㉙ 8 + 6 =
㉚ 9 + 8 =

⑪ 7 + 6 =
⑫ 6 + 8 =
⑬ 4 + 7 =
⑭ 8 + 3 =
⑮ 6 + 5 =
⑯ 5 + 6 =
⑰ 7 + 9 =
⑱ 9 + 6 =
⑲ 8 + 4 =
⑳ 8 + 9 =

㉛ 3 + 8 =
㉜ 8 + 6 =
㉝ 6 + 8 =
㉞ 4 + 9 =
㉟ 7 + 5 =
㊱ 9 + 9 =
㊲ 5 + 8 =
㊳ 4 + 8 =
㊴ 5 + 9 =
㊵ 9 + 3 =

덧셈 올림픽 (2)

월   일

◆ 시간 제한이 있습니다. 1분 동안 풀이한 정답 수를 맞은 개수에 써 보세요.

 금메달 39~40개    은메달 36~38개    동메달 34~35개

맞은 개수: 개

① 2 + 9 =
② 4 + 7 =
③ 7 + 6 =
④ 6 + 7 =
⑤ 5 + 8 =
⑥ 9 + 7 =
⑦ 8 + 6 =
⑧ 8 + 3 =
⑨ 4 + 8 =
⑩ 9 + 6 =

㉑ 9 + 9 =
㉒ 7 + 6 =
㉓ 7 + 8 =
㉔ 9 + 6 =
㉕ 4 + 8 =
㉖ 9 + 4 =
㉗ 9 + 3 =
㉘ 8 + 9 =
㉙ 8 + 6 =
㉚ 9 + 8 =

⑪ 6 + 5 =
⑫ 8 + 4 =
⑬ 7 + 8 =
⑭ 9 + 6 =
⑮ 8 + 6 =
⑯ 7 + 7 =
⑰ 3 + 9 =
⑱ 3 + 8 =
⑲ 6 + 8 =
⑳ 7 + 9 =

㉛ 2 + 9 =
㉜ 3 + 8 =
㉝ 3 + 9 =
㉞ 5 + 6 =
㉟ 6 + 9 =
㊱ 5 + 8 =
㊲ 5 + 9 =
㊳ 7 + 8 =
㊴ 9 + 5 =
㊵ 7 + 5 =

뺄셈 올림픽 (1)

 월   일

◆ 시간 제한이 있습니다. 1분 동안 풀이한 정답 수를 맞은 개수에 써 보세요.

| 금메달 39~40개 | 은메달 36~38개 | 동메달 34~35개 | 맞은 개수 개 |

① 15 - 9 =
② 12 - 9 =
③ 14 - 9 =
④ 11 - 6 =
⑤ 11 - 3 =
⑥ 15 - 7 =
⑦ 15 - 6 =
⑧ 13 - 7 =
⑨ 14 - 5 =
⑩ 11 - 9 =

㉑ 16 - 7 =
㉒ 13 - 9 =
㉓ 14 - 5 =
㉔ 17 - 8 =
㉕ 16 - 8 =
㉖ 13 - 7 =
㉗ 14 - 6 =
㉘ 14 - 9 =
㉙ 12 - 9 =
㉚ 13 - 5 =

⑪ 14 - 5 =
⑫ 11 - 9 =
⑬ 14 - 7 =
⑭ 14 - 6 =
⑮ 12 - 6 =
⑯ 16 - 7 =
⑰ 17 - 9 =
⑱ 11 - 2 =
⑲ 11 - 7 =
⑳ 13 - 5 =

㉛ 17 - 8 =
㉜ 12 - 9 =
㉝ 12 - 8 =
㉞ 14 - 7 =
㉟ 11 - 7 =
㊱ 14 - 9 =
㊲ 16 - 9 =
㊳ 12 - 7 =
㊴ 15 - 8 =
㊵ 14 - 6 =

 1분

뺄셈 올림픽 (2)

○ 월 ○ 일

◆ 시간 제한이 있습니다. 1분 동안 풀이한 정답 수를 맞은 개수에 써 보세요.

 금메달 39~40개
 은메달 36~38개
 동메달 34~35개

맞은 개수
개

① 17 − 9 =
② 13 − 5 =
③ 13 − 6 =
④ 12 − 7 =
⑤ 14 − 5 =
⑥ 17 − 8 =
⑦ 11 − 3 =
⑧ 11 − 6 =
⑨ 14 − 8 =
⑩ 14 − 7 =

㉑ 15 − 8 =
㉒ 11 − 6 =
㉓ 17 − 9 =
㉔ 12 − 8 =
㉕ 18 − 9 =
㉖ 14 − 8 =
㉗ 12 − 5 =
㉘ 12 − 3 =
㉙ 13 − 5 =
㉚ 13 − 7 =

⑪ 13 − 7 =
⑫ 12 − 4 =
⑬ 13 − 9 =
⑭ 12 − 6 =
⑮ 16 − 9 =
⑯ 11 − 9 =
⑰ 11 − 7 =
⑱ 11 − 3 =
⑲ 15 − 9 =
⑳ 16 − 7 =

㉛ 11 − 9 =
㉜ 11 − 6 =
㉝ 13 − 7 =
㉞ 12 − 9 =
㉟ 12 − 7 =
㊱ 14 − 7 =
㊲ 12 − 3 =
㊳ 11 − 4 =
㊴ 18 − 9 =
㊵ 11 − 5 =

1분 덧셈 뺄셈 사전-사후 검사

♦ 교재를 공부하기 전에 먼저 사전 검사를 합니다. 그리고 교재를 모두 마무리하면 사후 검사를 합니다. 이렇게 나의 실력을 점검하고 또한 내가 얼마나 향상되었는지 확인할 수 있습니다.

검사 방법

❶ 가정에서 또는 교실에서 학급 단위로 평가를 할 수 있습니다.

❷ 시간 제한은 1분이며, 타이머를 설정하고 검사를 시작합니다.

❸ 제한 시간 1분이 종료되면 문제 풀이를 중단합니다.

❹ 채점하여 정답 개수만 점수에 적습니다.

❺ **유의!** 틀렸을 경우 지우개를 사용하지 않고, **X**표시를 하고 정답만 수정합니다.

　예시:　8 + 5 = ~~12~~　13

참고 기준

❶ 덧셈

1학년 1학기를 마치면, 1분 덧셈의 권장 기준은 19개 이상이며, 최소 기준은 14개 이상입니다.

1학년 2학기를 마치면, 1분 덧셈의 권장 기준은 26개 이상이며, 최소 기준은 18개 이상입니다.

❷ 뺄셈

1학년 1학기를 마치면, 1분 뺄셈의 권장 기준은 14개 이상이며, 최소 기준은 8개 이상입니다.

1학년 2학기를 마치면, 1분 뺄셈의 권장 기준은 16개 이상이며, 최소 기준은 10개 이상입니다.

덧셈 사전 검사

◆ 반드시 위에서 아래로(번호 순서대로) 풀이하세요. 이렇게 꾸준히 하면 실력이 쑥쑥 올라요.

| | 참 잘했어요 25~40개 | 잘했어요 19~24개 | 조금만 더 노력해요 13~18개 | 맞은 개수 개 |

① 6 + 5 =
② 9 + 9 =
③ 9 + 2 =
④ 7 + 5 =
⑤ 5 + 8 =
⑥ 8 + 4 =
⑦ 9 + 7 =
⑧ 5 + 6 =
⑨ 8 + 9 =
⑩ 8 + 3 =

㉑ 3 + 8 =
㉒ 9 + 5 =
㉓ 4 + 8 =
㉔ 9 + 3 =
㉕ 7 + 5 =
㉖ 8 + 9 =
㉗ 7 + 7 =
㉘ 9 + 6 =
㉙ 9 + 4 =
㉚ 6 + 9 =

⑪ 9 + 2 =
⑫ 7 + 6 =
⑬ 2 + 9 =
⑭ 9 + 4 =
⑮ 4 + 8 =
⑯ 3 + 8 =
⑰ 8 + 5 =
⑱ 6 + 6 =
⑲ 5 + 7 =
⑳ 6 + 7 =

㉛ 6 + 5 =
㉜ 8 + 4 =
㉝ 7 + 8 =
㉞ 9 + 6 =
㉟ 8 + 6 =
㊱ 7 + 7 =
㊲ 3 + 9 =
㊳ 3 + 8 =
㊴ 6 + 8 =
㊵ 7 + 9 =

덧셈 사후 검사

◆ 반드시 위에서 아래로(번호 순서대로) 풀이하세요. 이렇게 꾸준히 하면 실력이 쑥쑥 올라요.

| 참 잘했어요 25~40개 | 잘했어요 19~24개 | 조금만 더 노력해요 13~18개 | 맞은 개수 개 |

① 8 + 6 =
② 6 + 6 =
③ 4 + 9 =
④ 3 + 8 =
⑤ 8 + 8 =
⑥ 5 + 7 =
⑦ 6 + 5 =
⑧ 7 + 6 =
⑨ 7 + 4 =
⑩ 8 + 7 =

㉑ 9 + 4 =
㉒ 8 + 7 =
㉓ 6 + 5 =
㉔ 5 + 9 =
㉕ 8 + 3 =
㉖ 9 + 9 =
㉗ 3 + 8 =
㉘ 9 + 3 =
㉙ 5 + 8 =
㉚ 6 + 8 =

⑪ 2 + 9 =
⑫ 9 + 5 =
⑬ 7 + 9 =
⑭ 4 + 8 =
⑮ 8 + 3 =
⑯ 6 + 5 =
⑰ 5 + 9 =
⑱ 5 + 7 =
⑲ 9 + 9 =
⑳ 3 + 9 =

㉛ 5 + 6 =
㉜ 8 + 6 =
㉝ 5 + 7 =
㉞ 7 + 5 =
㉟ 7 + 6 =
㊱ 7 + 9 =
㊲ 4 + 8 =
㊳ 9 + 2 =
㊴ 9 + 6 =
㊵ 9 + 9 =

뺄셈 사전 검사

◆ 반드시 위에서 아래로(번호 순서대로) 풀이하세요. 이렇게 꾸준히 하면 실력이 쑥쑥 올라요.

| 😍 참 잘했어요 25~40개 | 😊 잘했어요 19~24개 | 😆 조금만 더 노력해요 13~18개 | 맞은 개수 개 |

① 12 - 5 =
② 12 - 3 =
③ 13 - 5 =
④ 14 - 5 =
⑤ 11 - 5 =
⑥ 15 - 6 =
⑦ 13 - 7 =
⑧ 17 - 9 =
⑨ 14 - 8 =
⑩ 18 - 9 =

⑪ 16 - 9 =
⑫ 15 - 8 =
⑬ 14 - 9 =
⑭ 18 - 9 =
⑮ 14 - 7 =
⑯ 13 - 4 =
⑰ 11 - 3 =
⑱ 11 - 2 =
⑲ 16 - 8 =
⑳ 13 - 7 =

㉑ 14 - 5 =
㉒ 11 - 7 =
㉓ 12 - 6 =
㉔ 11 - 2 =
㉕ 13 - 5 =
㉖ 11 - 6 =
㉗ 12 - 4 =
㉘ 12 - 8 =
㉙ 16 - 7 =
㉚ 11 - 8 =

㉛ 12 - 4 =
㉜ 12 - 7 =
㉝ 14 - 6 =
㉞ 11 - 5 =
㉟ 13 - 8 =
㊱ 11 - 3 =
㊲ 12 - 6 =
㊳ 11 - 6 =
㊴ 17 - 9 =
㊵ 12 - 3 =

뺄셈 사후 검사

 월 일

◆ 반드시 위에서 아래로(번호 순서대로) 풀이하세요. 이렇게 꾸준히 하면 실력이 쑥쑥 올라요.

참 잘했어요 25~40개	잘했어요 19~24개	😆 조금만 더 노력해요 13~18개

맞은 개수 개

① 13 - 9 =
② 16 - 8 =
③ 11 - 4 =
④ 11 - 6 =
⑤ 12 - 6 =
⑥ 16 - 7 =
⑦ 14 - 7 =
⑧ 11 - 9 =
⑨ 11 - 2 =
⑩ 17 - 9 =

⑪ 16 - 8 =
⑫ 13 - 2 =
⑬ 14 - 1 =
⑭ 17 - 2 =
⑮ 16 - 1 =
⑯ 13 - 2 =
⑰ 14 - 3 =
⑱ 14 - 6 =
⑲ 12 - 1 =
⑳ 13 - 2 =

㉑ 14 - 5 =
㉒ 11 - 8 =
㉓ 14 - 9 =
㉔ 11 - 9 =
㉕ 11 - 7 =
㉖ 12 - 9 =
㉗ 11 - 5 =
㉘ 12 - 5 =
㉙ 12 - 4 =
㉚ 12 - 7 =

㉛ 16 - 9 =
㉜ 15 - 8 =
㉝ 14 - 9 =
㉞ 18 - 9 =
㉟ 14 - 7 =
㊱ 13 - 4 =
㊲ 11 - 3 =
㊳ 11 - 2 =
㊴ 16 - 8 =
㊵ 13 - 7 =

정답

1단원

배움 1

12쪽 1

51	52	53	54	55	56	57	58	59	60
61	62	63	64	65	66	67	68	69	70
71	72	73	74	75	76	77	78	79	80
81	82	83	84	85	86	87	88	89	90
91	92	93	94	95	96	97	98	99	100

13쪽 3

1) 80　2) 90　3) 100
4) 70　5) 100

14쪽 4

1) 30　6) 40　11) 50
2) 60　7) 80　12) 100
3) 40　8) 70　13) 60
4) 90　9) 70　14) 90
5) 100　10) 100　15) 90

15쪽 5

1) 10　6) 70　11) 30
2) 30　7) 10　12) 40
3) 40　8) 50　13) 40
4) 40　9) 70　14) 20
5) 80　10) 40　15) 60

배움 2

16쪽 1

1) 5　0
2) 7　0　3) 8　0
4) 9　0　5) 6　0

17쪽 2

1) 5　0
2) 6　0　3) 7　0
4) 8　0　5) 9　0

18쪽 3

1) 100　6) 80　11) 80
2) 80　7) 100　12) 70
3) 60　8) 100　13) 70
4) 50　9) 60　14) 100
5) 60　10) 90　15) 90

19쪽 4

1) 90　6) 60　11) 30
2) 50　7) 40　12) 10
3) 80　8) 50　13) 10
4) 30　9) 10　14) 50
5) 30　10) 50　15) 40

배움 3

20쪽 1

1) 7 5
2) 8 3
3) 8 6
4) 9 5
5) 7 3

21쪽 2

1) 5 4
2) 6 4
3) 7 3
4) 8 5
5) 9 3
6) 7 2

22쪽 3

1) 29
2) 14
3) 44
4) 19
5) 49
6) 36
7) 19
8) 73
9) 68
10) 81
11) 29
12) 56
13) 57
14) 49
15) 28

23쪽 4

1) 49
2) 78
3) 29
4) 68
5) 89
6) 28
7) 47
8) 69
9) 77
10) 98
11) 67
12) 57
13) 87
14) 58
15) 67

배움 4

24쪽 1

1) 8 7
2) 6 9
3) 7 8
4) 8 4
5) 9 9

25쪽 2

1) 6 7
2) 5 6
3) 6 9
4) 9 6
5) 8 7
6) 7 8

26쪽 3

1) 27
2) 35
3) 47
4) 46
5) 38
6) 49
7) 49
8) 19
9) 39
10) 49
11) 56
12) 59
13) 38
14) 39
15) 49

27쪽 4

1) 51
2) 32
3) 21
4) 51
5) 41
6) 12
7) 13
8) 21
9) 11
10) 31
11) 32
12) 40
13) 41
14) 31
15) 20

배움 5

28쪽 1

1) 6 7
2) 8 8
3) 7 9
4) 9 6
5) 9 8

29쪽 2

66	76
83	84
75	66
77	79
94	68
78	71
88	65
64	58
95	46
85	77
68	88
71	65

30쪽 3

1) 62
2) 83
3) 26
4) 32
5) 91
6) 21
7) 56
8) 84
9) 91
10) 47
11) 36
12) 92
13) 45
14) 66
15) 35

31쪽 4

1) 26
2) 47
3) 67
4) 35
5) 73
6) 56
7) 28
8) 47
9) 16
10) 17
11) 26
12) 18
13) 6
14) 8
15) 49

배움 6

32쪽 1

1) 98
2) 77
3) 87
4) 96
5) 93

33쪽 2

46	76
53	64
65	56
77	49
84	38
78	21
88	15
94	8
98	66
87	73
78	88
67	57

34쪽 3

1) 62
2) 83
3) 96
4) 72
5) 85
6) 85
7) 91
8) 84
9) 81
10) 62
11) 39
12) 95
13) 57
14) 69
15) 78

35쪽 4

1) 27
2) 57
3) 67
4) 37
5) 87
6) 79
7) 59
8) 68
9) 47
10) 69
11) 58
12) 28
13) 48
14) 37
15) 88

배움 7

36쪽 1

1) 65
2) 78
3) 62
4) 79

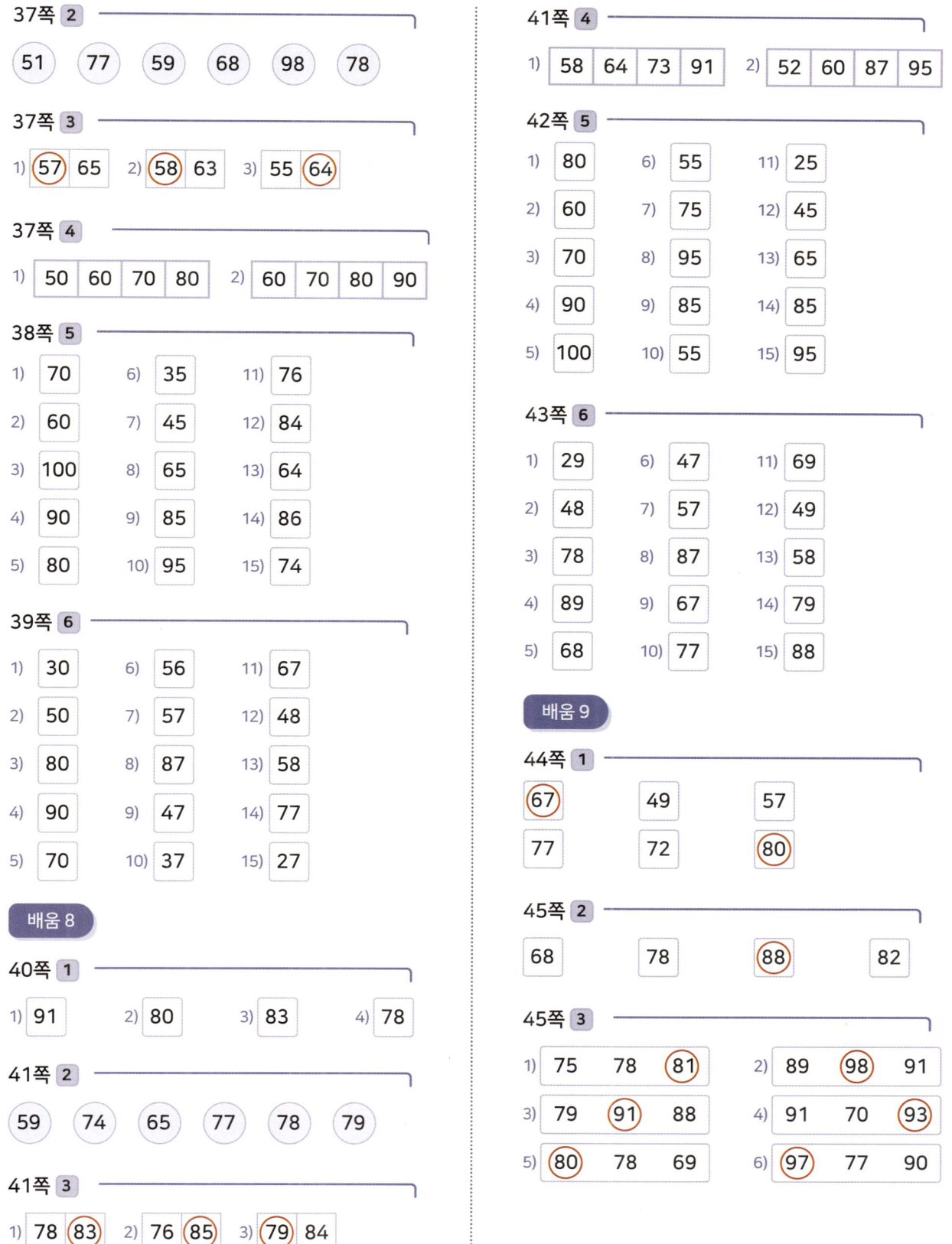

46쪽 4
1) 84 6) 62 11) 89
2) 66 7) 82 12) 89
3) 88 8) 84 13) 98
4) 90 9) 86 14) 96
5) 50 10) 100 15) 99

47쪽 5
1) 1   6) 45 11) 10
2) 1   7) 55 12) 10
3) 2   8) 65 13) 20
4) 3   9) 75 14) 20
5) 3   10) 85 15) 10

배움 10

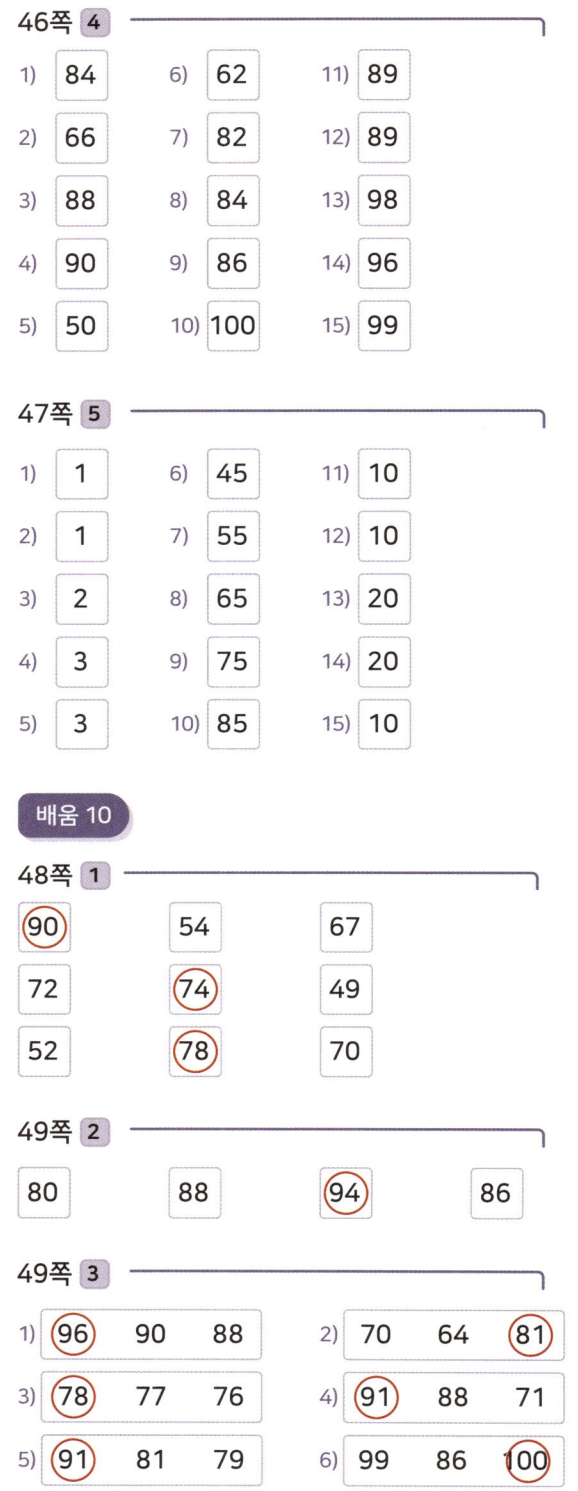

50쪽 4
1) 92 6) 99 11) 89
2) 92 7) 89 12) 89
3) 94 8) 89 13) 98
4) 95 9) 99 14) 96
5) 96 10) 98 15) 100

51쪽 5
1) 22 6) 75 11) 30
2) 7   7) 55 12) 40
3) 6   8) 85 13) 50
4) 3   9) 65 14) 60
5) 5   10) 35 15) 70

2단원

배움 11

5) 6 4 / 10   6) 4 6 / 10   7) 3 7 / 10   8) 1 9 / 10
9) 8 2 / 10   10) 3 7 / 10

57쪽 4
1) 7 + 3 = 10   2) 5 + 5 = 10
3) 6 + 4 = 10   4) 4 + 6 = 10
5) 2 + 8 = 10   6) 1 + 9 = 10

57쪽 5
1) 3 + 7 = 10   2) 5 + 5 = 10   3) 8 + 2 = 10
4) 4 + 6 = 10   5) 8 + 2 = 10   6) 3 + 7 = 10

배움 12

58쪽 1
1) 17   2) 13   3) 16   4) 18
5) 14   6) 11   7) 12   8) 15
9) 11   10) 14

59쪽 2
1) 5, 14   2) 7, 16
3) 2, 11   4) 8, 17
5) 4, 13   6) 6, 15
7) 3, 12   8) 9, 18

60쪽 3
1) 11   2) 10   3) 15   4) 17
5) 12   6) 14   7) 16   8) 18
9) 13

61쪽 4
1) 1, 4 / 14   2) 1, 3 / 13
3) 1, 7 / 17   4) 1, 2 / 12
5) 1, 5 / 15   6) 1, 6 / 16

61쪽 5
1) 12   2) 14   3) 11   4) 13
5) 15   6) 16   7) 17   8) 18

배움 13

62쪽 1
1) 11   2) 15   3) 13   4) 14
5) 17   6) 18   7) 16   8) 12
9) 14   10) 15

63쪽 2
1) 5, 14   2) 7, 16
3) 2, 11   4) 9, 18
5) 6, 15   6) 4, 13
7) 8, 17   8) 3, 12

64쪽 3
1) 3, 1 / 13   2) 2, 1 / 12
3) 6, 1 / 16   4) 3, 1 / 13
5) 7, 1 / 17   6) 4, 1 / 14

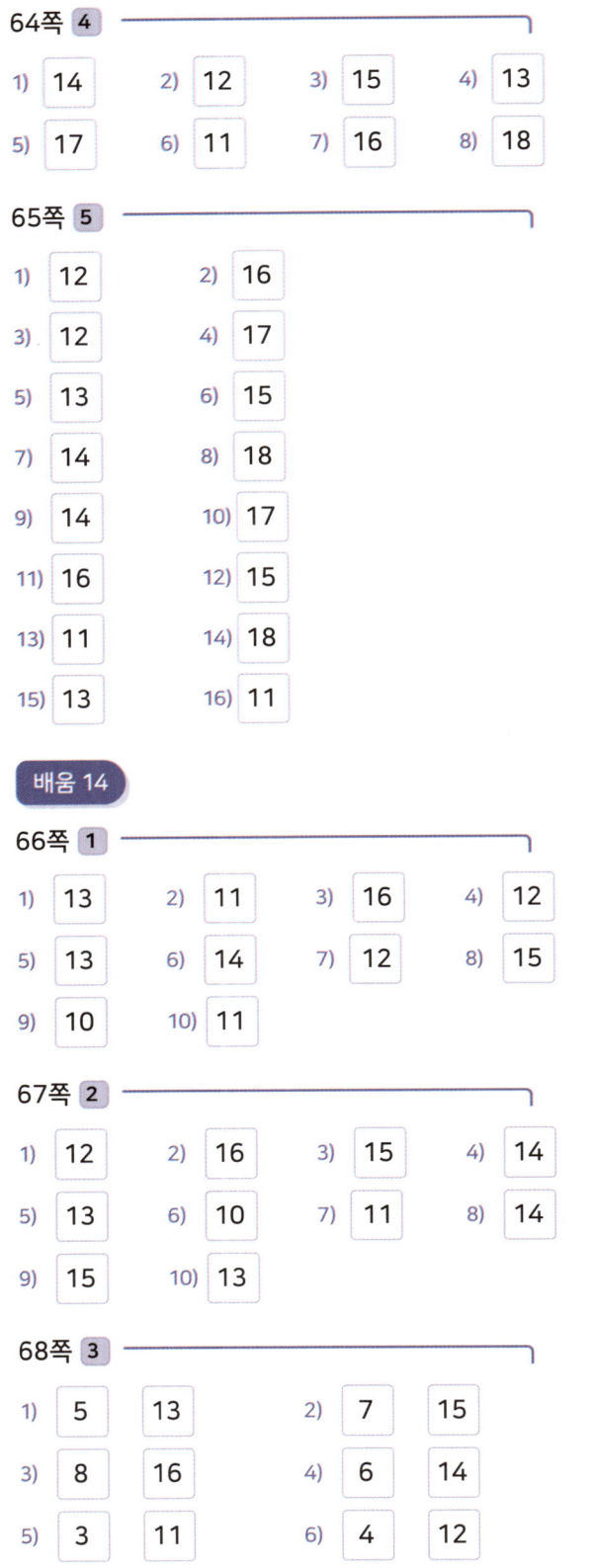
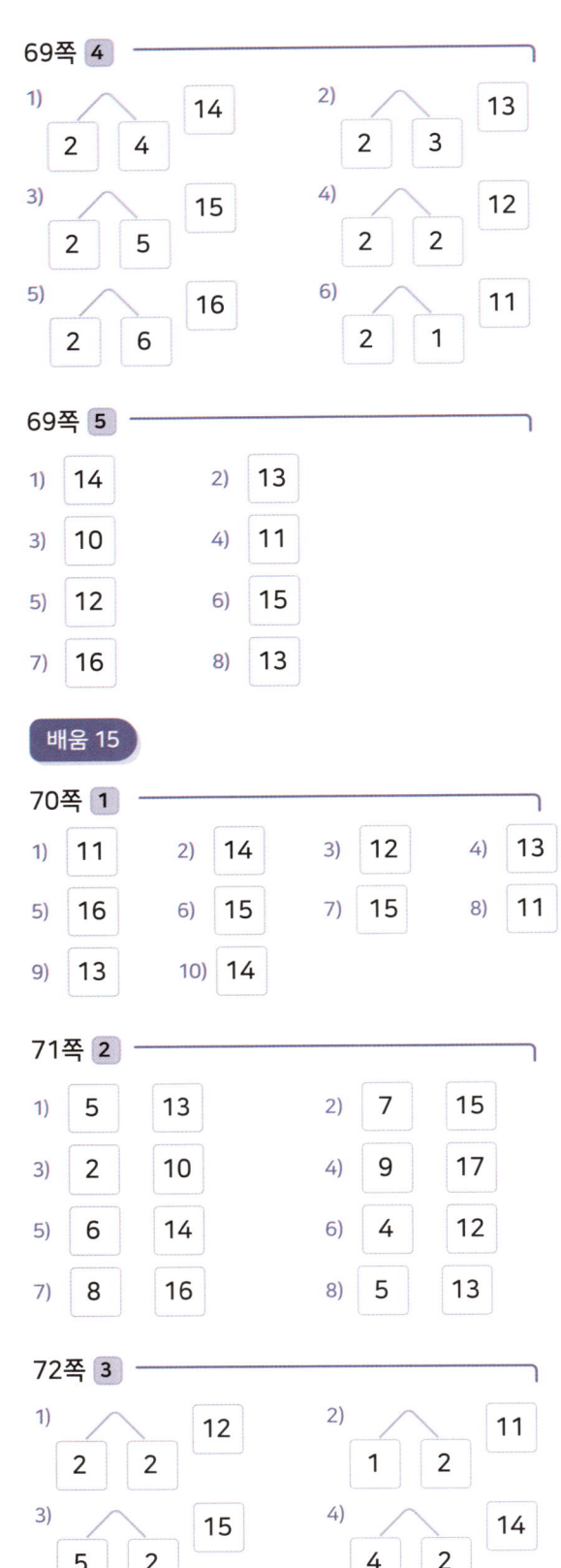

5) 6, 2, 16   6) 3, 2, 13

72쪽 4
1) 13   2) 11
3) 14   4) 12
5) 16   6) 10
7) 15   8) 13

73쪽 5
1) 11   2) 15
3) 15   4) 14
5) 12   6) 14
7) 13   8) 11
9) 13   10) 16
11) 17 12) 10
13) 11 14) 17
15) 18 16) 19

배움 16

74쪽 1
1) 11   2) 10
3) 13   4) 14
5) 11   6) 12

74쪽 2
1) 11   2) 12
3) 10   4) 11
5) 12   6) 10

75쪽 3
1) 13   2) 11
3) 10   4) 12
5) 14   6) 13

75쪽 4
1) 11   2) 10
3) 12   4) 11

76쪽 5
1) 6, 13   2) 5, 12
3) 4, 11   4) 7, 14
5) 6, 12   6) 5, 11
7) 4, 10   8) 6, 12

77쪽 6
1) 3, 3, 13   2) 3, 2, 12
2) 3, 4, 14   4) 3, 1, 11
5) 4, 1, 11   6) 4, 2, 12

77쪽 7
1) 13   2) 12
3) 10   4) 11
5) 14   6) 11
7) 10   8) 12

배움 17

78쪽 1

1) 13　　2) 12
3) 14　　4) 11
5) 10　　6) 13
7) 12　　8) 10
9) 11　　10) 12

79쪽 2

1) 5, 12　　2) 4, 11
3) 7, 14　　4) 6, 13
5) 5, 11　　6) 4, 10
7) 5, 11　　8) 6, 12

80쪽 3

1) 1, 3, 11　　2) 2, 3, 12
2) 4, 3, 14　　4) 3, 3, 13
5) 1, 4, 11　　6) 2, 4, 12

80쪽 4

1) 12　　2) 10
3) 13　　4) 11
5) 14　　6) 12
7) 10　　8) 11

81쪽 5

1) 10　　2) 11
3) 12　　4) 13
5) 11　　6) 11
7) 14　　8) 11
9) 14　　10) 10
11) 11　　12) 12
13) 15　　14) 16
15) 15　　16) 14

배움 18

82쪽 1

1) 1, 2　　2) 2, 4
3) 3, 6　　4) 4, 8
5) 5, 10　　6) 6, 12
7) 7, 14　　8) 8, 16
9) 9, 18　　10) 10, 20

83쪽 2

1) 4　　2) 2
3) 6　　4) 10
5) 8　　6) 12
7) 16　　8) 18
9) 20　　10) 14
11) 16　　12) 12

84쪽 3

1) 2, 3
2) 3, 5
3) 4, 7
4) 5, 9
5) 6, 11
6) 7, 13
7) 8, 15
8) 9, 17
9) 10, 19
10) 10, 20

85쪽 4

1) 3
2) 5
3) 7
4) 9
5) 11
6) 13
7) 15
8) 17
9) 19
10) 17
11) 15
12) 13

배움 19

86쪽 1

1) 2, 4
2) 3, 6
3) 5, 10
4) 7, 14
5) 4, 8
6) 6, 12
7) 7, 14
8) 8, 16
9) 9, 18
10) 10, 20

87쪽 2

1) 14
2) 12
3) 6
4) 10
5) 16
6) 18
7) 8
8) 12

9) 18
10) 14
11) 16
12) 4

88쪽 3

1) 6, 11
2) 7, 13
3) 8, 15
4) 9, 17
5) 10, 19
6) 5, 11
7) 6, 13
8) 7, 15
9) 8, 17
10) 9, 19

89쪽 4

1) 6, 7
2) 4, 5
3) 14, 15
4) 10, 11
5) 16, 17
6) 6, 7
7) 12, 13
8) 16, 17
9) 10, 11
10) 12, 13
11) 16, 17
12) 12, 13

배움 20

90쪽 1

1) 3
2) 1
3) 4
4) 2
5) 5
6) 3
7) 6
8) 3
9) 5
10) 2
11) 4
12) 5
13) 4
14) 2

91쪽 2

1) 3
2) 2
3) 4
4) 2
5) 3
6) 6
7) 7
8) 4
9) 2
10) 3
11) 5
12) 2
13) 5
14) 3

92쪽 3

1) 12
2) 12
3) 13
4) 13
5) 13
6) 12
7) 16
8) 17
9) 15
10) 15
11) 16
12) 14

93쪽 4

1) 11
2) 14
3) 10
4) 14
5) 11
6) 11
7) 13
8) 12
9) 11
10) 11
11) 10
12) 12

배움 21

94쪽 1

1) 1
2) 2
3) 2
4) 1
5) 1
6) 2
7) 4
8) 1
9) 3
10) 1
11) 2
12) 4
13) 5
14) 3

95쪽 2

1) 3
2) 4
3) 2
4) 5
5) 1
6) 4
7) 7
8) 1
9) 1
10) 5
11) 4
12) 3
13) 5
14) 3

96쪽 3

1) 13
2) 11
3) 14
4) 12
5) 11
6) 11
7) 14
8) 16
9) 15
10) 13
11) 15
12) 15

97쪽 4

1) 11
2) 10
3) 12
4) 15
5) 14
6) 11
7) 13
8) 12
9) 10
10) 17
11) 13
12) 14

배움 22

98쪽 내 실력 알아보기

1) 13
2) 11
3) 17
4) 11
5) 15
6) 13
7) 10
8) 13
9) 14
10) 10
11) 11
12) 18
13) 11
14) 14
15) 11
16) 13
17) 11
18) 17
19) 11
20) 15
21) 16
22) 12
23) 11
24) 10
25) 12
26) 10
27) 16
28) 14
29) 12
30) 10

99쪽 1분 덧셈

1) 11
2) 12
3) 14
4) 10
5) 14
11) 9
12) 16
13) 10
14) 15
15) 12
21) 12
22) 11
23) 12
24) 12
25) 13

(continued)

6) 10
7) 10
8) 13
9) 14
10) 11
16) 11
17) 11
18) 17
19) 12
20) 13
26) 11
27) 15
28) 15
29) 14
30) 12

3단원

배움 23

102쪽 1

1) 2
2) 3
3) 4
4) 5
5) 6
6) 7

103쪽 2

1) 2
2) 3
3) 4
4) 5
5) 6
6) 7
7) 8
8) 9

"10에서 9를 빼면 (1)이 남아요. (1)과 4를 더해요."

104쪽 3

1) 2
2) 5
3) 4
4) 8
5) 9
6) 3
7) 6
8) 7

105쪽 4
1) 2　　2) 4
3) 9　　4) 7
5) 5　　6) 3
7) 6　　8) 8

"10에서 9를 빼면 (1)이 남아요. (1)과 3을 더해요."

106쪽 5

107쪽 6
1) 2　　2) 8
3) 3　　4) 4
5) 7　　6) 2
7) 5　　8) 9
9) 7　　10) 6
11) 3　　12) 8

배움 24

108쪽 1
1) 3　　2) 4
3) 5　　4) 6
5) 7　　6) 8

109쪽 2
1) 3　　2) 4
3) 5　　4) 6
5) 7　　6) 8
7) 9　　8) 6

"10에서 8을 빼면 (2)가 남아요. (2)와 4를 더해요."

110쪽 3
1) 4　　2) 6
3) 5　　4) 8
5) 6　　6) 3
7) 7　　8) 9

111쪽 4
1) 8　　2) 6
3) 9　　4) 3
5) 5　　6) 4
7) 7　　8) 9

"10에서 8을 빼면 (2)가 남아요. (2)와 3을 더해요."

112쪽 5
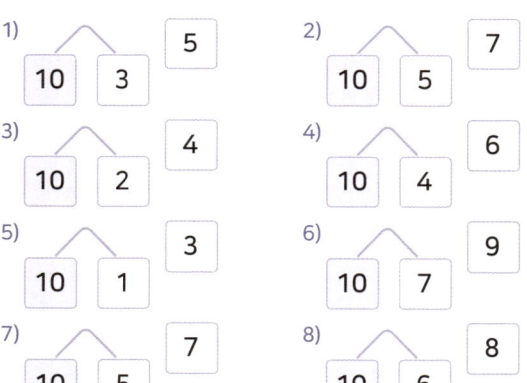

113쪽 6
1) 5 2) 9
3) 4 4) 3
5) 8 6) 6
7) 3 8) 9
9) 8 10) 7
11) 4 12) 5

배움 25

114쪽 1
1) 4 2) 5
3) 6 4) 7
5) 8 6) 9

115쪽 2
1) 4 2) 5
3) 6 4) 7
5) 8 6) 9
7) 10 8) 8

"10에서 7을 빼면 (3)이 남아요. (3)과 1을 더해요."

116쪽 3
1) 4 2) 8
3) 6 4) 7
5) 9 6) 5
7) 7 8) 4

117쪽 4
1) 4 2) 7
3) 8 4) 5

5) 4 6) 9
7) 6 8) 7

"10에서 7을 빼면 (3)이 남아요. (3)과 3을 더해요."

118쪽 5
1) 10, 4 → 7
2) 10, 1 → 4
3) 10, 2 → 5
4) 10, 6 → 9
5) 10, 5 → 8
6) 10, 3 → 6
7) 10, 2 → 5
8) 10, 6 → 9

119쪽 6
1) 5 2) 7
3) 8 4) 9
5) 6 6) 7
7) 4 8) 5
9) 8 10) 9
11) 7 12) 4

배움 26

120쪽 1
1) 5 2) 6
3) 7 4) 8
5) 9 6) 5

121쪽 2
1) 6 2) 7
3) 8 4) 9

5) 7 6) 8
7) 9 8) 6

122쪽 3

1) 5 2) 6
3) 7 4) 8
5) 9 6) 6
7) 9 8) 8

"10에서 6을 빼면 (4)가 남아요. (4)와 1을 더해요."

123쪽 4

1) 6 2) 7
3) 8 4) 9
5) 7 6) 6
7) 9 8) 8

"10에서 5를 빼면 (5)가 남아요. (5)와 1을 더해요."

124쪽 5

1) 6 2) 9
3) 7 4) 8
5) 6 6) 5
7) 8 8) 7

125쪽 6

1) 8 2) 6
3) 9 4) 7
5) 6 6) 8
7) 9 8) 7

126쪽 7

1) 8 2) 7
3) 9 4) 5
5) 6 6) 7
7) 8 8) 9

"10에서 6을 빼면 (4)가 남아요. (4)와 3을 더해요."

127쪽 8

1) 6 2) 9
3) 8 4) 7
5) 9 6) 6
7) 7 8) 8

"10에서 5를 빼면 (5)가 남아요. (5)와 3을 더해요."

128쪽 9

128쪽 10

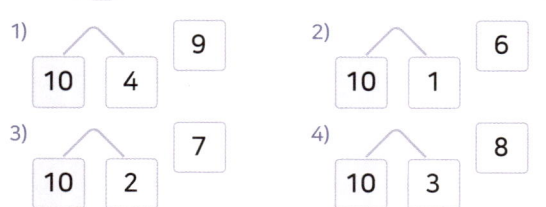

129쪽 11

1) 5 2) 8
3) 7 4) 9
5) 8 6) 6
7) 7 8) 8

9) 6　　10) 9
11) 7　　12) 6

배움 27

130쪽 1
1) 7　　2) 8
3) 9　　4) 7
5) 8　　6) 9

131쪽 2
1) 8　　2) 9

131쪽 3
9

132쪽 4
1) 7　　2) 8
3) 9　　4) 7
5) 9　　6) 8

"10에서 4를 빼면 (6)이 남아요. (6)과 1을 더해요."

133쪽 5
1) 8　　2) 9

"10에서 3을 빼면 (7)이 남아요. (7)과 1을 더해요."

133쪽 6
9

"10에서 2를 빼면 (8)이 남아요. (8)과 1을 더해요."

134쪽 7
1) 9　　2) 8
3) 8　　4) 7

5) 7　　6) 9
7) 8　　8) 7

135쪽 8
1) 9　　2) 8

135쪽 9
9

136쪽 10
1) 7　　2) 8
3) 9　　4) 7
5) 8　　6) 9
7) 7　　8) 8

"10에서 4를 빼면 (6)이 남아요. (6)과 1을 더해요."

137쪽 11
1) 8　　2) 9

"10에서 3을 빼면 (7)이 남아요. (7)과 1을 더해요."

137쪽 12
9

"10에서 2를 빼면 (8)이 남아요. (8)과 1을 더해요."

138쪽 13
1) 10, 1 → 7　　2) 10, 3 → 9
3) 10, 2 → 8　　4) 10, 1 → 7
5) 10, 2 → 9　　6) 10, 1 → 8
7) 10, 2 → 9　　8) 10, 1 → 9

141쪽 14

1) 7
2) 9
3) 8
4) 7
5) 9
6) 8
7) 9
8) 9
9) 8
10) 9
11) 9
12) 8

배움 28

140-141쪽 1

① (1)(1)
2
3
4
5
6
7
8
9

② (2)(2)
3
4
5
6
7
8
9
7

③ (3)(3)
4
5
6
7
8
9
7
8

④ (4)(4)
5
6
7
8
9
7
8
9

⑤ (5)(5)
6
7
8
9

⑥ (6)(6)
7
8
9
8

⑦ (7)(7)
8
9

⑧ (8)(8)
9

141쪽 2

1) 2
2) 7
3) 6
4) 3
5) 8
6) 9
7) 5
8) 4

142쪽 3

1) 4
2) 5
3) 6
4) 9
5) 8
6) 3
7) 7
8) 5

142쪽 4

1) 5
2) 9
3) 6
4) 4
5) 7
6) 8
7) 9
8) 6

143쪽 5

1) 5
2) 7
3) 9
4) 8
5) 6
6) 5

143쪽 6

1) 6
2) 9
3) 7
4) 8

143쪽 7

1) 7
2) 9
3) 8
4) 9
5) 8
6) 9

배움 29

144쪽 1
1) 9   2) 8
3) 7   4) 6
5) 5   6) 4

145쪽 2
1) 9   2) 8
3) 7   4) 6
5) 5   6) 4
7) 3   8) 2

"11에서 (1)을 먼저 빼서 (10) 까지 만들고 (3)을 또 빼요."

146쪽 3
1) 2   2) 7
3) 8   4) 3
5) 4   6) 5
7) 9   8) 6

147쪽 4
1) 9   2) 5
3) 6   4) 8
5) 7   6) 2
7) 4   8) 3

"11에서 (1)을 먼저 빼서 (10) 까지 만들고 (2)를 또 빼요."

148쪽 5

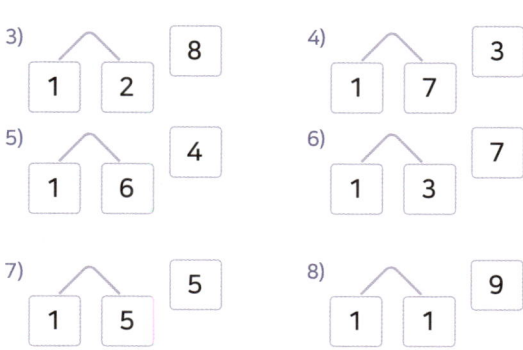

149쪽 6
1) 5   2) 7
3) 9   4) 2
5) 4   6) 8
7) 6   8) 3
9) 2   10) 7
11) 6   12) 5

배움 30

150쪽 1
1) 9   2) 8
3) 7   4) 6
5) 5   6) 4

151쪽 2
1) 9   2) 8
3) 7   4) 6
5) 5   6) 4
7) 3   8) 6

"12에서 (2)를 먼저 빼서 (10) 까지 만들고 (3)을 또 빼요."

152쪽 3
1) 9 2) 6
3) 5 4) 3
5) 4 6) 8
7) 7 8) 9

153쪽 4
1) 8 2) 7
3) 5 4) 3
5) 6 6) 9
7) 4 8) 7

"12에서 (2)를 먼저 빼서 (10) 까지 만들고 (1)을 또 빼요."

154쪽 5
1) 2, 1, 9
2) 2, 4, 6
3) 2, 5, 5
4) 2, 7, 3
5) 2, 6, 4
6) 2, 3, 7
7) 2, 2, 8
8) 2, 6, 4

155쪽 6
1) 9 2) 3
3) 5 4) 6
5) 4 6) 8
7) 7 8) 5
9) 9 10) 6
11) 8 12) 7

배움 31

156쪽 1
1) 9 2) 8
3) 7 4) 6
5) 5 6) 4

157쪽 2
1) 9 2) 8
3) 7 4) 6
5) 5 6) 4
7) 7 8) 6

"13에서 (3)을 먼저 빼서 (10) 까지 만들고 (3)을 또 빼요."

158쪽 3
1) 7 2) 4
3) 5 4) 9
5) 8 6) 6
7) 7 8) 5

159 4
1) 4 2) 7
3) 9 4) 5
5) 6 6) 8
7) 5 8) 4

"13에서 (3)을 먼저 빼서 (10) 까지 만들고 (1)을 또 빼요."

160쪽 5
1) 3, 1, 9
2) 3, 3, 7

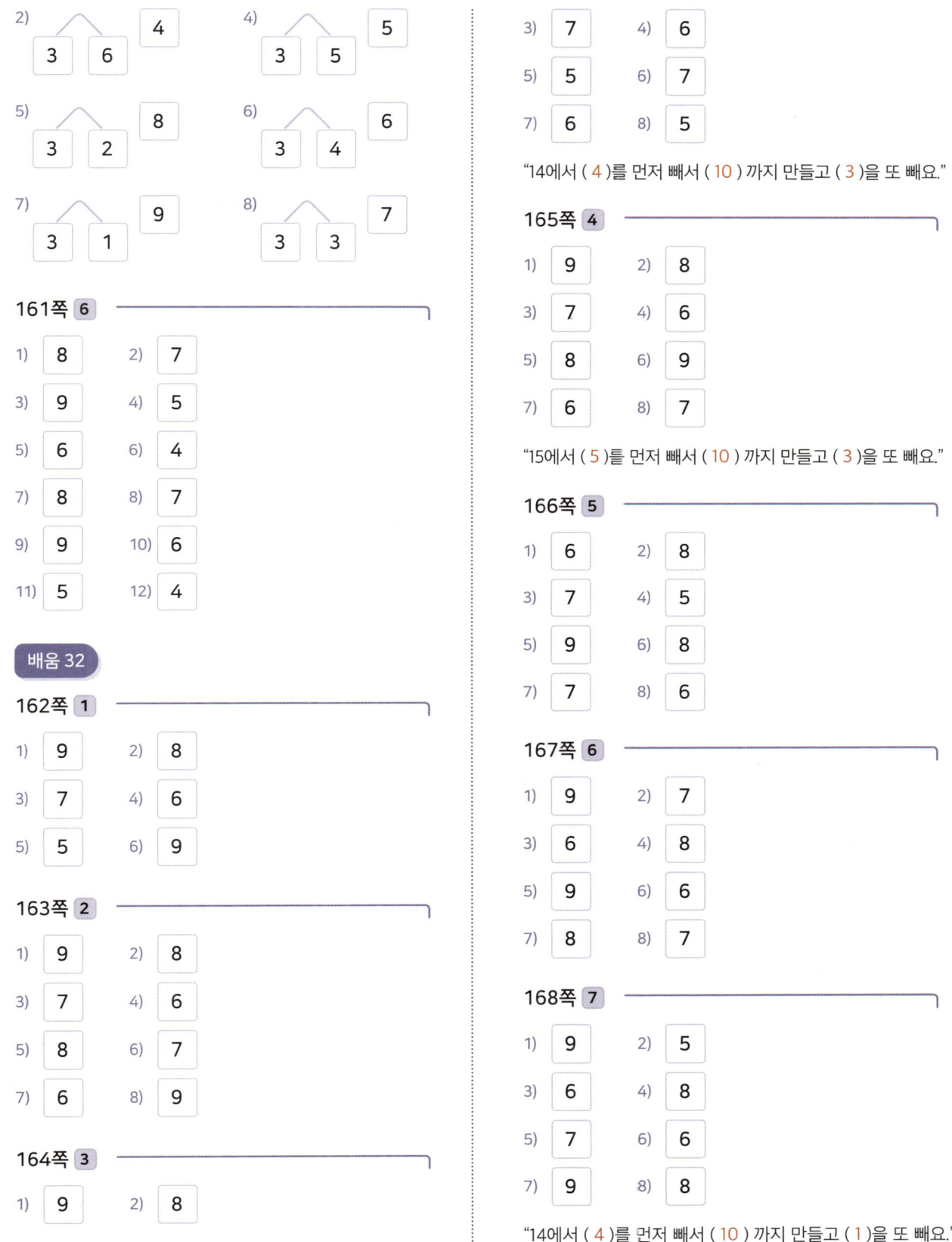

169쪽 8

1) 8
2) 7
3) 9
4) 6
5) 8
6) 7
7) 9
8) 6

"15에서 (5)를 먼저 빼서 (10) 까지 만들고 (1)을 또 빼요."

170쪽 9

1) 9 / 4, 1
2) 8 / 4, 2
3) 7 / 4, 3
4) 5 / 4, 5 (4)...

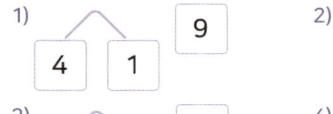

170쪽 10

1) 9 / 5, 1
2) 8 / 5, 2
3) 7 / 5, 3
4) 6 / 5, 4

171쪽 11

1) 7
2) 8
3) 9
4) 5
5) 6
6) 8
7) 6
8) 8
9) 9
10) 6
11) 7
12) 9

배움 33

172쪽 1

1) 9
2) 8
3) 7
4) 9
5) 8
6) 7

173쪽 2

1) 9
2) 8

173쪽 3

9

174쪽 4

1) 9
2) 8
3) 7
4) 9
5) 8
6) 7

"16에서 (6)을 먼저 빼서 (10) 까지 만들고 (3)을 또 빼요."

175쪽 5

1) 9
2) 8

"17에서 (7)을 먼저 빼서 (10) 까지 만들고 (1)을 또 빼요."

175쪽 6

9

"18에서 (8)을 먼저 빼서 (10) 까지 만들고 (1)을 또 빼요."

176쪽 7

1) 9
2) 8
3) 7
4) 8
5) 9
6) 7
7) 8
8) 9

177쪽 8
1) 9   2) 8

177쪽 9
9

178쪽 10
1) 8   2) 7
3) 9   4) 8
5) 7   6) 9
7) 8   8) 7

"16에서 (6)을 먼저 빼서 (10) 까지 만들고 (1)을 또 빼요."

179쪽 11
1) 8   2) 9

"17에서 (7)을 먼저 빼서 (10) 까지 만들고 (1)을 또 빼요."

179쪽 12
9

"18에서 (8)을 먼저 빼서 (10) 까지 만들고 (1)을 또 빼요."

180쪽 13
1) 6, 1 → 9   2) 6, 2 → 8
3) 6, 3 → 7   4) 6, 1 → 9
5) 7, 1 → 9   6) 7, 2 → 8
7) 8, 1 → 9

181쪽 14
1) 7   2) 8
3) 9   4) 8
5) 9   6) 9
7) 9   8) 9
9) 7   10) 9
11) 8   12) 8

배움 34

182-183쪽 1

① (1) (10)
9
8
7
6
5
4
3
2

② (2) (10)
9
8
7
6
5
4
3
6

③ (3) (10)
9
8
7
6
5
4
7
6

④ (4) (10)
9
8
7
6
5
9
8
7

⑤ (5) (10)
9
8
7
6

⑥ (6) (10)
9
8
7
8

⑦ (7) (10)
9
8

⑧ (8) (10)
9

183쪽 2

1) 8
2) 5
3) 7
4) 4
5) 3
6) 9
7) 6
8) 2

184쪽 3

1) 6
2) 8
3) 9
4) 5
5) 7
6) 3
7) 4
8) 7

184쪽 4

1) 6
2) 4
3) 7
4) 9
5) 8
6) 5
7) 4
8) 7

185쪽 5

1) 9
2) 6
3) 7
4) 8
5) 5
6) 7

185쪽 6

1) 8
2) 6
3) 9
4) 7

185쪽 7

1) 9
2) 7
3) 8
4) 8
5) 9
6) 9

배움 35

186쪽 내 실력 알아보기 (1)

1) 8
2) 5
3) 9
4) 7
5) 6
6) 6
7) 3
8) 8
9) 7
10) 4
11) 8
12) 6
13) 4
14) 9
15) 9
16) 3
17) 5
18) 2
19) 7
20) 5
21) 8
22) 6
23) 7
24) 8
25) 9
26) 5
27) 4
28) 9
29) 7
30) 3

배움 36

187쪽 내 실력 알아보기 (2)

1) 9
2) 5
3) 9
4) 9
5) 9
6) 6
7) 9
8) 7
9) 5
10) 3
11) 9
12) 7
13) 5
14) 7
15) 8
16) 8
17) 5
18) 8
19) 8
20) 4
21) 6
22) 6
23) 7
24) 7
25) 6
26) 9
27) 4
28) 8
29) 9
30) 8

배움 37

188쪽 내 실력 알아보기 (3)

1) 6
2) 5
3) 6
4) 7
5) 6
6) 7
7) 3
8) 6
9) 9
10) 3
11) 5
12) 7
13) 5
14) 6
15) 8
16) 4
17) 7
18) 9
19) 2
20) 9
21) 4
22) 8
23) 8
24) 8
25) 4
26) 7
27) 9
28) 5
29) 8
30) 9

189쪽 1분 뺄셈

1) 4
2) 9
3) 4
4) 8
5) 6
6) 6
7) 7
8) 8
9) 6
10) 3
11) 9
12) 2
13) 8
14) 5
15) 9
16) 6
17) 9
18) 5
19) 9
20) 8
21) 5
22) 5
23) 7
24) 8
25) 6
26) 7
27) 7
28) 7
29) 3
30) 4

4단원

배움 38

192쪽 1

1) 90
2) 90
3) 50
4) 60
5) 70
6) 60
7) 80
8) 80
9) 70
10) 80
11) 70
12) 60
13) 90
14) 80
15) 70

193쪽 2

1) 70
2) 30
3) 60
4) 10
5) 10
6) 50
7) 20
8) 60
9) 40
10) 50
11) 40
12) 30
13) 20
14) 30
15) 50

194쪽 3

1) 14
2) 12
3) 16
4) 12
5) 16
6) 12
7) 17
8) 13
9) 15
10) 14
11) 14
12) 15
13) 12
14) 13
15) 15

195쪽 4

1) 6
2) 8
3) 8
4) 4
5) 7
6) 8
7) 4
8) 3
9) 5
10) 7
11) 8
12) 3
13) 8
14) 6
15) 9

배움 39

196쪽 1
1) 28
2) 18
3) 46
4) 19
5) 66
6) 37
7) 69
8) 75
9) 66
10) 78
11) 48
12) 59
13) 56
14) 79
15) 87

197쪽 2
1) 66
2) 48
3) 56
4) 43
5) 87
6) 22
7) 46
8) 67
9) 73
10) 95
11) 64
12) 53
13) 81
14) 52
15) 26

198쪽 3
1) 16
2) 15
3) 12
4) 17
5) 15
6) 14
7) 15
8) 13
9) 11
10) 11
11) 15
12) 14
13) 12
14) 14
15) 17

199쪽 4
1) 9
2) 8
3) 6
4) 4
5) 6
6) 7
7) 5
8) 6
9) 8
10) 5
11) 6
12) 5
13) 7
14) 5
15) 8

배움 40

200쪽 1
1) 78
2) 68
3) 89
4) 88
5) 46
6) 94
7) 97
8) 77
9) 77
10) 68
11) 49
12) 69
13) 79
14) 88
15) 88

201쪽 2
1) 54
2) 4
3) 35
4) 33
5) 35
6) 45
7) 55
8) 63
9) 71
10) 86
11) 51
12) 30
13) 40
14) 40
15) 14

202쪽 3
1) 12
2) 17
3) 13
4) 12
5) 16
6) 13
7) 14
8) 14
9) 12
10) 12
11) 14
12) 15
13) 15
14) 16
15) 11

203쪽 4
1) 8
2) 5
3) 8
4) 8
5) 5
6) 9
7) 7
8) 8
9) 9
10) 3
11) 8
12) 9
13) 6
14) 5
15) 7

정확도 및 유창성 연습

206쪽 계산의 고수(1)

1)	11	21)	14
2)	15	22)	12
3)	12	23)	11
4)	11	24)	15
5)	14	25)	13
6)	13	26)	12
7)	12	27)	15
8)	13	28)	14
9)	14	29)	13
10)	15	30)	16
11)	15	31)	11
12)	12	32)	14
13)	11	33)	14
14)	14	34)	13
15)	18	35)	12
16)	13	36)	18
17)	12	37)	13
18)	16	38)	12
19)	13	39)	14
20)	13	40)	12

207쪽 계산의 고수(2)

1)	8	21)	5
2)	5	22)	3
3)	3	23)	7
4)	9	24)	8
5)	7	25)	4
6)	2	26)	9
7)	4	27)	8
8)	6	28)	6
9)	7	29)	7
10)	8	30)	5
11)	8	31)	8
12)	4	32)	4
13)	5	33)	8
14)	7	34)	4
15)	9	35)	8
16)	6	36)	8
17)	8	37)	6
18)	6	38)	6
19)	5	39)	7
20)	7	40)	7

208쪽 계산의 고수(3)

1) 9
2) 5
3) 6
4) 8
5) 7
6) 9
7) 6
8) 7
9) 8
10) 5
11) 9
12) 5
13) 8
14) 5
15) 6
16) 9
17) 3
18) 5
19) 3
20) 8
21) 6
22) 9
23) 7
24) 6
25) 8
26) 9
27) 8
28) 9
29) 6
30) 7
31) 9
32) 7
33) 9
34) 8
35) 7
36) 4
37) 7
38) 9
39) 8
40) 8

209쪽 덧셈 올림픽(1)

1) 11
2) 13
3) 14
4) 14
5) 10
6) 15
7) 16
8) 12
9) 16
10) 12
11) 13
12) 14
13) 11
14) 11
15) 11
16) 11
17) 16
18) 15
19) 12
20) 17
21) 18
22) 13
23) 15
24) 15
25) 12
26) 13
27) 12
28) 17
29) 14
30) 17
31) 11
32) 14
33) 14
34) 13
35) 12
36) 18
37) 13
38) 12
39) 14
40) 12

210쪽 덧셈 올림픽(2)

1) 11
2) 11
3) 13
4) 13
5) 13
6) 16
7) 14
8) 11
9) 12
10) 15
11) 11
12) 12
13) 15
14) 14
15) 14
16) 14
17) 12
18) 11
19) 14
20) 16
21) 18
22) 13
23) 15
24) 15
25) 12
26) 13
27) 12
28) 17
29) 14
30) 17
31) 11
32) 11
33) 12
34) 11
35) 15
36) 13
37) 14
38) 15
39) 14
40) 12

211쪽 뺄셈 올림픽(1)

1) 6
2) 3
3) 5
4) 5
5) 8
6) 8
7) 9
8) 6
9) 9
10) 2
11) 9
12) 2
13) 7
14) 8
15) 6
16) 9
17) 8
18) 9
19) 4
20) 8
21) 9
22) 4
23) 9
24) 9
25) 8
26) 6
27) 8
28) 5
29) 3
30) 8
31) 9
32) 3
33) 4
34) 7
35) 4
36) 5
37) 7
38) 5
39) 7
40) 8

212쪽 뺄셈 올림픽(2)

1) 8
2) 8
3) 7
4) 5
5) 9
6) 9
7) 8
8) 5
9) 6
10) 7
11) 6
12) 8
13) 4
14) 6
15) 7
16) 2
17) 4
18) 8
19) 6
20) 9
21) 7
22) 5
23) 8
24) 4
25) 9
26) 6
27) 7
28) 9
29) 8
30) 6
31) 2
32) 5
33) 6
34) 3
35) 5
36) 7
37) 9
38) 7
39) 9
40) 6

214쪽 1분 덧셈 사전 검사

1) 11
2) 18
3) 11
4) 12
5) 13
6) 12
7) 16
8) 11
9) 17
10) 11
11) 11
12) 13
13) 11
14) 13
15) 12
16) 11
17) 13
18) 12
19) 12
20) 13
21) 11
22) 14
23) 12
24) 12
25) 12
26) 17
27) 14
28) 15
29) 13
30) 15
31) 11
32) 12
33) 15
34) 15
35) 14
36) 14
37) 12
38) 11
39) 14
40) 16

215쪽 1분 덧셈 사후 검사

1) 14
2) 12
3) 13
4) 11
5) 16
6) 12
7) 11
8) 13
9) 11
10) 15
11) 11
12) 14
13) 16
14) 12
15) 11
16) 11
17) 14
18) 12
19) 18
20) 12
21) 13
22) 15
23) 11
24) 14
25) 11
26) 18
27) 11
28) 12
29) 13
30) 14
31) 11
32) 14
33) 12
34) 12
35) 13
36) 16
37) 12
38) 11
39) 15
40) 18

216쪽 1분 뺄셈 사전 검사

1) 7
2) 9
3) 8
4) 9
5) 6
6) 9
7) 6
8) 8
9) 6
10) 9
11) 7
12) 7
13) 5
14) 9
15) 7
16) 9
17) 8
18) 9
19) 8
20) 6
21) 9
22) 4
23) 6
24) 9
25) 8
26) 5
27) 8
28) 4
29) 9
30) 3
31) 8
32) 5
33) 8
34) 6
35) 5
36) 8
37) 6
38) 5
39) 8
40) 9

217쪽 1분 뺄셈 사후 검사

1) 4
2) 8
3) 7
4) 5
5) 6
6) 9
7) 7
8) 2
9) 9
10) 8
11) 8
12) 11
13) 13
14) 15
15) 15
16) 11
17) 11
18) 8
19) 11
20) 11
21) 9
22) 3
23) 5
24) 2
25) 4
26) 3
27) 6
28) 7
29) 8
30) 5
31) 7
32) 7
33) 5
34) 9
35) 7
36) 9
37) 8
38) 9
39) 8
40) 6